Strasser/Clemenz

Trainingsmodul Grundlagen der Buchführung und kaufmännisches Rechnen für Industriekaufleute

Kaufmännische Steuerung und Kontrolle (KSK 1)

www.kiehl.de

Trainingsmodul Grundlagen der Buchführung und kaufmännisches Rechnen für Industriekaufleute

Kaufmännische Steuerung und Kontrolle (KSK 1)

Von

Dipl.-Hdl. Alexander Strasser und

Dipl.-Hdl. Gerhard Clemenz

3., aktualisierte Auflage

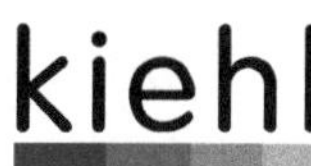

ISBN 978-3-470-**59203**-9 · 3., aktualisierte Auflage 2019

Kiehl ist eine Marke des NWB Verlags

Druck: Elanders GmbH, Waiblingen – ptth

Vorwort

Die Trainingsmodule ermöglichen angehenden Industriekaufleuten ein individuelles Lernen in unterschiedlichen Fachgebieten. Sie enthalten zu jedem Thema das für die Prüfung notwendige Wissen, zeigen Lösungswege für prüfungstypische Aufgabenstellungen auf und ermöglichen zu jeder Zeit der Ausbildung ein persönliches Wissenstraining mit Aufgaben unterschiedlicher Schwierigkeitsstufen.

- Im **Wissensteil** finden Sie die Inhalte, die für die Prüfung wichtig sind.
- Im **Lernteil** erfahren Sie, wie Sie an Aufgabenstellungen herangehen und
- im **Trainingsteil** können Sie üben und Ihren Wissensstand jederzeit kontrollieren.

Beachten Sie dazu bitte auch den **Benutzerhinweis** auf Seite 6.

Im Rahmen des Prüfungsfachs „Kaufmännische Steuerung und Kontrolle“ beschäftigt sich dieser Band speziell mit dem Lernfeld „Grundlagen der Buchführung und kaufmännisches Rechnen“. Hierbei geht es insbesondere bei der Buchführung um Inventur, Inventar, Bilanz, das Buchen auf Bestands- und Erfolgskonten, um Bestandsveränderungen bei fertigen und unfertigen Erzeugnissen und um die Umsatzsteuer im Ein- und Verkauf. Im Teil kaufmännisches Rechnen sind folgende Themen wichtig: Dreisatzrechnen, Verteilungsrechnen, Durchschnittsrechnen, Währungsrechnen, Prozentrechnen und Zinsrechnen.

Wir wünschen Ihnen eine erfolgreiche Ausbildung und freuen uns auf ein Feed-back.

Alexander Strasser
Gerhard Clemenz

Erlangen, im Frühjahr 2019

Benutzerhinweis

Der Aufbau der Trainingsmodule

Die Trainingsmodule für Industriekaufleute folgen einem völlig neuen Lernkonzept. Durch die Zerlegung des gesamten Stoffs der dreijährigen Ausbildung in einzelne Module können sich Auszubildende individuell vorbereiten und ihr eigenes Lernprogramm zusammenstellen. Für jedes Prüfungsfach gibt es mehrere Module zu unterschiedlichen Themen. Jeder Band enthält einen Wissensteil, einen Lernteil und einen Trainingsteil.

WISSEN

Der Wissensteil zeigt, was zum jeweiligen Thema gehört, strukturiert den Stoff und enthält in kompakter und übersichtlicher Form nur die Lerninformationen, die der Leser für die Prüfung braucht.

LERNEN

Im Lernteil erfährt der Leser, wie er aus dem Labyrinth möglicher Aufgabenstellungen herausfindet, worauf er achten muss, wie er beim jeweiligen Thema an Aufgaben und Fälle herangeht und wo mögliche Stolpersteine liegen können.

TRAINIEREN

Der Trainingsteil enthält Fragen, Aufgaben und Fälle auf unterschiedlichen Niveaustufen und in unterschiedlicher Methodik, z. B. offene Wissensfragen, Multiple-Choice-Aufgaben, Zuordnungsaufgaben, Rechenbeispiele, Situationsaufgaben und komplexe Fälle einschließlich deren Lösung.

Die Symbole

Die folgenden Symbole erleichtern Ihnen die Arbeit mit diesem Buch.

LABYRINTH

Dieses Symbol führt Sie zu den Antworten auf die zentralen Fragen eines Themas oder einer Aufgabenstellung.

MERKE

Die Hand macht auf wichtige Merksätze oder Definitionen aufmerksam.

STOLPERSTEIN

Immer wenn das Ausrufezeichen auftaucht, ist Vorsicht geboten. Es zeigt typische Stolpersteine oder Fehler, die Prüflinge immer wieder begehen.

TIPP

Hier finden Sie nützliche Zusatzinformationen und Hinweise.

SEITE

Kaufmännische Steuerung und Kontrolle

Modul 1 Grundlagen der Buchführung und kaufmännisches Rechnen

I. Buchführung

1. Aufgaben, Organisation und Rechtsrahmen

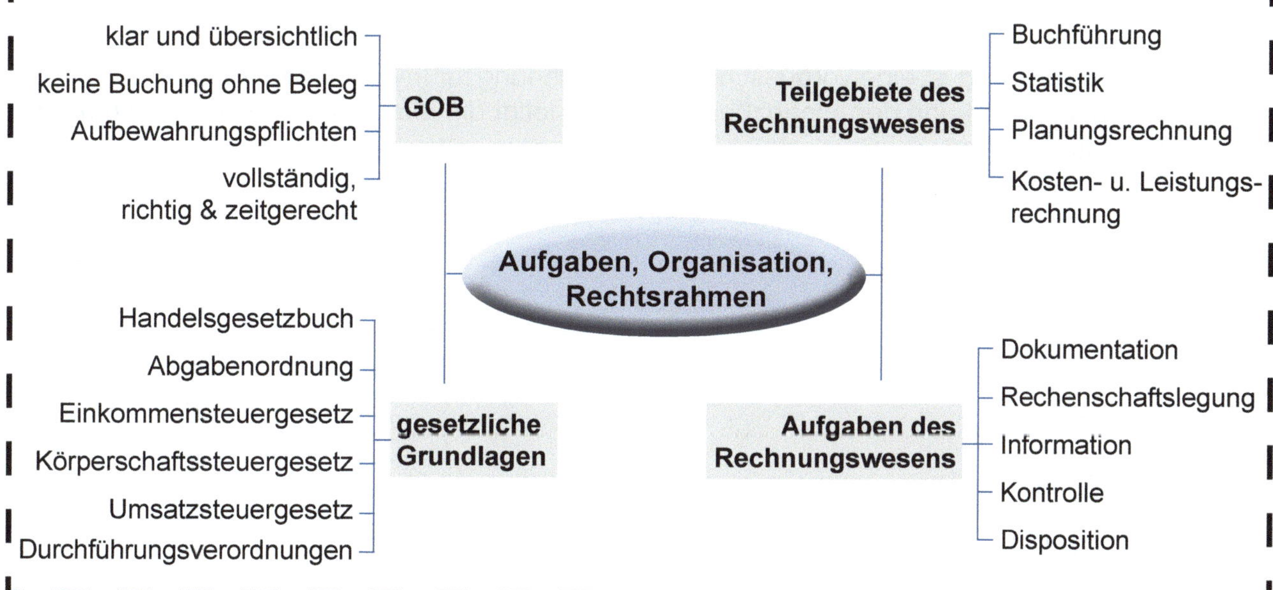

Was muss ich für die Prüfung wissen?

Die Buchführung ist ein Teilgebiet des Rechnungswesens. Sie wird auch als Geschäfts- oder Finanzbuchführung bezeichnet, da sie in einer Zeitrechnung alle Erträge und Aufwendungen in einer bestimmten Rechnungsperiode erfasst. Diese Periode kann ein Monat, ein Quartal oder ein Geschäftsjahr sein. Sie dient weiterhin der Dokumentation, da sie sämtliche Geschäftsvorfälle zeitlich und sachlich geordnet aufzeichnet. Sie bildet auch die Basis zur Rechenschaftslegung, da sie für den Jahresabschluss die Höhe des Vermögens, des Kapitals, der Schulden, sowie den Gewinn oder Verlust ermittelt.

Aufgabe des Rechnungswesens ist es, Ergebnisse der Prozesse eines Unternehmens zu erfassen, zu überwachen und auszuwerten. Dies erfolgt in den Bereichen Beschaffung, Produktion und Absatz.

Dazu müssen sämtliche Geschäftsvorfälle aufgrund von Belegen zeitlich und sachlich erfasst werden. Gesetzliche Vorschriften fordern eine Information der Eigentümer, z.B. der Aktionäre, und der Finanzbehörde über die aktuelle Lage des Unternehmens hinsichtlich des Vermögens, der Schulden und des Gewinnes oder Verlustes im Rahmen eines Jahresabschlusses. Die Aufbereitung der Zahlen bildet die Grundlage für unternehmerische Entscheidungen und Planungen.

Das Rechnungswesen gliedert sich in die vier Bereiche Buchführung, Kosten- und Leistungsrechnung, Statistik und Planungsrechnung.

Die Kosten- und Leistungsrechnung arbeitet betriebsbezogen (intern) und erfasst die Kosten als Werteverbrauch und die Leistungen als Wertezuwachs. Die Differenz stellt das Betriebsergebnis dar.

Die Statistik befasst sich mit der Aufbereitung und Auswertung des Zahlenmaterials. Diese Auswertungen bilden die Grundlage für Vergleichsrechnungen innerhalb des Unternehmens und für Vergleiche mit Konkurrenzunternehmen. Innerbetrieblich ist vor allem die Entwicklung verschiedener Kennzahlen entscheidend.

Die Planungsrechnung ist eine vorausschauende Rechnung für Investitionen, den Beschaffungsmarkt, den Absatzmarkt und den Finanzbedarf. Sie benötigt die exakten Zahlen der Buchführung und der Statistik.

Was erwartet mich in der Prüfung?

In der Prüfung erwartet man von Ihnen, dass Sie die grundsätzlichen Aufgaben, Bestimmungen und Zusammenhänge des Rechnungswesens und vor allem der Buchführung kennen.

1. Das Lernlabyrinth

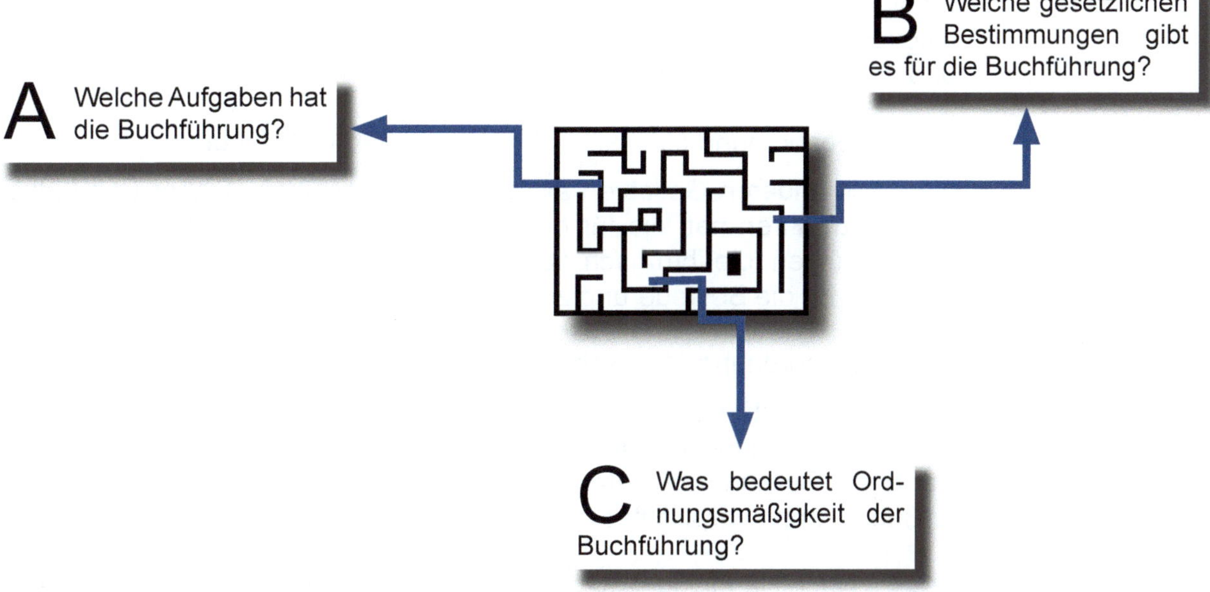

2. Wege aus dem Labyrinth

A Welche Aufgaben hat die Buchführung?

Die Buchführung hat die Aufgabe, Geschäftsvorgänge zeitnah und genau zu erfassen. Zu Geschäftsvorgängen gehören z.B. Eingangsrechnungen über gekaufte Werkstoffe oder Handelswaren, Ausgangsrechnungen über gelieferte Fertigerzeugnisse oder Handelswaren, Gutschriften wegen einer Mängelrüge, Entnahme von Werkstoffen aus dem Vorratslager oder die Überweisung von Entgeltzahlungen an die Beschäftigten.

- Sie erfasst damit alle Veränderungen von Vermögenswerten und Verbindlichkeiten
- sie dient zur Ermittlung des Gewinns oder Verlusts und damit zur Berechnung der Ertragssteuern
- sie liefert die Zahlen für die Kalkulation der Produkte
- sie stellt die Zahlen für das Controlling bereit
- sie ist Beweismittel im Falle von Rechtsstreitigkeiten mit Geschäftspartnern oder der Finanzbehörde.

Jedem Geschäftsvorgang muss ein Beleg zugrunde liegen. Dieser Beleg muss eindeutig den Vorgang wiedergeben, das zugehörige Datum enthalten und einen Betrag aufweisen.

B Welche gesetzlichen Bestimmungen gibt es für die Buchführung?

Für Unternehmer besteht lt. Handelsgesetz und Steuergesetz Buchführungspflicht.

Das Handelsgesetzbuch (HBG) schreibt in § 238 verbindlich vor:

„Jeder Kaufmann ist verpflichtet, Bücher zu führen und in diesen seine Handelsgeschäfte und die Lage seines Vermögens nach den Grundsätzen ordnungsmäßiger Buchführung ersichtlich zu machen."

Die Abgabenordnung (AO) schreibt in § 140 verbindlich vor:

„Wer nach anderen Gesetzen als den Steuergesetzen Bücher und Aufzeichnungen zu führen hat, die für die Besteuerung von Bedeutung sind, hat die Verpflichtungen, die ihm nach den anderen Gesetzen (z.B. nach HGB) obliegen, auch für die Besteuerung zu erfüllen."

Die Abgabenordnung (AO) schreibt in § 141 zusätzlich vor:

Gewerbliche Unternehmer, die nach den Feststellungen der Finanzbehörde für den einzelnen Betrieb Umsätze von mehr als 600.000,00 € im Kalenderjahr oder einen Gewinn von mehr als 60.000,00 E im Wirtschaftsjahr hatten, sind zur Buchführung verpflichtet.

Nach Handelsgesetzbuch (HGB) § 1 ist Kaufmann, wer ein Handelsgewerbe betreibt. Ein Handelsgewerbe ist jeder Gewerbebetrieb. Jeder Gewerbebetrieb ist grundsätzlich ein sog. „Ist-Kaufmann".

Gewerbetreibende, deren Unternehmen nach Art oder Umfang einen in kaufmännischer Weise eingerichteten Geschäftsbetrieb nicht erfordert, sind „Nicht-Kaufleute".

- Das Handelsgesetzbuch fordert die Buchführungspflicht für alle Kaufleute, die im Handelsregister eingetragen sind, sog. Ist-Kaufleute.
- Ist ein Kaufmann nach HGB zur Buchführung verpflichtet, muss er auch die Vorschriften der Abgabenordnung beachten.
- Für Kaufleute, die nicht im Handelsregister eingetragen sind, sog. Nicht-Kaufleute, gelten diese Bestimmungen nicht.
- Die Abgabenordnung fordert aber auch für Nicht-Kaufleute die Buchführungspflicht in Abhängigkeit vom Umsatz oder Gewinn des Geschäftsjahres, um eine ordnungsgemäße Besteuerung des Unternehmens durchführen zu können.

Das 3. Buch des HGB regelt in drei Abschnitten alle wichtigen Vorschriften über die Buchführung und den Jahresabschluss.

Erster Abschnitt (§§ 238 - 263)

Er enthält die Vorschriften, die auf alle (Ist-)Kaufleute anzuwenden sind. Dazu gehören u.a.

- die Buchführungspflicht
- das Führen der Handelsbücher
- die Aufbewahrung der Buchführungsunterlagen und Handelsbücher
- das Aufstellen des Inventars
- die Aufstellung des Jahresabschlusses (Bilanz und Gewinn- und Verlustrechnung)
- die Bewertung der Vermögensteile auf der Aktivseite der Bilanz
- die Bewertung der Schulden auf der Passivseite der Bilanz
- die Bildung und Auflösung von Rückstellungen
- die Bildung von Posten der Rechnungsabgrenzung.

Zweiter Abschnitt (§§ 264 - 335)

Er ergänzt den ersten Abschnitt und enthält spezielle Vorschriften für die

- Gliederung
- Prüfung und
- Veröffentlichung
- des Jahresabschlusses von Kapitalgesellschaften nach deutschem und EU-Recht.

Kapitalgesellschaften nach Handelsrecht sind

- die Aktiengesellschaft (AG)
- die Gesellschaft mit beschränkter Haftung (GmbH)
- die Kommanditgesellschaft auf Aktien (KGaA).

Dritter Abschnitt (§§ 336 - 339)

Er ergänzt den ersten und zweiten Abschnitt mit speziellen Vorschriften für eingetragene Genossenschaften.

C Was bedeutet Ordnungsmäßigkeit der Buchführung?

Eine Buchführung gilt lt. den §§ 238 HGB und 145 AO als „ordnungsgemäß“, wenn sie einem sachverständigen externen Dritten, z.B. einem Prüfer der Finanzbehörde, in angemessener Zeit einen ausreichenden Überblick über die Geschäftsvorgänge und die allgemeine Lage des Unternehmens ermöglicht.

Was muss man beachten?

Aus den gesetzlichen Bestimmungen hat man folgende Grundsätze ordnungsgemäßer Buchführung (GOB) abgeleitet:

Keine Buchung ohne Beleg

Jede Buchung muss anhand eines Beleges nachprüfbar sein. Deshalb müssen Belege fortlaufend nummeriert und in einem entsprechenden Ordnungssystem aufbewahrt werden.

Geschäftsvorgänge müssen ordnungsgemäß erfasst werden

Belege müssen zeitnah, richtig und sachlich geordnet gebucht werden. Kassenvorgänge müssen täglich gebucht werden.

Die Buchführung muss übersichtlich und klar sein

Vermögenswerte, z.B. Forderungen gegenüber Kunden, dürfen nicht mit Schulden, z.B. Verbindlichkeiten gegenüber Lieferanten, verrechnet werden.

Aufwendungen, z.B. Zinsaufwendungen, dürfen nicht mit Erträgen, z.B. Zinserträgen, verrechnet werden.

Aufzeichnungen dürfen nicht unleserlich gemacht werden.

Die Buchführung muss insgesamt sachgerecht und überschaubar organisiert sein.

Buchführungsunterlagen müssen ordnungsgemäß aufbewahrt werden

Buchungsbelege, Konten, Handelsbücher, Inventare, Bilanzen, Anhänge und Lageberichte müssen 10 Jahre aufbewahrt werden.

Außer der Bilanz können alle Unterlagen auf einem Bildträger (Mikrofilm) oder einem anderen Datenträger (DVD, externe Festplatte, Cloud o.Ä.) aufbewahrt werden.

Die gespeicherten Unterlagen müssen jedoch jederzeit auf einem Bildschirm oder per Ausdruck lesbar gemacht werden können.

Welche Folgen kann die Nichtbeachtung dieser Vorschriften haben?

Ein fahrlässiger Verstoß gegen die Vorschriften führt zu einer Schätzung von Gewinn und Umsatz durch die Finanzbehörde, um die Steuerschuld zu ermitteln. (§ 162 AO)

Eine absichtliche Verschleierung oder fehlerhafte Wiedergabe des Jahresabschlusses wird mit Geldstrafe oder Freiheitsstrafe geahndet. (§ 331 HGB und §§ 370 ff. AO)

Wer im Rahmen einer Insolvenz gegen die Vorschriften der GOB verstößt, muss mit einer Strafverfolgung und Freiheitsstrafe rechnen. (§ 283 Strafgesetzbuch).

Jede Buchführung muss den GOBs entsprechen.

Nur eine ordnungsgemäße Buchführung kann im Falle eines Rechtsstreits als Beweismittel dienen (§ 258 HGB).

Die GOBs fordern den Nachweis einer Buchung durch einen Beleg.

Die Erfassung der Belege muss ordnungsgemäß erfolgen.

Die Buchführung muss übersichtlich und klar organisiert sein.

Die Unterlagen müssen korrekt aufbewahrt werden.

Verstöße gegen die GOBs führen zur Steuerschätzung, zu Geldstrafen und eventuell zu Freiheitsstrafen.

So trainiere ich für die Prüfung

Aufgaben

1. Wissensfragen

1.1 Lernfragen

1. Als kaufmännischer Mitarbeiter eines Unternehmens haben Sie die folgenden Tätigkeiten ausgeführt. In welchen Fällen haben Sie gegen die Grundsätze ordnungsgemäßer Buchführung (GOB) verstoßen?

a) Sie haben im Rahmen der Inventur den Saldo des Bankkontos dem aktuellen Kontoauszug entnommen.

b) Sie haben die Kasseneinnahmen und -ausgaben nur einmal im Jahr gebucht.

c) Sie haben eine falsche Buchung berichtigt, indem Sie zunächst eine Stornobuchung und dann eine korrekte Buchung vorgenommen haben.

d) Ein Außendienstmitarbeiter hat eine Spesenquittung verloren. Nach seinen glaubhaften Angaben fertigen sie einen Ersatzbeleg mit den entsprechenden Daten an und buchen diesen.

e) Zur Vereinfachung der Buchführung erfassen Sie die nur in geringfügiger Höhe anfallenden Mietaufwendungen und Mieterträge auf einem gemeinsamen Konto „Mieten".

f) Buchungsbelege speichern Sie nach ihrer buchungsmäßigen Erfassung für mindestens 10 Jahre elektronisch; die Originale geben Sie vierteljährig einem Aktenentsorgungsunternehmen zur Vernichtung.

g) Sie verwenden Abkürzungen, Ziffern, Buchstaben und Symbole nach einem unternehmensinternen Schema.

h) Die Buchführung muss so beschaffen sein, dass sie einem sachverständigen Dritten innerhalb angemessener Zeit einen Überblick über die Geschäftsfälle und über die wirtschaftliche Lage des Unternehmens vermitteln kann.

i) Die Eintragungen in den Büchern und die sonst erforderlichen Aufzeichnungen müssen vollständig, richtig, zeitgerecht und geordnet vorgenommen werden.

j) Nach einer Betriebsprüfung und der endgültigen gewinnabhängigen Steuerfestsetzung für ein abgeschlossenes Geschäftsjahr können Buchführungsunterlagen mit Ausnahme der Bilanz und der GuV vernichtet werden.

2. Wie lange muss ein Materialentnahmeschein nach den Ordnungsvorschriften für die Aufbewahrung von Unterlagen als Buchungsbeleg aufbewahrt werden, wenn er nicht mikroverfilmt oder auf einem anderen Datenträger (z.B. externe Festplatte) gespeichert wird?

a) 10 Jahre

b) 6 Jahre

c) 4 Jahre

d) 2 Jahre

e) 1 Jahr

3. Ein Unternehmen muss Buchungsbelege und andere Unterlagen aufbewahren. Welche Aussage wird im HGB darüber gemacht?

a) Jeder Kaufmann ist verpflichtet, empfangene Handelsbriefe 10 Jahre aufzubewahren.
b) Mit Ausnahme der Eröffnungsbilanzen, Jahresabschlüsse und der Konzernabschlüsse können unter Beachtung bestimmter Grundsätze alle Unterlagen auch als Wiedergabe auf einem Datenträger aufbewahrt werden.
c) Die Handelsbücher und Inventare sind 6 Jahre aufzubewahren.
d) Über die Möglichkeit der Aufbewahrung von Unterlagen muss jedes Unternehmen einzeln nach seinen Grundsätzen entscheiden.
e) Aufbewahrungsfristen gehören zur formellen Ordnungsmäßigkeit der Buchführung, also nicht zu den Grundsätzen ordnungsgemäßer Buchführung.
f) Die Aufbewahrungsfristen gelten stets nur bis zur nächsten Betriebsprüfung des zuständigen Finanzamtes.

4. Welche Feststellung muss nicht dem Grundsatz ordnungsgemäßer Buchführung entsprechen?

a) Keine Buchung ohne Beleg.
b) Tägliche Aufzeichnung der Kasseneinnahmen und -ausgaben.
c) Keine Verrechnung zwischen Zinsaufwendungen und Zinserträgen.
d) Kalkulation der Einkaufspreise
e) Nummerierte und geordnete Aufbewahrung von Buchungsbelegen.
f) Keine Verrechnung von Forderungen und Verbindlichkeiten.

5. Ein Unternehmen beschafft sich Anfang August des laufenden Geschäftsjahres einen neuen Lkw. Prüfen Sie, in welchem Fall Sie im Rahmen der Anschaffung und Buchung des Lkws gegen die Grundsätze ordnungsgemäßer Buchführung verstoßen würden.

a) Sie erfassen die Rechnung auf Mikrofilm und vernichten das Original.
b) Wegen einer Falschbuchung nehmen Sie eine Stornobuchung vor und geben dann die richtige Buchung in das System ein.
c) Sie legen die Rechnung nach dem Rechnungsdatum und nicht nach dem Überweisungsdatum ab.
d) Sie legen den Kassenbeleg für die Zulassung des Lkws ins Kassenbuch, damit er bis Ende August eingetragen werden kann.
e) Sie verrechnen die Anschaffung des Fahrzeugs nicht mit dem Ertrag aus einem wegen der Neuanschaffung verkauften Altfahrzeugs.

6. Die Buchführung stellt einen Teil des Rechnungswesens dar. Welche Aussagen treffen für die Buchführung zu?

a) Sie dient unmittelbar zur Ermittlung der Angebotspreise.
b) Sie erfasst sämtliche Veränderungen von Vermögenswerten und Verbindlichkeiten.
c) Sie ist Grundlage für die Organisation der Kostenrechnung.
d) Sie stellt Zahlen für das Controlling bereit.
e) Sie bildet die Grundlage für die Personalplanung.

2. Fallsituationen

2.1 Fall 1

Das Unternehmen Karl Gerber OHG, Solartechnik, weist einen Jahresgewinn von 31.000,00 € aus. Der Jahresumsatz beträgt 567.500,00 €. Prüfen Sie, ob dieses Unternehmen zur Buchführung verpflichtet ist.

2.2 Fall 2

Frau Carola Werrle betreibt ein Sportstudio mit Hochseilgarten und führt vor allem Nordic Walking-Kurse und Erlebnistraining durch. Sie ist nicht in das Handelsregister eingetragen, hat einen Jahresumsatz von 160.000,00 € und einen Jahresgewinn von 65.000,00 €. Prüfen Sie, ob dieses Unternehmen zur Buchführung verpflichtet ist.

2.3 Fall 3

Bei der Kontrolle durch das Finanzamt stellt ein Prüfer fest, dass bei dem überprüften Unternehmen Mieteinnahmen mit Mietaufwendungen in zwei Fällen verrechnet wurden. Beurteilen Sie diesen Vorgang.

Lösungen

1. Wissensfragen

1.1 Lernfragen

1. b, e, j

B, C

2. a

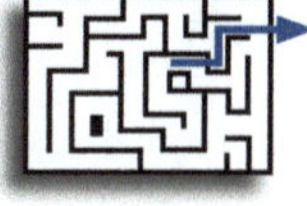

B

3. b

B

4. d

C

5. d

C

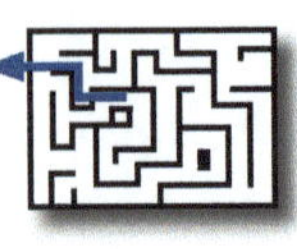

6. b, d

A

2. Fallsituationen

2.1 Fall 1

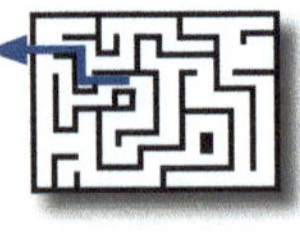

B

Bei einer OHG handelt es sich um eine Personenhandelsgesellschaft und damit um einen im Handelsregister eingetragenen Kaufmann. Damit ist die Karl Gerber OHG nach Handelsrecht zur Buchführung verpflichtet, unabhängig von der Höhe des Umsatzes oder des Gewinns. Nach dem Steuerrecht ist dieses Unternehmen damit automatisch ebenfalls zur Buchführung verpflichtet, unabhängig von Jahresumsatz und Jahresgewinn.

2.2 Fall 2

B

Da Frau Werrle nicht in das Handelsregister eingetragen ist, ist sie eine sog. Nicht-Kauffrau. Damit ist sie nach Handelsrecht nicht zur Buchführung verpflichtet. Da ihr Jahresgewinn jedoch mehr als 65.000,00 € beträgt, ist sie nach dem Steuerrecht zur Buchführung verpflichtet. Wäre ihr Jahresgewinn nur 55.000,00 €, wäre sie von der Buchführungspflicht völlig befreit, da ihr Jahresumsatz unterhalb von 600.000,00 € liegt.

2.3 Fall 3

C

Es besteht grundsätzlich ein Aufrechnungsverbot zwischen Aufwendungen und Erträgen. Dieser Vorgang verstößt eindeutig gegen die GOBs, die eine Übersichtlichkeit und Klarheit der gebuchten Geschäftsvorgänge fordern.

2. Inventur, Inventar und Bilanz

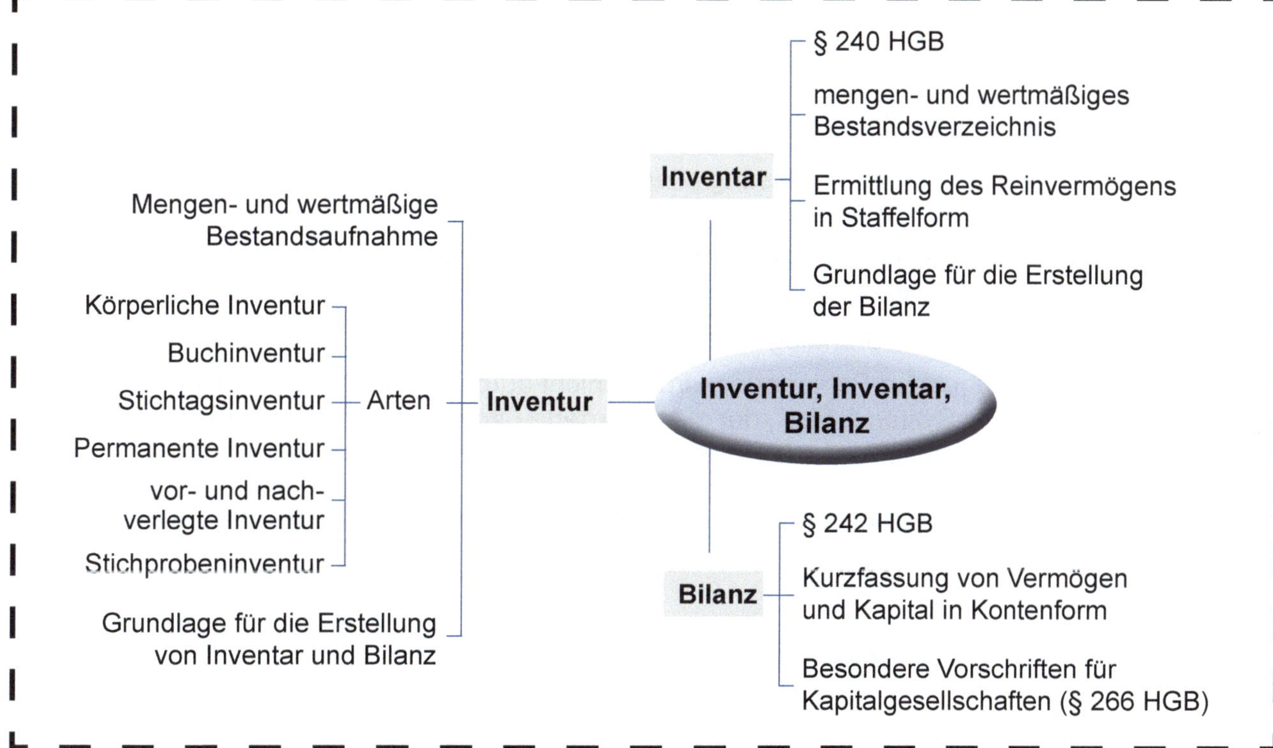

Was muss ich für die Prüfung wissen?

1. Was versteht man unter einer Inventur?

§ 240 Inventar

(1) Jeder Kaufmann hat zu Beginn seines Handelsgewerbes seine Grundstücke, seine Forderungen und Schulden, den Betrag seines baren Geldes sowie seine sonstigen Vermögensgegenstände genau zu verzeichnen und dabei den Wert der einzelnen Vermögensgegenstände und Schulden anzugeben.

(2) Er hat demnächst für den Schluss eines jeden Geschäftsjahrs ein solches Inventar aufzustellen. Die Dauer des Geschäftsjahrs darf zwölf Monate nicht überschreiten. Die Aufstellung des Inventars ist innerhalb der einem ordnungsmäßigen Geschäftsgang entsprechenden Zeit zu bewirken.

(3) Vermögensgegenstände des Sachanlagevermögens sowie Roh-, Hilfs- und Betriebsstoffe können, wenn sie regelmäßig ersetzt werden und ihr Gesamtwert für das Unternehmen von nachrangiger Bedeutung ist, mit einer gleichbleibenden Menge und einem gleichbleibenden Wert angesetzt werden, sofern ihr Bestand in seiner Größe, seinem Wert und seiner Zusammensetzung nur geringen Veränderungen unterliegt. Jedoch ist in der Regel alle drei Jahre eine körperliche Bestandsaufnahme durchzuführen.

(4) Gleichartige Vermögensgegenstände des Vorratsvermögens sowie andere gleichartige oder annähernd gleichwertige bewegliche Vermögensgegenstände und Schulden können jeweils zu einer Gruppe zusammengefasst und mit dem gewogenen Durchschnittswert angesetzt werden.

Nach § 240 Handelsgesetzbuch sowie §§ 140 und 141 Abgabenordnung ist jeder Kaufmann verpflichtet, sein Vermögen und Schulden festzustellen.

- Erstmals zum Beginn seiner Geschäftstätigkeit
- dann regelmäßig pro Jahr und
- bei der Auflösung oder dem Verkauf des Geschäftsbetriebes.

Die hierzu erforderliche Tätigkeit bezeichnet man als Inventur (lat. invenire = vorfinden).

- Es ist also die genaue Erfassung aller Vermögensgegenstände und Schulden nach Art, Menge und Wert zu einem bestimmten Stichtag.
- Ziel der Inventur sind die vollständige und richtige Erfassung sowie die zeitgerechte Bewertung des Vermögens und der Schulden zur Überprüfung der Ansätze in der Bilanz.
- Sie ist daher auch Grundlage für die Aufstellung des Jahresabschlusses.
- Enthält die Inventur Fehler oder wird sie nicht durchgeführt, hat die Buchführung einen „allgemeinen Systemfehler", der die geforderte Ordnungsmäßigkeit nicht gewährleistet. $\Rightarrow$ Der Jahresabschluss wird in diesen Fällen daher nicht anerkannt.

Das schriftliche Ergebnis dieser Bestandsaufnahme ist das Inventar.

2. Was ist ein Inventar?

Die mithilfe der Inventur ermittelten Bestände der einzelnen Vermögensposten und Schulden werden nach **Art, Menge und Wert** in einem besonderen **Bestandsverzeichnis**, dem Inventar, **in Staffelform** zusammengefasst. Das Inventar besteht aus drei Teilen:

A. Vermögen

Das Vermögen gliedert sich in Anlagevermögen und Umlaufvermögen.
Das **Anlagevermögen** bildet die Grundlage **der Betriebsbereitschaft**. Deshalb gehören dazu alle Vermögensposten, die dem Unternehmen **langfristig** dienen (z.B. Grundstücke und Gebäude, technische Anlagen und Maschinen und Fuhrpark).

Das **Umlaufvermögen** umfasst alle Vermögenspositionen, die sich **kurzfristig** in ihrer Höhe verändern, weil sie sich ständig „im Umlauf" befinden. Zum Umlaufvermögen gehören beispielsweise Vorräte, Forderungen aus Lieferungen und Leistungen oder flüssige Mittel (Schecks, Kassenbestand und Bankguthaben).

Die Vermögensposten im Inventar werden „von oben nach unten betrachtet" nach **steigender Flüssigkeit (Liquidität)** gegliedert, also nach dem Grad, wie schnell die Vermögenspositionen in „flüssige" (liquide) Posten umgewandelt werden können.

B. Schulden

Die Schulden (Verbindlichkeiten) werden im Inventar nach abnehmender Fälligkeit geordnet. Wiederum „von oben nach unten gelesen" beginnt man also mit den **langfristigen Schulden** (z.B. Hypothekendarlehen). Anschließend folgen die **mittelfristigen Schulden** (z.B. Betriebsmittelkredite) sowie die **kurzfristigen Schulden** (z.B. Lieferantenkredite).

C. Eigenkapital

Das Eigenkapital bzw. **Reinvermögen** des Unternehmens ergibt sich, indem man vom Vermögen die Schulden subtrahiert.

Das Inventar stellt die **Grundlage** für die Erstellung einer **Bilanz** dar.

3. Was versteht man unter einer Bilanz?

3.1 Muss jeder Kaufmann eine Bilanz aufstellen?

Das Handelsgesetzbuch (HGB) schreibt in § 242 Absatz 1 verbindlich vor:

Der Kaufmann hat zu Beginn seines Handelsgewerbes und für den Schluss eines jeden Geschäftsjahres einen das Verhältnis seines Vermögens und seiner Schulden darstellenden Abschluss (Eröffnungsbilanz, Bilanz) aufzustellen. Auf die Eröffnungsbilanz sind die für den Jahresabschluss geltenden Vorschriften entsprechend anzuwenden, soweit sie sich auf die Bilanz beziehen.

3.2 Wie ist eine Bilanz aufgebaut?

- Jeder Kaufmann muss aufgrund gesetzlicher Bestimmungen eine **kurz gefasste Übersicht** erstellen, die es einem sachverständigen, externen Dritten ermöglicht, „auf einem Blick" das **Verhältnis zwischen Vermögen und Schulden** des Unternehmens zu überschauen.
- Eine solche Übersicht in **Kontenform** ist die Bilanz.
- Die Bilanz enthält auf der linken Seite die **Vermögenswerte** (Anlage- und Umlaufvermögen), auf der rechten Seite die **Schulden** (Verbindlichkeiten bzw. Fremdkapital) und das **Eigenkapital** (Reinvermögen).
- Beide Seiten der Bilanz (italienisch: bilancia = Waage) weisen daher die **gleichen Summen** auf.
- Die Vermögenswerte (Anlage- und Umlaufvermögen) bezeichnet man als **Aktiva**, die Kapitalwerte (Eigen- und Fremdkapital) als **Passiva**.
- Die Aktiva der Bilanz ist von „oben nach unten" gesehen, nach **zunehmender Liquidierbarkeit (Flüssigkeit)** und die Passiva nach **abnehmender Fälligkeit (Fristigkeit)** geordnet.

3.3 Gelten für Kapitalgesellschaften besondere Vorschriften für die Gliederung der Bilanz?

§ 266 Handelsgesetzbuch

(1) Die Bilanz ist in Kontoform aufzustellen. Dabei haben große und mittelgroße Kapitalgesellschaften (§ 267 Abs. 3, 2) auf der Aktivseite die in Absatz 2 und auf der Passivseite die in Absatz 3 bezeichneten Posten gesondert und in der vorgeschriebenen Reihenfolge auszuweisen. Kleine Kapitalgesellschaften (§ 267 Abs. 1) brauchen nur eine verkürzte Bilanz aufzustellen, in die nur die in den Absätzen 2 und 3 mit Buchstaben und römischen Zahlen bezeichneten Posten gesondert und in der vorgeschriebenen Reihenfolge aufgenommen werden.

(2) Aktivseite

A. Anlagevermögen:
I. Immaterielle Vermögensgegenstände:
1. Konzessionen, gewerbliche Schutzrechte und ähnliche Rechte und Werte sowie Lizenzen an solchen Rechten und Werten;
2. Geschäfts- oder Firmenwert
3. geleistete Anzahlungen;
II. Sachanlagen:
1. Grundstücke, grundstücksgleiche Rechte und Bauten einschließlich der Bauten auf fremden Grundstücken;

2. technische Anlagen und Maschinen;
3. andere Anlagen, Betriebs- und Geschäftsausstattung;
4. geleistete Anzahlungen und Anlagen im Bau;
III. Finanzanlagen:
1. Anteile an verbundenen Unternehmen;
2. Ausleihungen an verbundene Unternehmen;
3. Beteiligungen;
4. Ausleihungen an Unternehmen, mit denen ein Beteiligungsverhältnis besteht;
5. Wertpapiere des Anlagevermögens;
6. sonstige Ausleihungen.
B. Umlaufvermögen:
I. Vorräte:
1. Roh-, Hilfs- und Betriebsstoffe;
2. unfertige Erzeugnisse, unfertige Leistungen;
3. fertige Erzeugnisse und Waren;
4. geleistete Anzahlungen;
II. Forderungen und sonstige Vermögensgegenstände:
1. Forderungen aus Lieferungen und Leistungen;
2. Forderungen gegen verbundene Unternehmen;
3. Forderungen gegen Unternehmen, mit denen ein Beteiligungsverhältnis besteht;
4. sonstige Vermögensgegenstände;
III. Wertpapiere:
1. Anteile an verbundenen Unternehmen;
2. eigene Anteile;
3. sonstige Wertpapiere;
IV. Schecks, Kassenbestand, Bundesbank- und Postgiroguthaben, Guthaben bei Kreditinstituten.
C. Rechnungsabgrenzungsposten.

(3) Passivseite

A. Eigenkapital:
I. Gezeichnetes Kapital;
II. Kapitalrücklage;
III. Gewinnrücklagen:
1. gesetzliche Rücklage;
2. Rücklage für eigene Anteile;
3. satzungsmäßige Rücklagen;
4. andere Gewinnrücklagen;
IV. Gewinnvortrag/Verlustvortrag;
V. Jahresüberschuss/Jahresfehlbetrag.
B. Rückstellungen:
1. Rückstellungen für Pensionen und ähnliche Verpflichtungen;
2. Steuerrückstellungen;
3. sonstige Rückstellungen.
C. Verbindlichkeiten:
1. Anleihen,
davon konvertibel;
2. Verbindlichkeiten gegenüber Kreditinstituten;
3. erhaltene Anzahlungen auf Bestellungen;
4. Verbindlichkeiten aus Lieferungen und Leistungen;
5. Verbindlichkeiten aus der Annahme gezogener Wechsel und der Ausstellung eigener Wechsel;
6. Verbindlichkeiten gegenüber verbundenen Unternehmen;
7. Verbindlichkeiten gegenüber Unternehmen, mit denen ein Beteiligungsverhältnis besteht;
8. sonstige Verbindlichkeiten,
davon aus Steuern,
davon im Rahmen der sozialen Sicherheit.
D. Rechnungsabgrenzungsposten.
E. Passive latente Steuern.

- Kapitalgesellschaften haben als sog. „Publikumsgesellschaften“, die zu veröffentlichende Bilanz nach den Vorschriften des § 266 Handelsgesetzbuches (HGB) zu gliedern.
- Zum Schutz kleiner und mittelgroßer Unternehmen richtet sich jedoch der Umfang der Gliederung nach der Größe der Kapitalgesellschaft.
- Nach § 267 Handelsgesetzbuch (HGB) unterscheidet man kleine, mittelgroße und große Kapitalgesellschaften.
- Für die Zuordnung müssen jeweils zwei der drei folgenden Größenmerkmale (Bilanzsumme, Umsatz, Beschäftigtenzahl im Jahresdurchschnitt) vorliegen:

Größe	Bilanzsumme in €	Umsatz in €	Beschäftigte
kleinste	bis 350 Tsd.	bis 700 Tsd.	bis 10
kleine	bis 6 Mio.	bis 12 Mio.	bis 50
mittelgroße	bis 20 Mio.	bis 40 Mio.	bis 250
große	über 20 Mio.	über 40 Mio.	über 250

- Unabhängig von den Größenmerkmalen gilt eine Aktiengesellschaft stets als große Kapitalgesellschaft, wenn ihre Aktien an einer Wertpapierbörse zum Handel zugelassen sind (§ 264a Handelsgesetzbuch). § 267a HGB regelt Kleinstaktiengesellschaften.

4. Der Zusammenhang zwischen Inventur, Inventar und Bilanz

Inventur

- körperliche Inventur
- Buchinventur
- Stichtaginventur
- Verlegte Inventur
- Permanente Inventur
- Stichprobeninventur

↓

Inventar

- Ausführliche Darstellung der einzelnen Vermögens- und Schuldenpositionen eines Unternehmens
- Angabe der Mengen, der Einzelwerte sowie der Gesamtwerte der einzelnen Positionen
- Darstellung des Vermögens, der Schulden und des Reinvermögens eines Unternehmens in Staffelform
- Das Inventar ist 10 Jahre aufzubewahren

↓

Bilanz

- Kurzgefasste übersichtliche Darstellung des Vermögens und des Kapitals eines Unternehmens
- Angabe nur der Gesamtwerte der einzelnen Positionen
- Darstellung des Vermögens, der Schulden und des Eigenkapitals eines Unternehmens in Kontenform
- Die Bilanz ist 10 Jahre aufzubewahren
- Die Bilanz ist vom Unternehmer als Bestandteil des Jahresabschlusses unter Angabe des Datums persönlich zu unterschreiben

- Die Inventur ist die Voraussetzung für die Aufstellung des Inventars. Das Inventar wiederum bildet die Grundlage für die Erstellung der Bilanz.
- Inventar und Bilanz zeigen beide die Vermögens- und Kapitalposten eines Unternehmens auf. Sie unterscheiden sich nur in der Art der Darstellung.
- Inventar und Bilanz sind 10 Jahre aufzubewahren. Die Aufbewahrungsfrist beginnt mit dem Schluss des Kalenderjahres, in dem das Inventar und die Bilanz aufgestellt wurden. (§ 257 (4) HGB und § 147 (3) AO)

Was erwartet mich in der Prüfung?

In der Prüfung werden Sie bei diesem Thema im Bereich „Kaufmännische Steuerung und Kontrolle" hauptsächlich mit sog. Wissensfragen konfrontiert. Dazu müssen Sie vor allem den Zusammenhang und die Unterschiede zwischen Inventur, Inventar und Bilanz verstanden haben. Zudem benötigen Sie einen Überblick über die wichtigsten gesetzlichen Vorschriften, denn Sie sollten bei diesem Fragenkomplex keine Fehler machen, weil es i.d.R. „leicht verdiente" Punkte in der Abschlussprüfung sind.

Aus dem Thema lassen sich drei Lernschritte ableiten, die gleichgewichtet nebeneinander stehen.

1. Das Lernlabyrinth

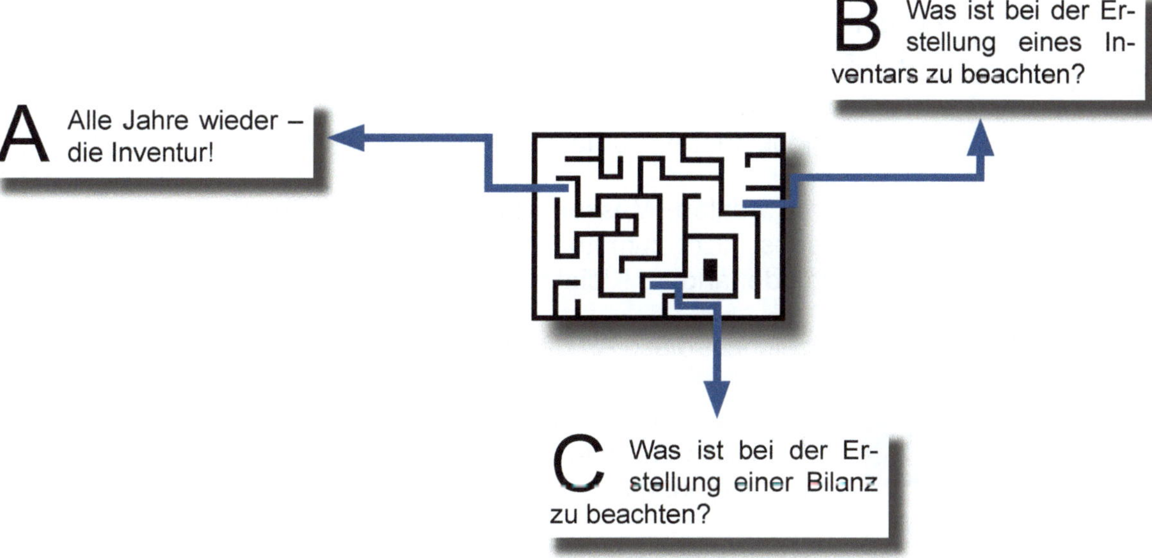

2. Wege aus dem Labyrinth

A Alle Jahre wieder – die Inventur!

Welche Vermögenswerte und welche Schulden müssen nachgewiesen werden?

Die Antwort ist einfach und lautet: **„alle, die vorhanden sind".**

Zu den **Vermögenswerten** gehören z.B. unbebaute oder bebaute Grundstücke, Maschinen, Büromöbel, Vorräte an Waren oder Rohstoffen im Eingangslager, noch nicht verkaufte Fertigprodukte im Ausgangslager, Forderungen und Guthaben bei Kreditinstituten.

Bei den Vermögenswerten unterscheidet man zwischen

- körperlichen Gegenständen
  z.B. Maschinen und

- nicht körperlichen Gegenständen
  z.B. Forderungen.

Als **Schulden** müssen z.B. Darlehen von Kreditinstituten, noch nicht ausgeglichene Lieferantenrechnungen und noch abzuführende Steuern an die Finanzbehörde oder noch abzuführende Abgaben an die Krankenkassen ausgewiesen werden.

Wie werden körperliche Gegenstände erfasst?

Die Bestandsaufnahme von

- Gegenständen des Anlagevermögens, z.B.
  ⇒ Maschinen, Fahrzeuge, Geschäftsausstattung, Grundstücke
- Lagerbeständen, z.B.
  ⇒ Vorräte an Roh-, Hilfs- und Betriebsstoffen
- flüssigen Mitteln, z.B.
  ⇒ Bargeldbestände, Guthaben bei Kreditinstituten

erfolgt durch Zählen, Messen und Wiegen bzw. durch Schätzen, wenn der Aufwand sonst nicht zumutbar wäre. Dies betrifft meist Hilfsstoffe, wie etwa Schrauben oder andere Kleinteile.

⇒ Man bezeichnet diese Art der Aufnahme als **körperliche Inventur**.

Für Gegenstände des beweglichen Anlagevermögens und bestimmten Teilen des Umlaufvermögens ist alternativ eine buchmäßige Bestandsaufnahme möglich.

Voraussetzung ist jedoch, dass diese Gegenstände in einem Bestandsverzeichnis laufend mit ihrer Menge und ihrem Wert geführt und kontrolliert werden.

- Das **Anlagevermögen** muss in einer **Anlagedatei/Anlagekartei** geführt werden.
- Der **Bargeldbestand** (Kassenbestand) muss mit dem **Kassenbuch** völlig übereinstimmen.
- **Schecks und Wechsel**, sofern sie noch nicht zum Inkasso eingereicht sind, müssen in einem **Nebenbuch** (es wurde früher und wird auch teilweise noch heute als Wechselkopierbuch bezeichnet) lückenlos aufgeführt sein.

⇒ Ist die geforderte **Bestandszuverlässigkeit nicht gegeben**, muss eine **körperliche Aufnahme** erfolgen.

Wie werden nichtkörperliche Gegenstände und Schulden erfasst?

Die Bestandsaufnahme von entsprechenden

- Gegenständen des Umlaufvermögens
  ⇒ Forderungen, Guthaben bei Kreditinstituten

- Schulden
  ⇒ Verbindlichkeiten gegenüber Kreditinstituten oder Lieferanten

werden auf der Grundlage der Buchführung erfasst.

Bei dieser Art der Inventur werden die Bestände aus den Konten übernommen. Man gleicht sie mit den entsprechenden Belegen ab und überprüft sie dadurch auf ihre Richtigkeit.

Beispiele:

Posten aus der Finanzbuchhaltung	Abstimmung mit ...
Forderungen aus Lieferungen und Leistungen	Sachkonten aus dem Debitorenbereich
Verbindlichkeiten aus Lieferungen und Leistungen	Sachkonten aus den Kreditorenbereich
Guthaben bei Kreditinstituten	Saldobestätigung der Kreditinstitute, z. B. Kontoauszug (Geschäftskonto)
Verbindlichkeiten bei Kreditinstituten	Saldobestätigung der Kreditinstitute, z. B. Darlehenskontoauszug

⇒ Man bezeichnet diese Art der Aufnahme als **Buch- und Beleg-Inventur**.

Welche Methoden der Inventur können für Vorräte angewandt werden?

Das HGB macht keine Vorschrift zum Zeitpunkt einer Inventur. Es fordert aber in § 240 Abs. 2, dass ein Inventar am Ende des Geschäftsjahres aufgestellt werden muss. Das Geschäftsjahr bezieht sich immer auf den Bilanzstichtag. Dieser muss aber nicht der 31.12. sein. Im Prinzip ist jedes Datum möglich, das jedoch beibehalten werden muss.

Tatsache ist jedoch, dass die Mehrzahl der Unternehmen den 31.12. als Bilanzstichtag wählt.

Da die Inventur die Grundlage für das Inventar und damit für die Bilanz darstellt, ist die körperliche Inventur am Bilanzstichtag oder in der Nähe des Bilanzstichtages die Regel.

Stichtagsinventur

Bei diesem Verfahren erfasst man die Bestände tatsächlich an einem Tag oder innerhalb einer bestimmten, zeitnahen Frist.

Die tatsächliche Stichtagsinventur

Sie findet genau am Bilanzstichtag statt bzw. einen Tag vorher oder nachher, wenn der Bilanzstichtag auf einen Sonn- oder Feiertag fällt.

Sie **ist zwingend vorgeschrieben** für Vorräte, die nur am Stichtag zuverlässig erfasst werden können. Das ist der Fall, wenn

- unkontrollierte Abgänge möglich sind, z.B. bei verderblichen Waren
- große Schwankungen in der Menge auftreten können oder
- bei besonders wertvollen Gegenständen.

Die zeitnahe (ausgeweitete) Stichtagsinventur

Sie findet nicht zwingend exakt am Stichtag statt, sondern kann innerhalb einer Frist von 10 Tagen vor oder nach dem Bilanzstichtag durchgeführt werden. Das bedeutet, dass die Inventurarbeiten 10 Tage vor dem Abschlussstichtag begonnen werden können und erst 10 Tage nach dem Stichtag beendet sein müssen.

Man hat also insgesamt **20 Tage** für die Abwicklung der Inventur **Zeit**.

Die Inventur kann aber auch an nur einem beliebigen Tag innerhalb dieser Frist ausgeführt werden. Das kann z.B. ein Samstag oder Sonntag sein, um den Betriebsablauf nicht zu unterbrechen.

Vereinfachte Inventurverfahren

Da die Inventur einen erheblichen Aufwand verursacht, hat der Gesetzgeber einige Erleichterungen vorgesehen.

Das HGB ermöglicht durch die Vorschriften in § 241 **drei Vereinfachungen**: Die **permanente Inventur**, die **vor- oder nachverlegte Inventur** sowie die **Stichprobeninventur**.

Die permanente Inventur

Bei diesem Verfahren wird der am Bilanzstichtag vorhandene Bestand in der Buchführung (= Sollbestand) als tatsächlicher Bestand angenommen.

Dieses Verfahren ist **nur zulässig** wenn Art, Menge und Wert der Bestände durch ein anderes Verfahren ohne körperliche Bestandsaufnahme jederzeit ermittelt werden können.
Hierzu ist eine lückenlose Führung der Lagerbücher (Lagerdatei) notwendig.
Das bedeutet, dass alle Lagerbewegungen nach Tag, Art und Menge genau festgehalten werden müssen.
Nur wenn dies der Fall ist, kann durch Rückrechnung der Bestand am Stichtag ermittelt werden.

Dieses Verfahren ist **nicht zulässig** bei Beständen, die unkontrolliert abnehmen können, z.B. durch Verderb oder Bruch oder bei Gegenständen mit einem besonders hohen Wert.

Einmal pro Jahr muss jedoch eine **körperliche Aufnahme** erfolgen.
Vorteilhaft ist aber, dass der Zeitpunkt beliebig gewählt werden kann.
Hier wird man die Zeit wählen, wenn die Bestände am niedrigsten sind.
Treten **Differenzen** zwischen den Sollbeständen (Buchführung) und den Ist-Beständen (tatsächliche Bestände) auf, müssen die Bestände in der Buchführung entsprechend korrigiert werden.
Ein **Inventar** muss an diesem Tag nicht aufgestellt werden. Es genügt, wenn dies am Bilanzstichtag erfolgt. Die Bestände muss man jedoch manuell oder elektronisch genau festhalten.

Bei automatisch gesteuerten Lagersystemen stellt die Einlagerungsinventur eine Sonderform dar.

Die Finanzverwaltung lässt bei automatisch gesteuerten Lagersystemen, z.B. Hochregallager mit automatischer Einlagerung, zu, dass auf eine körperliche Bestandsaufnahme verzichtet wird. Aufgrund der hohen Sicherheit der Bestandsführung wird bei diesen Systemen die erstmalige Einlagerung als körperliche Bestandsaufnahme angesehen.

Der Bestand wird durch laufende Fortschreibung in den Programmen gewährleistet und am Bilanzstichtag übernommen. Die Ordnungsmäßigkeit der Software muss selbstverständlich gewährleistet sein.

Die vor- oder nachverlegte Stichtagsinventur

Es ist möglich, die Aufnahme der Bestände

vorzuverlegen	nachzuverlegen
auf einen Tag innerhalb der **letzten drei** Monate **vor** dem Bilanzstichtag	auf einen Tag innerhalb der **ersten zwei** Monate **nach** dem Bilanzstichtag

Die **Aufnahme** muss in einem „besonderen" Inventar festgehalten werden, das aber **nur den Wert** und nicht die Menge ausweisen muss. Die Aufnahme der Bestände kann zu unterschiedlichen Stichtagen innerhalb der insgesamt fünf Monate erfolgen.

Voraussetzung ist wieder, dass man durch ein Fortschreibungs- und Rückrechnungsverfahren den genauen Wert am Bilanzstichtag ermitteln kann.

Schema für die Wertfortschreibung	
vorgelegte Inventur	**nachverlegte Inventur**
Wert der Bestände am Tag der Inventur + Wert der Zugänge zwischen Tag der Inventur und Bilanzstichtag - Wert der Abgänge zwischen Tag der Inventur und Bilanzstichtag = Wert am Bilanzstichtag	Wert der Bestände am Tag der Inventur + Wert der Abgänge zwischen Bilanzstichtag und Tag der Inventur - Wert der Zugänge zwischen Bilanzstichtag und Tag der Inventur = Wert an Bilanzstichtag
Abgänge sind im Normalfall Entnahmen aus dem Lager	

Die Stichprobeninventur

„Die Inventur muss stimmen!" Dieser Grundsatz gilt für alle möglichen Verfahren.

Das bedeutet, dass die sog. Stichprobeninventur nicht dadurch zustande kommt, das „man einfach einmal einige Bestände auswählt und diese Werte in das Inventar übernimmt".

Der **Begriff „Stichprobe"** kommt aus der Statistik und hierzu benötigt man relativ komplizierte mathematische Verfahren, um eine hohe Sicherheit der Aussagen zu gewährleisten. Dazu muss eine ausreichend hohe Anzahl von Bestandsposten vorhanden sein und jeder Posten muss die gleiche Chance haben, in die Stichprobenauswahl zu gelangen.

Diese **Verfahren müssen** selbstverständlich den GOBs entsprechen.
Wenn dies gewährleistet ist, kann durch Stichproben bei den Beständen auf den Gesamtwert der Bestände geschlossen werden.

Der **Vorteil** dieses Verfahrens liegt darin, dass die körperliche Aufnahme auf einen relativ geringen Teil des Gesamtbestandes (= Stichprobenmenge) beschränkt werden kann.

Aufgrund der hohen Anforderungen an das Verfahren und die Organisation ist diese vereinfachte Methode der Inventur **eher gering verbreitet**.

B Was ist bei der Erstellung eines Inventars zu beachten?

Beispiel:

Aufgrund eines EDV-Fehlers sind die Positionen des Inventars der Hamelner Industrie AG „durcheinandergeraten". Folgende Posten sind bekannt:

Forderungen a. LL. (Müller GmbH, Hannover):	*1.200.000,00 €*
Unbebaute Grundstücke, Münchner Straße 20-22:	*900.000,00 €*
Gewerbliche Schutzrechte:	*350.000,00 €*
Rohstoffe laut Inventurliste 3:	*740.000,00 €*
Hypothek der Postbank, Hannover:	*1.400.000,00 €*
Passive Rechnungsabgrenzungsposten:	*0,00 €*
Bankguthaben, Volks- und Raiffeisenbank, Hameln:	*280.000,00 €*
Verbindlichkeiten a. LL. (Stolte KG, Hamburg):	*1.000.000,00 €*
Technische Anlagen und Maschinen laut Anlagekartei 1:	*3.500.000,00 €*
Forderungen a. LL. (Drebing e.K., Bisperode):	*800.000,00 €*
Forderungen a. LL. (Schmidtkunz, Erlangen):	*1.000.000,00 €*
Betriebs- und Geschäftsausstattung laut Anlagekartei 2:	*285.000,00 €*
Erhaltene Anzahlungen:	*320.000,00 €*
Geleistete Anzahlungen auf Sachanlagen:	*50.000,00 €*
Geleistete Anzahlungen auf Vorräte:	*100.000,00 €*
Pensionsrückstellungen:	*1.300.000,00 €*
Verbindlichkeiten a. LL. (Mancarella & Urbanitz, Hameln):	*1.000.000,00 €*
Betriebsstoffe laut Inventurliste 5:	*360.000,00 €*
Kassenbestand:	*20.000,00 €*
Wertpapiere des Umlaufvermögens:	*50.000,00 €*
Bebaute Grundtücke, Rattenfängerstraße 12:	*800.000,00 €*
Betriebsgebäude, Rattenfängerstraße 12:	*1.600.000,00 €*
Darlehen der Hansebank, Wismar:	*1.800.000,00 €*
Hilfsstoffe laut Inventurliste 4:	*500.000,00 €*
Aktive Rechnungsabgrenzungsposten:	*0,00 €*
Verbindlichkeiten a. LL. (Weber AG, Göttingen):	*460.000,00 €*
Forderungen a. LL. (Franken AG, Nürnberg):	*500.000,00 €*
Verwaltungsgebäude, Rattenfängerstraße 12:	*1.200.000,00 €*
Annuitätendarlehen der Eurobank, Frankfurt:	*200.000,00 €*
Unfertige Erzeugnisse laut Inventurliste 6:	*1.000.000,00 €*
Bankguthaben, Stadtsparkasse Hameln	*120.000,00 €*
Steuerrückstellungen:	*440.000,00 €*
Handelswaren laut Inventurliste 7:	*715.000,00 €*
Anleihen:	*0,00 €*

Inventar der Hamelner Industrie AG, Rattenfängerstraße 12, 31785 Hameln, für den 31.12.20......, alle Beträge in €		
A. Vermögen		
Anlagevermögen		
I. Immaterielle Vermögensgegenstände		
1. Gewerbliche Schutzrechte		350.000,00
II. Sachanlagen		
1. Grundstücke und Bauten		
Unbebaute Grundstücke, Münchner Straße 20-22:	900.000,00	
Bebaute Grundstücke, Rattenfängerstraße 12:	800.000,00	
Betriebsgebäude, Rattenfängerstraße 12:	1.600.000,00	
Verwaltungsgebäude, Rattenfängerstraße 12:	1.200.000,00	4.500.000,00
2. Technische Anlagen und Maschinen lt. Anlagekartei 1:		3.500.000,00
3. Betriebs- und Geschäftsausstattung lt. Anlagekartei 2:		285.000,00
4. Geleistete Anzahlungen auf Sachanlagen:		50.000,00
Umlaufvermögen		
I. Vorräte		
1. Rohstoffe laut Inventurliste 3:	740.000,00	
2. Hilfsstoffe laut Inventurliste 4:	500.000,00	
3. Betriebsstoffe laut Inventurliste 5:	360.000,00	
4. Unfertige Erzeugnisse laut Inventurliste 6:	1.000.000,00	
5. Handelswaren laut Inventurliste 7:	715.000,00	
6. Geleistete Anzahlungen auf Vorräte	100.000,00	3.415.000,00
II. Forderungen aus Lieferungen und Leistungen		
1. Drebing e.K., Bisperode	800.000,00	
2. Schmidtkunz, Erlangen	1.000.000,00	
3. Müller GmbH, Hannover	1.200.000,00	
4. Franken AG, Nürnberg	500.000,00	3.500.000,00
III. Wertpapiere des Umlaufvermögens		50.000,00
IV. Kassenbestand		20.000,00
V. Bankguthaben		
1. Stadtsparkasse, Hameln	120.000,00	
2. Volks- und Raiffeisenbank, Hameln	280.000,00	400.000,00
VI. Aktive Rechnungsabgrenzungsposten		0,00
Summe des Vermögens		**16.070.000,00**
B. Schulden		
I. Langfristige Schulden		
1. Anleihen	0,00	
2. Pensionsrückstellungen	1.300.000,00	
3. Hypothek der Postbank, Hannover	1.400.000,00	
4. Darlehen der Hansebank, Wismar	1.800.000,00	
5. Annuitätendarlehen der Eurobank, Frankfurt	200.000,00	4.700.000,00
II. Kurzfristige Schulden		
1. Erhaltene Anzahlungen		320.000,00
2. Verbindlichkeiten aus Lieferungen und Leistungen		
Mancarella & Urbanitz, Hameln	1.000.000,00	
Stolte KG, Hamburg	1.000.000,00	
Weber AG, Göttingen	460.000,00	2.460.000,00
3. Steuerrückstellungen		440.000,00
III. Passive Rechnungsabgrenzungsposten		0,00
Summe der Schulden		**7.920.000,00**
C. Ermittlung des Eigenkapitals		
Summe des Vermögens		16.070.000,00
- Summe der Schulden		7.920.000,00
= Eigenkapital Reinvermögen		**8.150.000,00**

Das Inventar weist alle Vermögensposten und Schulden eines Unternehmens nach Art, Menge und Wert aus.

Es handelt sich um eine ausführliche Darstellung aller Positionen (indem z.B. die Debitoren und Kreditoren namentlich aufgeführt werden) in Staffelform.

Das Vermögen wird in Anlage- und Umlaufvermögen gegliedert, wobei die Vermögensposten nach zunehmender Liquidität geordnet sind.

Die Schulden sind nach abnehmender Fälligkeit (Fristigkeit) geordnet.

Das Eigenkapital bzw. Reinvermögen des Unternehmens ergibt sich, indem man vom Vermögen die Schulden subtrahiert.

Das Inventar stellt die Grundlage für die Erstellung eines ordnungsgemäßen Jahresabschlusses (die Bilanz und Gewinn- und Verlustrechnung sowie der Anhang bei Kapitalgesellschaften) dar.

C Was ist bei der Erstellung einer Bilanz zu beachten?

Beispiel:

Von der nicht börsennotierten Hamelner Industrie AG, Rattenfängerstraße 12, 31785 Hameln, sind folgende Daten bekannt:

Gewinn vor Steuern:	3.740.000,00 €
Umsatz:	39.543.000,00 €
Arbeitnehmer im Jahresdurchschnitt:	260
Erträge gemäß Gewinn- u. Verlustkonto:	42.397.000,00 €
Anlagevermögen:	7.531.000,00 €
Bilanzsumme:	16.070.000,00 €

Die Hamelner Industrie AG erfüllt somit zwei von drei Größenmerkmalen einer großen Kapitalgesellschaft gemäß § 267 Absatz 3 Handelsgesetzbuch (HGB):

Umsatz:	39.543.000,00 € > 38.500.000,00 €
Bilanzsumme:	16.070.000,00 € > 16.060.000,00 €

Deshalb muss die Hamelner Industrie AG daher zwingend ihre Bilanz nach dem vollständigen Gliederungsschema gemäß § 266 Absatz 2 und 3 Handelsgesetzbuch aufstellen und veröffentlichen.

Die Bilanz wird hierbei in ihren Einzelpositionen sehr detailliert dargestellt und ermöglicht somit einem externen Betrachter einen tiefen Einblick in die Vermögens- und Finanzlage der Hamelner Industrie AG.

AKTIVA	Bilanz der Hamelner Industrie AG zum 31.12.20.. (Beträge in Tausend €)		PASSIVA
A. Anlagevermögen		**A. Eigenkapital**	
I. Immaterielle Vermögensgegenstände		I. Gezeichnetes Kapital	5.000
1. Gewerbliche Schutzrechte	350	II. Kapitalrücklage	1.500
II. Sachanlagen		III. Gewinnrücklage	50
1. Grundstücke und Bauten	4.500	IV. Jahresüberschuss	1.600
2. Maschinen	3.500		
3. Geschäftsausstattung	285	**B. Rückstellungen**	
4. Geleistete Anzahlungen	50	1. Pensionsrückstellungen	1.300
		2. Steuerrückstellungen	440
B. Umlaufvermögen			
I. Vorräte		**C. Verbindlichkeiten**	
1. Roh-, Hilfs- u. Betriebsstoffe	1.600	1. Anleihen	0
2. Unfertige Erzeugnisse	1.000	2. Langfr. Verbindlichkeiten	
3. Waren	715	geg. Banken	3.400
4. Geleistete Anzahlungen	100	3. Erhaltene Anzahlungen	320
II. Forderungen und sonstige Vermögensgegenstände		4. Verbindlichkeiten a. LL.	2.460
1. Forderungen a. LL.	3.500	**D. Rechnungsabgrenzungsposten**	0
III. Wertpapiere	50		
IV. Schecks, Kassenbestand usw.	420		
C. Rechnungsabgrenzungsposten	0		
	16.070		**16.070**

Hameln, 31.12.20.. Christiane Pöch (Vorstandsvorsitzende)

Jeder Kaufmann muss gemäß § 242 HGB eine Bilanz erstellen. Die Bilanz ist eine kurz gefasste Gegenüberstellung von Vermögen (Aktiva) und Kapital (Passiva) in Kontenform.

Die Aktiva ist nach zunehmender Flüssigkeit gegliedert, die Passiva dagegen nach abnehmender Fälligkeit.

Die Aktiva zeigt die Vermögensformen, die Mittelverwendung und die Investitionen auf.

Die Passiva gibt Auskunft über die Vermögensquellen, die Mittelherkunft und die Finanzierung.

Die Bilanz ist vom Unternehmer unter Abgabe des Datums persönlich zu unterzeichnen.

So trainiere ich für die Prüfung

Aufgaben

1. Die Industrie AG wendet verschiedene Inventurverfahren an. Welche Aussage zur permanenten Inventur ist richtig?

a) Bei der permanenten Inventur wird der jeweilige Bestand an Forderungen und Verbindlichkeiten ermittelt und dieser Wert regelmäßig mit den Gläubigern und Schuldnern abgestimmt.

b) Nach gesetzlichen Vorschriften müssen mehrere Male im Jahr die Bestände körperlich aufgenommen und mit den Soll-Beständen der Lagerkartei abgestimmt werden.

c) Zu- und Abgänge von Vorräten werden durch laufende Mengenfortschreibung in der Lagerdatei erfasst. Alle Bestände müssen mindestens einmal jährlich körperlich aufgenommen und mit den Soll-Beständen der Lagerkartei verglichen werden.

d) Im Rahmen der permanenten Inventur wird auf die körperliche Bestandsaufnahme verzichtet, da die Bestände permanent aus der Lagerkartei abgelesen werden können.

e) Die Bestände müssen innerhalb von 10 Tagen vor oder nach dem Bilanzstichtag körperlich aufgenommen werden.

2. Welche der folgenden Aussagen zur Inventur sind falsch?

a) Die Inventur ist die Bestandsaufnahme zum Schluss des Geschäftsjahres.

b) Die Inventur weist am Bilanzstichtag alle Vermögensposten und Schulden der Industrie AG nach Art, Menge und Wert aus.

c) Die Inventur ist ein ausführliches Bestandsverzeichnis aller Vermögensposten und Schulden zur Ermittlung des Reinvermögens in Staffelform.

d) Die Inventur muss bei der Gründung der Industrie AG durchgeführt werden.

e) Die Inventur ist die mengen- und wertmäßige Bestandsaufnahme aller Vermögensposten und Schulden der Industrie AG zu einem bestimmten Zeitpunkt.

f) Die Inventur ist eine kurz gefasste Gegenüberstellung von Vermögen und Kapital.

g) Grundlage zur Durchführung der Inventur ist das Inventar.

3. Auf dem Konto 2000 „Rohstoffe“ der Industrie AG sind folgende Positionen erfasst:

Anfangsbestand:	85.670,00 €
Zugänge gesamt:	45.000,00 €
Entnahmen:	werden nicht durch MES erfasst
Endbestand lt. Inventur:	95.345,00 €

Geben Sie die erforderliche Buchung für die Entnahmen an.

4. Das Inventar der Industrie AG weist folgende Positionen (unsortiert) auf:

Grundstücke und Gebäude	3.270.000,00 €
Roh-, Hilfs- und Betriebsstoffe	2.110.000,00 €
Fertigerzeugnisse	757.500,00 €
Langfristige Schulden	6.874.650,00 €
Anteile an Tochterunternehmen	1.870.000,00 €
Maschinen und andere Anlagen	4.230.000,00 €
Forderungen a. LL.	1.371.000,00 €
Wertpapiere mit 6-monatiger Laufzeit	420.000,00 €
Guthaben bei Kreditinstituten	761.000,00 €
Verbindlichkeiten a. LL.	1.625.350,00 €

a) Ermitteln Sie die Höhe des Reinvermögens.

b) Ermitteln Sie die Höhe des Anlagevermögens.

5. Bei der Monatsinventur von Handelswaren stellt man Abweichungen zwischen Soll- und Ist-Bestand fest. In welchem Fall ist der Ist-Bestand größer als der Soll-Bestand?

a) Für eine Materialentnahme wurde kein Materialentnahmeschein ausgestellt.

b) Bei der Einlagerung wurde der Zugang nicht gebucht.

c) Ein ausgestellter Materialentnahmeschein wurde in der Buchhaltung nicht erfasst.

d) Der Diebstahl von zwei Stück Handelswaren wurde nicht bemerkt.

e) Man hat die Handelswaren mit einem vereinbarten Zahlungsziel von 30 Tagen beschafft.

6. Ordnen Sie zu, ob die unten stehenden Aussagen zutreffen auf:

(1) die zeitnahe Stichtagsinventur

(2) die verlegte Inventur

(3) die permanente Inventur

(4) die Stichprobeninventur

(5) kein Inventurverfahren

a) Die Inventur kann nur in dem Zeitraum von 2 Monaten vor oder 3 Monaten nach dem Bilanzstichtag erfolgen.

b) Die Inventur hat an einem vom zuständigen Finanzamt festgelegten Tag zu erfolgen.

c) Die Zu- und Abgänge werden ständig in einer Datei aufgezeichnet; mindestens einmal im Geschäftsjahr, zu einem beliebigen Zeitraum, erfolgt eine körperliche Bestandsaufnahme.

d) Die Inventur kann nur in dem Zeitraum von 3 Monaten vor oder 2 Monaten nach dem Bilanzstichtag erfolgen.

e) Die Inventur erfolgt zum Abschluss des Geschäftsjahres zeitnah zum Bilanzstichtag (20 Tage vor oder nach dem Bilanzstichtag).

f) Die Inventur erfolgt zum Abschluss des Geschäftsjahres zeitnah zum Bilanzstichtag (10 Tage vor oder nach dem Bilanzstichtag).

g) Die Inventur wird vom Ende des Geschäftsjahres (31.12.20..) auf den 20.01.20.. des neuen Geschäftsjahres verlegt.

h) Bei dieser Bestandsaufnahme wird durch „Ziehung“ von Stichproben der Lagerbestand nach Art, Menge und Wert zum Bilanzstichtag festgestellt.

i) Die Bestandsaufnahme erfolgt 3 Monate nach dem Bilanzstichtag.

j) Die Inventur wird vom Ende des Geschäftsjahres (31.12.20..) auf den 10.01.20.. des neuen Geschäftsjahres verlegt.

7. Die Industrie AG führt die zeitlich verlegte Inventur durch. Ermitteln Sie durch Wertfortschreibung bzw. Wertrückrechnung jeweils den Vorratsbestand an Rohstoffen zum 31.12.20.. (Bilanzstichtag):

a) Bestand am Tag der Inventur (01.10.20..): 3.280.000,00 €; Wert der Zugänge vom 01.10.-31.12.20..: 5.830.000,00 €; Wert der Abgänge in die Produktion (Verbrauch) vom 01.10.-31.12.20..: 7.630.000,00 €.

b) Bestand am Aufnahmetag (20.02.20..): 4.360.000,00 €; Wert der Abgänge vom 01.01.-20.02.20..: 2.280.000,00 €; Wert der Zugänge vom 01.01.-20.02.20..: 1.520.000,00 €.

8. Auf dem Konto 2020 „Hilfsstoffe“ sind folgende Positionen erfasst:

Anfangsbestand:	5.670,00 €
Zugänge gesamt:	1.000,00 €
Entnahmen gesamt (MES):	5.200,00 €
Endbestand lt. Inventur:	1.460,00 €

Mit welchem Wert werden die Hilfsstoffe am Stichtag in der Bilanz der Industrie AG ausgewiesen?

9. Bringen Sie die nachfolgenden Tätigkeiten zum Ablauf der körperlichen Inventur als Stichtagsinventur im Vorratsvermögen der Industrie AG in die richtige Reihenfolge zum 31.12.20..!

a) Bewertung der mengenmäßig festgestellten Bestände aufgrund gesetzlicher Bewertungsvorschriften (z.B. Anschaffungskosten, Herstellungskosten, Niederstwertprinzip)

b) Aufklärung von eventuellen Inventurdifferenzen

c) Erfassung der Bestände nach Art und Menge

d) Einweisung der Mitarbeiter, die die Inventur durchführen

e) Beauftragung eines Verantwortlichen für die Planung, Durchführung und die Kontrolle der Inventur durch den Vorstand der Industrie AG

f) Inventuranweisungen für die mit Inventurtätigkeiten zu beauftragten Mitarbeiter aufstellen

g) Aufstellung eines Terminplans für den Ablauf der Inventur

h) Prüfung der Inventurlisten

i) Festlegung der Inventurbereiche (z.B. Lager- und Fertigungsbereiche)

j) Inventurlisten an die Mitarbeiter verteilen

k) Vergleich der Ist-Bestände (Inventurwerte gemäß Inventurliste) mit den Soll-Beständen (Buchwerte gemäß Lagerbuchhaltung)

l) Übernahme der Inventurwerte als Anfangsbestände der Lagerbuchhaltung zum 01.01.20.. und Erstellung eines Bestandsübernahmeprotokolls

m) Festlegung der Mitarbeiter, die die Inventur durchführen

n) Inventurlisten erstellen und vervielfältigen

10. Unterscheiden Sie kurz die Fachbegriffe „Inventur“ und „Inventar“.

11. Welche Vermögensposten müssen immer in einer Stichtagsinventur erfasst werden?

12. Welche Vermögenswerte können im Rahmen der Buchinventur erfasst und bewertet werden?

13. Die körperliche Inventur erfolgt durch Zählen, Messen, Wiegen und gegebenenfalls Schätzen. Nennen Sie jeweils ein Beispiel aus Ihrem Ausbildungsbetrieb.

14. Worin sehen Sie Nachteile der Stichtagsinventur gegenüber den anderen Inventurverfahren?

15. Nennen Sie die Voraussetzungen und die Vor- und Nachteile der permanenten Inventur.

16. Im Rahmen der Inventur am 31.12.20.. wird im Büromateriallager der Industrie AG ein Bestand von 448 Kartons Kopierpapier mit jeweils 2.500 Blatt aufgenommen.

Folgende Lieferungen sind im Geschäftsjahr eingegangen:

Datum	Anzahl pro Karton	Nettowarenwert in €
02.02.20..	4.000	5,00
15.04.20..	2.000	5,60
02.06.20..	3.000	5,25
12.08.20..	4.500	5,50
14.10.20..	3.200	5,60
04.12.20..	1.600	5,80

Berechnen Sie den Wert des Inventurbestandes (gewogener Durchschnitt) von Kopierpapier am 31.12.20..!

17. Ermitteln Sie den Gesamtinventurwert verschiedener Handelswaren nach der folgenden Inventurliste der Industrie AG:

Artikelnummer	Stück	Nettowarenwert in €	Wert in €	Wertminderung durch Preisverfall und Beschädigungen	Gesamtwert in €
50100	60	60,00	?	keine	?
50200	10	70,00	?	keine	?
50300	200	80,00	?	5 %	?
50400	140	110,00	?	keine	?
50500	20	130,00	?	50 %	?
Gesamtinventurwert					?

18. Was versteht man unter Inventurdifferenzen? Nennen Sie in diesem Zusammenhang auch Beispiele.

19. Auf dem Konto 2000 „Rohstoffe“ der Industrie AG sind folgende Positionen erfasst:

Anfangsbestand:	185.670,00 €
Zugänge gesamt:	545.000,00 €
Entnahmen gesamt (MES)	680.560,00 €
Endbestand lt. Inventur:	58.210,00 €

a) Geben Sie die erforderlichen Buchungen zum Bilanzstichtag am 31.12.20.. an.

b) Nennen Sie einen möglichen Grund für die vorliegende Inventurdifferenz.

20. Die Industrie AG erfasst die Fremdbauteile fertigungssynchron. Auf dem Konto 6010 „Aufwendungen für Fremdbauteile“ wurden Zugänge von insgesamt 340.000,00 € erfasst.

Der Endbestand an Fremdbauteilen lt. Inventur beträgt 2.000,00 €.

a) Erläutern Sie die Situation.

b) Geben Sie die erforderlichen Buchungen zum Bilanzstichtag am 31.12.20.. an.

21. Welche Aussagen zur Bilanz der Hamelner Industrie AG sind richtig und welche falsch?

a) Die Bilanz ist mit dem Geschäftsbericht der Hamelner Industrie AG gleichzusetzen.

b) Das Vermögen der Aktiva der Bilanz wird in Anlage- und Umlaufvermögen gegliedert, wobei die Vermögensposten nach abnehmender Flüssigkeit geordnet werden.

c) Die Bilanz ist eine reine mengenmäßige Bestandsaufnahme aller Vermögensteile und Schulden der Hamelner Industrie AG zu einem bestimmten Zeitpunkt.

d) Die Passiva der Bilanz ist nach abnehmender Fälligkeit gegliedert.

e) Jeder Kaufmann ist gemäß § 242 HGB verpflichtet zum Ende des Geschäftsjahres im Rahmen des Jahresabschlusses eine Bilanz zu erstellen.

f) Die Bilanz wird auch als Inventar bezeichnet.

g) Die Bilanz ist eine kurzgefasste, kontenmäßige Gegenüberstellung der Vermögensformen und der Vermögensquellen der Hamelner Industrie AG.

h) Bilanzsumme - Eigenkapital = Fremdkapital

i) Das Vermögen der Aktiva der Bilanz wird in Anlage- und Umlaufvermögen gegliedert, wobei die Vermögensposten nach zunehmender Liquidität geordnet werden.

j) Die Passiva der Bilanz zeigt die Investitionen der Hamelner Industrie AG auf.

k) Der Jahresabschluss der Hamelner Industrie AG kann in Ausnahmefällen auch von einem Prokuristen unterschrieben werden.

l) Die Aktiva der Bilanz weist die Verwendung des Kapitals auf.

m) Kapitalrücklagen sind zum Eigenkapital der Hamelner Industrie AG zu zählen.

n) Geleistete Anzahlungen haben Fremdkapitalcharakter.

o) Eine Kapitalgesellschaft mit durchschnittlich 300 Arbeitnehmern, einem Jahresumsatz von 30 Mio. € sowie einer Bilanzsumme von 17 Mio. € muss zwingend eine Bilanz nach dem vollständigen Gliederungsschema gemäß § 266 Absatz 2 und 3 Handelsgesetzbuch erstellen und veröffentlichen.

22. Wie lange sind folgende Unterlagen bzw. Aufzeichnungen von der Industrie AG mindestens aufzubewahren? Geben Sie das genaue Datum an.

a) Die Industrie AG stellt zum 31.12.2019 die Abschlussbilanz für das Geschäftsjahr 2019 auf.

b) Kontoauszug vom 04.03.2018.

c) Telefax vom 19.01.2018 über eine Anfrage der Industrie AG bei der Metall AG über die Lieferbereitschaft von bestimmten Formteilen.

d) Eingangsrechnung 12345 vom 15.10.2018 über die Lieferung von Rohstoffen.

e) Die Gewinn- und Verlustrechnung für das Geschäftsjahr 2018 wird am 02.02.2019 erstellt.

Lösungen

1. c

A

Zu- und Abgänge von Vorräten werden durch laufende Mengenfortschreibung in der Lagerkartei erfasst. Alle Bestände müssen mindestens einmal jährlich körperlich aufgenommen und mit den Soll-Beständen der Lagerkartei verglichen werden.

2. b) Die Inventur weist am Bilanzstichtag alle Vermögensposten und Schulden der Industrie AG nach Art, Menge und Wert aus.

A

c) Die Inventur ist ein ausführliches Bestandsverzeichnis aller Vermögensposten und Schulden zur Ermittlung des Reinvermögens in Staffelform.

f) Die Inventur ist eine kurz gefasste Gegenüberstellung von Vermögen und Kapital.

g) Grundlage zur Durchführung der Inventur ist das Inventar.

A, C

3.

Kto-Nr.	Kontobezeichnung	SOLL €	HABEN €
6000	Aufwendungen Rohstoffe	35.325,00	
2000	Rohstoffe		35.325,00

B

4. a) Vermögen - Schulden = Reinvermögen

3.270.000,00 €
+ 2.110.000,00 €
+ 757.500,00 €
+ 1.870.000,00 €
+ 4.230.000,00 €
+ 1.371.000,00 €
+ 420.000,00 €
+ 761.000,00 €
- 6.874.650,00 €
- 1.625.350,00 €

= **6.289.500,00 €**

b) 3.270.000,00 € + 1.870.000,00 € + 4.230.000,00 € = **9.370.000,00 €**

A

5. **b**

Bei der Einlagerung wurde der Zugang nicht gebucht.

A

6. a) Die Inventur kann nur in dem Zeitraum von 2 Monaten vor oder 3 Monaten nach dem Bilanzstichtag erfolgen (5).

b) Die Inventur hat an einem vom zuständigen Finanzamt festgelegten Tag zu erfolgen (5).

c) Die Zu- und Abgänge werden ständig in einer Datei aufgezeichnet; mindestens einmal im Geschäftsjahr, zu einem beliebigen Zeitpunkt, erfolgt eine körperliche Bestandsaufnahme (3).

d) Die Inventur kann nur in dem Zeitraum von 3 Monaten vor oder 2 Monaten nach dem Bilanzstichtag erfolgen (2).

e) Die Inventur erfolgt zum Abschluss des Geschäftsjahres zeitnah zum Bilanzstichtag; 20 Tage vor oder nach Bilanzstichtag (5).

f) Die Inventur erfolgt zum Abschluss des Geschäftsjahres zeitnah zum Bilanzstichtag; 10 Tage vor oder nach Bilanzstichtag (1).

g) Die Inventur wird vom Ende des Geschäftsjahres (31.12.20..) auf den 20.01.20.. verlegt (2).

h) Bei dieser Bestandsaufnahme wird durch „Ziehung“ von Stichproben der Lagerbestand nach Art, Menge und Wert zum Bilanzstichtag festgestellt (4).

i) Die Bestandsaufnahme erfolgt 3 Monate nach dem Bilanzstichtag (5).

j) Die Inventur wird vom Ende des Geschäftsjahres (31.12.20..) auf den 10.01.20.. verlegt (1).

A

7. a)

	Bestand am 01.10.20..	3.280.000,00 €
+	Zugänge vom 01.10.-31.12.20..	5.830.000,00 €
		9.110.000,00 €
-	Abgänge vom 01.10.-31.12.20..	7.630.000,00 €
=	**Bestand am 31.12.20..**	**1.480.000,00 €**

b)

	Bestand am 20.02.20..	4.360.000,00 €
-	Zugänge vom 01.01.-20.02.20..	1.520.000,00 €
		2.840.000,00 €
+	Abgänge vom 01.01.-20.02.20..	2.280.000,00 €
=	**Bestand am 31.12.20..**	**5.120.000,00 €**

A, C

8.

	5.670,00 €
+	1.000,00 €
-	5.200,00 €
=	**1.470,00 €** (Buchwert gemäß Lagerbuchhaltung)

In die Bilanz der Industrie AG wird aber der Ist-Wert (Inventurwert gemäß Inventurliste) in Höhe von 1.460,00 € aufgenommen.

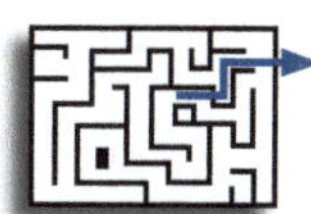

A

9. **Hinweis:** Die dargestellte Lösung ist ein möglicher sinnvoller Ablauf der Inventur.

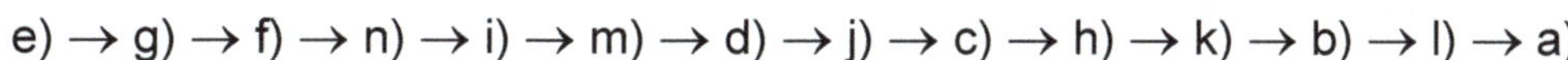

e) → g) → f) → n) → i) → m) → d) → j) → c) → h) → k) → b) → l) → a)

A, B

10. Die mithilfe der Inventur (mengen- und wertmäßige Bestandsaufnahme) ermittelten Bestände der einzelnen Vermögensposten und Schulden werden in einem besonderen Bestandsverzeichnis, dem Inventar, zusammengefasst.

Das Inventar besteht aus den Teilen Vermögen, Schulden und Eigenkapital (Reinvermögen).

A

11. Eine permanente oder eine zeitverschobene Inventur wäre nur zulässig, wenn Bestände, bei denen durch Schwund, Verdunsten, Verderb, leichte Zerbrechlichkeit oder ähnliche Vorgänge ins Gewicht fallende unkontrollierbare Abgänge eintreten.

Zudem muss eine Stichtagsinventur für Wirtschaftsgüter durchgeführt werden, die – abgestellt auf die Verhältnisse des jeweiligen Betriebes – besonders wertvoll sind.

A

12. Beispiele: Forderungen, Verbindlichkeiten, Bankguthaben, lang- und kurzfristige Bankverbindlichkeiten, Wertpapierbestand

A

13. Zählen: Bürostühle
Messen: Vorrat an Heizöl
Wiegen: Kleinmaterial, z. B. Schrauben
Schätzen: Arbeitshandschuhe für die Fertigungsarbeiter

A

14. Die Stichtagsinventur führt zu einem großen Arbeitsanfall innerhalb weniger Tage, der oft Betriebsunterbrechungen zur Folge hat.

A

15. Voraussetzungen: Lagerbuchführung ist notwendig (mengen- und wertmäßige Erfassung aller Zu- und Abgänge während des gesamten Geschäftsjahres), mit körperlicher Überprüfung der Vermögenswerte jeweils in einem Abstand von 12 Monaten.

Vorteile: Die permanente Inventur ist ein rationales und aussagefähiges Inventurverfahren, das der Unternehmensleitung täglich, vor allem beim Einsatz von EDV-Anlagen, wichtige Daten über die Bestandsbewegungen liefert.

Ihr besonderer Vorzug liegt darin, dass die körperliche Bestandsaufnahme der einzelnen Gruppen des Vorratsvermögens zu beliebigen Zeitpunkten (z.B. in Zeiten mit erwarteten Niedrigbeständen) durchgeführt werden kann.

Nachteile: Ganzjährige zeit- und kostenintensive Erfassung aller Zu- und Abgänge nach Art, Menge und Wert (Bestandsfortschreibung).

A

16.

Datum	Anzahl pro Karton	Nettowarenwert in €	Gesamtwert in €
02.02.20..	4.000	5,00	20.000,00
15.04.20..	2.000	5,60	11.200,00
02.06.20..	3.000	5,25	15.750,00
12.08.20..	4.500	5,50	24.750,00
14.10.20..	3.200	5,60	17.920,00
04.12.20..	1.600	5,80	9.280,00
	18.300		98.900,00

Gewogener Durchschnitt = $\frac{98.900,00}{18.300}$ = **5,40 €/Karton**

Inventurbestand: 5,40 €/Karton · 448 Kartons = **2.419,20 €**

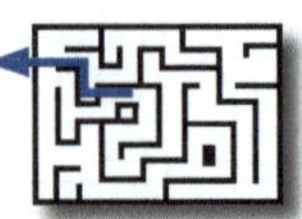

A

17.

Artikelnummer	Stück	Nettowarenwert in €	Wert in €	Wertminderung durch Preisverfall und Beschädigungen	Gesamtwert in €
50100	60	60,00	3.600,00	keine	3.600,00
50200	10	70,00	700,00	keine	700,00
50300	200	80,00	16.000,00	5 %	15.200,00
50400	140	110,00	15.400,00	keine	15.400,00
50500	20	130,00	2.600,00	50 %	1.300,00
Gesamtinventurwert					36.200,00

18. Abweichung vom Soll-Bestand (Buchwert gemäß Aufzeichnungen der Lagerbuchhaltung) und dem „überprüften“ Ist-Bestand (Inventurwert gemäß Inventurliste).

Beispiele:
- nicht erfasste Abgänge, z.B. durch Diebstahl
- fehlerhafte Lieferscheine oder Entnahmebelege (z.B. Materialentnahmescheine)
- fehlerhafte Produktionsmeldungen
- fehlerhafte Inventurerfassung.

A

19. a)

Kto-Nr.	Kontobezeichnung	SOLL €	HABEN €
2000	Rohstoffe	8.100,00	
6000	Aufwendungen für Rohstoffe		8.100,00
8010	Schlussbilanzkonto	58.210,00	
2000	Rohstoffe		58.210,00
8020	Gewinn- und Verlustkonto	672.460,00	
6000	Aufwendungen für Rohstoffe		672.460,00

A, C

b) Es wurden Rohstoffe gemäß Materialentnahmeschein (MES) in Höhe von 8.100,00 € bereits als Verbrauch gebucht, wobei die Rohstoffe am Bilanzstichtag noch nicht in den Produktionsprozess geflossen sind.

20. a) Im Rahmen der fertigungssynchronen (bzw. aufwandsorientierten oder „Just-in-time-Beschaffung“) Buchung von Fremdbauteilen wird der sofortige Verbrauch der Materialien für den Produktionsprozess unterstellt.

In diesem Fall wurden aber Fremdbauteile in Höhe von 2.000,00 € noch nicht „verbraucht“ und „warten“ am Bilanzstichtag noch auf ihre Verarbeitung. Somit besteht am 31.12.20.. ein geringer Lagerbestand in Höhe von 2.000,00 €, der in die Schlussbilanz einfließt.

A, C

b)

Kto-Nr.	Kontobezeichnung	SOLL €	HABEN €
2010	Fremdbauteile	2.000,00	
6010	Aufwendungen für Fremdbauteile		2.000,00
8010	Schlussbilanzkonto	2.000,00	
2010	Fremdbauteile		2.000,00
8020	Gewinn- und Verlustkonto	338.000,00	
6010	Aufwendungen für Fremdbauteile		338.000,00

21. (R = richtig, F = falsch)
a) F, b) F, c) F, d) R, e) R, f) F, g) R, h) R, i) R, j) F, k) F, l) R, m) R, n) F, o) R

C

22. a) Teil des Jahresabschlusses 10 Jahre ▶ 31.12.2029
b) Buchungsbeleg 10 Jahre ▶ 31.12.2028
c) Handelskorrespondenz 6 Jahre ▶ 31.12.2024
d) Buchungsbeleg 10 Jahre ▶ 31.12.2028
e) Teil des Jahresabschlusses 10 Jahre ▶ 31.12.2029

C

3. Buchen auf Bestandskonten

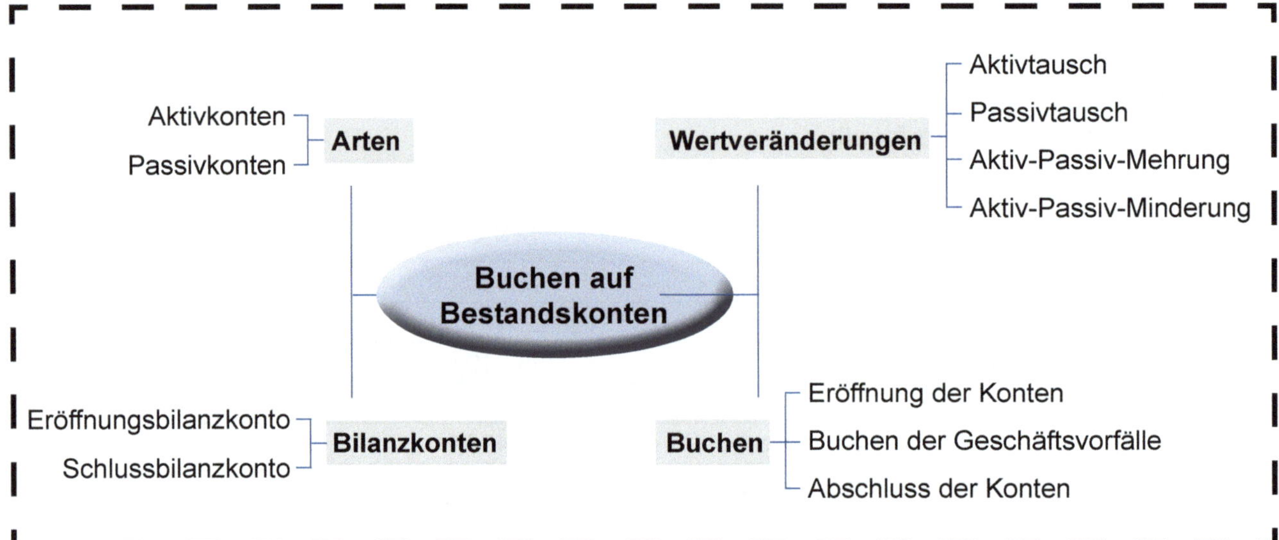

Was muss ich für die Prüfung wissen?

Wertveränderungen

Jeder Geschäftsvorgang wirkt sich auf mindestens zwei Bilanzposten aus. Das bedeutet, dass Wertveränderungen ausschließlich auf der Aktivseite oder der Passivseite oder auf der Aktivseite und auf der Passivseite stattfinden können. Ist nur die Aktivseite oder nur die Passivseite betroffen, bezeichnet man diese Wertveränderungen als Aktivtausch bzw. Passivtausch. Sind beide Bilanzseiten betroffen, kann es sich um eine Aktiv-Passiv-Mehrung oder um eine Aktiv-Passiv-Minderung handeln.

Konten

Um diese Wertänderungen rationell und übersichtlich vornehmen zu können, benötigt man als Hilfsmittel Konten. Aus diesem Grunde löst man die Bilanz in einzelne Konten auf.

Für jeden Posten der Bilanz wird ein eigenes Konto gebildet. Man unterscheidet zwischen Aktivkonten und Passivkonten.

Bestandskonten

Da diese Konten die Bestände der Vermögensposten und der Kapitalposten ausweisen, bezeichnet man sie als Bestandskonten. Bestandskonten, die das Vermögen ausweisen, werden als aktive Bestandskonten bezeichnet. Bestandskonten, die das Eigenkapital oder das Fremdkapital ausweisen, werden als passive Bestandskonten bezeichnet.

Soll und Haben

Die beiden Seiten eines Kontos werden grundsätzlich mit Soll und Haben gekennzeichnet. Die linke Seite stellt die Soll-Seite, die rechte Seite die Haben-Seite dar. Diese Einteilung ist einheitlich, d.h. es ist unerheblich, ob es sich um aktive oder passive Bestandskonten handelt.

Eröffnungsbilanz

Jedes Konto muss zum Beginn einer Abrechnungsperiode eröffnet werden. Eine Abrechnungsperiode ist mindestens ein Geschäftsjahr, es kann aber auch ein Quartal (3 Monate) sein, da viele Unternehmen sog. Quartalsabschlüsse veröffentlichen müssen. Dazu muss man den Anfangsbestand aus der Eröffnungsbilanz auf die jeweilige Seite des Kontos übertragen. Aktive Bestandskonten werden auf der Soll-Seite eröffnet, passive Bestandskonten auf der Haben-Seite.

Buchen von Geschäftsvorgängen

Jeder einzelne Geschäftsvorgang muss auf den jeweiligen Konten erfasst werden. Man bezeichnet diesen Vorgang als Buchung. Dabei werden mindestens zwei verschiedene Seiten zweier Konten angesprochen. Diese beiden Seiten sind Soll und Haben. Jede Buchung ist ein eigener Vorgang, der unter einer eigenen Buchungsnummer gespeichert wird. Zusammenfassungen verschiedener Buchungen verstoßen gegen die GOB.

Buchungsanweisung und Buchungssatz

Die Buchungsanweisung ist unerlässlich, um die Geschäftsvorgänge den Konten ordnungsgemäß zuzuweisen. Der Buchungssatz ist ein Hilfsmittel, eine Buchungsanweisung verbal zu formulieren bzw. optisch übersichtlich darzustellen. Man spricht dabei immer zuerst die Soll-Seite und dann die Haben-Seite der jeweiligen Konten an. Die Systematik lautet: Soll-Konto an Haben-Konto. Er ist jedoch nicht zwingend vorgeschrieben. Wichtig und unerlässlich ist jedoch die Zuweisung der Beträge auf die Soll- oder Haben-Seite der jeweiligen Konten.

Schlussbilanz

Am Ende einer Abrechnungsperiode müssen die Schlussbestände der Aktivkonten und der Passivkonten in die Schlussbilanz übertragen werden. Die Schlussbestände der Aktivkonten ergeben sich durch einen Saldo auf der Haben-Seite und werden auf die Aktivseite der Bilanz übertragen. Die Schlussbestände der Passivkonten ergeben sich durch einen Saldo auf der Soll-Seite und werden auf die Passivseite der Bilanz übertragen.

Eröffnungsbilanzkonto und Schlussbilanzkonto

Um Eröffnungs- und Abschlussbuchungen technisch vornehmen zu können, verwendet man als Hilfsmittel das Eröffnungsbilanz- und das Schlussbilanz-Konto. Im Gegensatz zur Bilanz, die eine Aktiv- und eine Passivseite aufweist, weisen diese beiden Bilanzkonten eine Soll- und Haben-Seite auf. Das Eröffnungsbilanz-Konto ist ein Spiegelbild der Eröffnungsbilanz und weist die aktiven Bestandskonten auf der Haben-Seite, die passiven Bestandskonten auf der Soll-Seite aus. Dadurch ist eine Eröffnungsbuchung, z.B. Maschinen an Eröffnungsbilanz-Konto, möglich. Das Schlussbilanzkonto entspricht hinsichtlich seiner Systematik der Schlussbilanz. Die Abschlussbuchung lautet z.B. Schlussbilanz-Konto an Maschinen.

Bilanzposten oder Konten?

In der Bilanz, die eine Aktivseite und eine Passivseite aufweist, spricht man von Bilanz-Posten. Sie sind im Handelsgesetzbuch (HGB) § 266 aufgeführt. In den Eröffnungs- und Schlussbilanzkonten, die eine Soll- und eine Haben-Seite aufweisen, spricht man von Konten. Der Hauptunterschied zwischen Posten und Konto liegt darin, dass in der Bilanz nach HGB nicht jedes einzelne Konto aufgeführt wird, sondern zu einem Sammelposten zusammengefasst ist.

Was erwartet mich in der Prüfung?

In der Prüfung erwartet man von Ihnen, dass Sie die Wertveränderungen in der Bilanz erkennen und mit den Fachbegriffen eindeutig erläutern können. Sie müssen auch in der Lage sein, Geschäftsvorgänge völlig fehlerfrei zu buchen. Dazu benötigen Sie die Systematik des Buchens, indem Sie die vorgegebenen Beträge auf die Soll- oder Haben-Seite der entsprechenden Konten zuweisen. Die Eröffnung und der Abschluss von Konten kann ebenfalls gefordert sein. Sie müssen dabei keine Konten grafisch erstellen bzw. grafisch formal abschließen. Ihre Aufgabe liegt demnach in der Analyse, der Erläuterung und der Entscheidung für eine richtige Handlung.

1. Das Lernlabyrinth

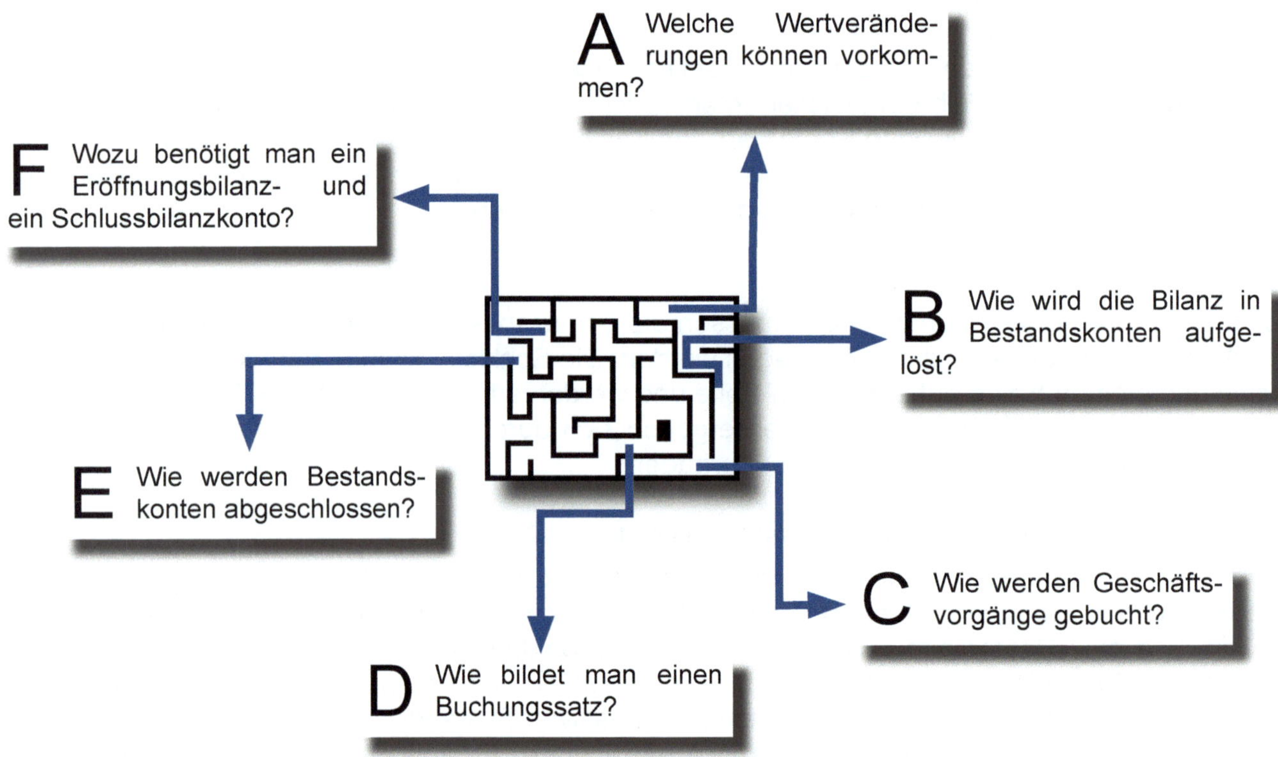

2. Wege aus dem Labyrinth

A Welche Wertveränderungen können vorkommen?

Die folgende Bilanz mit sechs beispielhaften Posten weist vor den Wertveränderungen folgende Werte aus:

AKTIVA		BILANZ	PASSIVA
Betriebs- und Geschäftsausstattung (BGA)	100.000,00	Eigenkapital	80.000,00
Rohstoffe	20.000,00	Verbindlichkeiten a. LL.	10.000,00
Guthaben bei Kreditinstituten (Bank)	15.000,00	Verbindlichkeiten gegenüber Kreditinstituten (Bankdarlehen)	45.000,00
Summe	**135.000,00**	**Summe**	**135.000,00**

Was müssen Sie beachten?

- Jeder Geschäftsvorgang verändert mindestens zwei Werte in der Bilanz.
- Die Bilanzsumme ändert sich dabei nur, wenn die Veränderungen sowohl die Aktivseite als auch die Passivseite betreffen.
- Sie ändert sich nicht, wenn die Veränderungen jeweils nur die Aktivseite oder nur die Passivseite betreffen.

Es gibt insgesamt vier Arten von Wertveränderungen in einer Bilanz

Stellen Sie sich immer folgende vier Fragen:

1. Welche Posten der Bilanz sind von dem Vorgang betroffen?
2. Welche Bilanzseiten sind von dem Vorgang betroffen?
3. Handelt es sich um einen Aktiv- oder Passivposten?
   - Jetzt können Sie die Art der Veränderung feststellen
   - und ob sich die Bilanzsumme verändert.
4. Wie wirkt sich der Vorgang auf den Bilanzposten aus, d.h. nimmt er zu oder nimmt er ab?
   - Jetzt können Sie feststellen, um welchen Betrag die Bilanzsumme zu- oder abnimmt, wenn sich die Bilanzsumme ändert.

Welche Bilanzseiten sind betroffen?	Art der Veränderung	Ändert sich die Bilanzsumme?
nur die Aktivseite	Aktiv-Tausch	nein
nur die Passivseite	Passiv-Tausch	nein
Aktiv- und Passivseite	Aktiv-Passiv-Mehrung	ja
Aktiv- und Passivseite	Aktiv-Passiv-Minderung	ja

Welcher Geschäftsvorgang löst z.B. einen Aktivtausch aus?

Beispiel:
Kauf eines Schreibtisches gegen sofortige Überweisung vom Bankkonto, 700,00 €. (Hinweis: Ohne Berücksichtigung der Umsatzsteuer.)

Veränderung der Bilanzposten →	BGA	+ 700,00 €	Bank	- 700,00 €

AKTIVA	BILANZ nach dieser Veränderung		PASSIVA
Betriebs- und Geschäftsausstattung (BGA)	**100.700,00**	Eigenkapital	80.000,00
Rohstoffe	20.000,00	Verbindlichkeiten a. LL.	10.000,00
Guthaben bei Kreditinstituten (Bank)	**14.300,00**	Verbindlichkeiten gegenüber Kreditinstituten (Bankdarlehen)	45.000,00
Summe	**135.000,00**	**Summe**	**135.000,00**

Die Bilanzsumme ändert sich nicht.

Welcher Geschäftsvorgang löst z.B. einen Passivtausch aus?

Beispiel:
Eine Verbindlichkeit gegenüber einem Lieferanten wird durch ein kurzfristiges Bankdarlehen in Höhe von 5.000,00 € zurückbezahlt.

Veränderung der Bilanzposten →	Bank-darlehen	+ 5.000,00 €	Verbindlich-keiten a. LL.	- 5.000,00 €

AKTIVA		BILANZ nach dieser Veränderung	PASSIVA
Betriebs- und Geschäfts-ausstattung (BGA)	100.700,00	Eigenkapital	80.000,00
Rohstoffe	20.000,00	**Verbindlichkeiten a. LL.**	**5.000,00**
Guthaben bei Kreditinstituten (Bank)	14.300,00	**Verbindlichkeiten gegenüber Kreditinstituten (Bankdarlehen)**	**50.000,00**
Summe	**135.000,00**	**Summe**	**135.000,00**

Die Bilanzsumme ändert sich nicht.

Welcher Geschäftsvorgang löst z.B. eine Aktiv-Passiv-Mehrung aus?

Beispiel:
Lieferung von Rohstoffen auf Ziel, 3.000,00 €. Der Rechnungsausgleich erfolgt 10 Tage nach Rechnungsdatum. (Hinweis: Ohne Berücksichtigung der Umsatzsteuer.)

Veränderung der Bilanzposten →	Rohstoffe	+ 3.000,00 €	Verbindlich-keiten a. LL.	+ 3.000,00 €

AKTIVA		BILANZ nach dieser Veränderung	PASSIVA
Betriebs- und Geschäfts-ausstattung (BGA)	100.700,00	Eigenkapital	80.000,00
Rohstoffe	**23.000,00**	**Verbindlichkeiten a. LL.**	**8.000,00**
Guthaben bei Kreditinstituten (Bank)	14.300,00	Verbindlichkeiten gegenüber Kreditinstituten (Bankdarlehen)	50.000,00
Summe	**138.000,00**	**Summe**	**138.000,00**

Die Bilanzsumme ändert sich, sie nimmt um 3.000,00 € zu.

Welcher Geschäftsvorgang löst z.B. eine Aktiv-Passiv-Minderung aus?

Beispiel:
Rechnungsausgleich der Rohstofflieferung, 3.000,00 €, durch Überweisung vom Bankkonto.

Veränderung der Bilanzposten →

Bank	- 3.000,00 €	Verbindlichkeiten a. LL.	- 3.000,00 €

AKTIVA	BILANZ nach dieser Veränderung		PASSIVA
Betriebs- und Geschäftsausstattung (BGA)	100.700,00	Eigenkapital	80.000,00
Rohstoffe	23.000,00	**Verbindlichkeiten a. LL.**	**5.000,00**
Guthaben bei Kreditinstituten (Bank)	**11.300,00**	Verbindlichkeiten gegenüber Kreditinstituten (Bankdarlehen)	50.000,00
Summe	**135.000,00**	**Summe**	**135.000,00**

Die Bilanzsumme ändert sich, sie nimmt um 3.000,00 € ab.

B Wie wird die Bilanz in Bestandskonten aufgelöst?

Warum ist dieser Vorgang notwendig?

Es wäre zu umständlich und zu unübersichtlich, jeden Geschäftsvorgang durch eine Veränderung in der Bilanz darzustellen.

Für jeden Bilanzposten müssen Sie mindestens ein Konto eröffnen.

Unternehmen haben mehrere Kunden, Lieferanten und Bankverbindungen. Deshalb richtet man für diese Bilanzposten auch mehrere Konten ein. In der folgenden Darstellung gehen wir jedoch nur jeweils von einem Konto aus.

- Da die Bestände am Anfang aus der Bilanz übernommen und die neuen Bestände am Abschlussstichtag wieder in die Bilanz übertragen werden, sprechen wir von Bestandskonten.
- Konten, die aus einem Aktivposten eröffnet werden, sind aktive Bestandskonten oder Aktivkonten.
- Konten, die aus einem Passivposten eröffnet werden, sind passive Bestandskonten oder Passivkonten.
- Aktivkonten werden auf der Soll-Seite mit dem Anfangsbestand eröffnet.
- Passivkonten werden auf der Haben-Seite mit dem Anfangsbestand eröffnet.

AKTIVA	BILANZ		PASSIVA
Betriebs- und Geschäftsausstattung (BGA)	100.000,00	Eigenkapital	80.000,00
		Verbindlichkeiten a. LL.	10.000,00
Rohstoffe	20.000,00	Verbindlichkeiten gegenüber Kreditinstituten (Bankdarlehen)	45.000,00
Guthaben bei Kreditinstituten (Bank)	15.000,00		
Summe	135.000,00	Summe	135.000,00

S	BGA	H
AB 100.000,00		

S	Eigenkapital	H
		AB 80.000,00

S	Rohstoffe	H
AB 20.000,00		

S	Verbindlichkeiten a. LL.	H
		AB 10.000,00

S	Bankguthaben	H
AB 15.000,00		

S	Verbindlichkeiten gegen Kreditinstitute	H
		AB 45.000,00

Achten Sie genau darauf, dass Sie einen Aktivposten als Aktivkonto und einen Passivposten als Passivkonto eröffnen. Prüfen Sie bei jeder Kontoeröffnung, ob Sie den Anfangsbestand auch tatsächlich auf die richtige Seite des jeweiligen Kontos übernommen haben. Wenn Sie hier einen Fehler machen, ist Ihre daraus folgende Schlussbilanz falsch.

C Wie werden Geschäftsvorgänge gebucht?

Warum ist dieser Vorgang notwendig?

Es wäre zu umständlich und zu unübersichtlich, jeden Geschäftsvorgang durch eine Veränderung in der Bilanz darzustellen.

- Sie müssen jeden Geschäftsvorgang durch eine Buchung auf den entsprechenden Konten erfassen.
- Jeder Soll-Buchung steht eine Haben-Buchung in derselben Höhe gegenüber.
- Die Zuordnung zu Soll oder Haben erfolgt aufgrund der Überlegung „Welche Wertveränderung löst der Vorgang aus?“
- Auf aktiven Bestandskonten müssen Sie Zunahmen im Soll und Abnahmen im Haben buchen.
- Auf passiven Bestandskonten buchen Sie Abnahmen im Soll und Zunahmen im Haben.

Prüfen Sie vor jeder Buchung folgende vier Punkte:

1. Welche Konten benötigen Sie für den Vorgang?
2. Handelt es sich bei dem jeweiligen Konto um ein Aktivkonto oder um ein Passivkonto?
3. Erfolgt auf dem jeweiligen Konto eine Zunahme oder eine Abnahme?
4. Auf welcher Seite des jeweiligen Kontos müssen Sie den Betrag buchen?

Kontoart	Zugang	Abgang
Aktives Bestandskonto	Soll	Haben
Passives Bestandskonto	Haben	Soll

Gehen Sie genau in dieser Reihenfolge vor und machen Sie sich am Anfang Notizen zu Ihrer Entscheidung bei den einzelnen Punkten. Dann werden Sie jeden Vorgang richtig verbuchen und jeden Fehler schon vorher erkennen.

D Wie bildet man einen Buchungssatz?

Nach dieser Entscheidung geben Sie eine Buchungsanweisung. Diese Anweisung bezeichnet man auch als Buchungssatz. Der Buchungssatz ist ein Hilfsmittel, um eine Buchung deutlich auszusprechen oder schriftlich in geordneter Art und Weise darzustellen. Zu einer kompletten Buchungsanweisung gehören das Buchungsdatum, die Nummer des jeweiligen Kontos lt. Kontenplan und die Bezeichnung des Kontos. Dabei „rufen" Sie immer zuerst das Konto mit der Buchung im Soll und dann das Konto mit der Buchung im Haben auf. Bei einem Buchungssatz verbinden Sie die beiden Konten durch das Wort „an".

Der Buchungssatz lautet daher immer: „**Soll-Konto an Haben-Konto**".

Wir buchen nun die vier schon bekannten Geschäftsvorgänge nach dem „4-Punkteprogramm" mithilfe einer Entscheidungstabelle.

Beispiel:
Kauf eines Schreibtisches gegen sofortige Überweisung vom Bankkonto, 700,00 €. (Hinweis: Ohne Berücksichtigung der Umsatzsteuer.)

Frage	Sie lautet ...	Antwort/Entscheidung
1	Welche Konten benötigen Sie für den Vorgang?	BGA und Bankguthaben
2	Handelt es sich bei dem jeweiligen Konto um ein Aktivkonto oder um ein Passivkonto?	BGA ► Aktivkonto Bankguthaben ► Aktivkonto
3	Erfolgt auf dem jeweiligen Konto eine Zunahme oder eine Abnahme?	BGA: Zunahme + Bankguthaben: Abnahme -
4	Auf welcher Seite des jeweiligen Kontos müssen Sie den Betrag buchen?	BGA im Soll Bankguthaben im Haben

Buchungssatz:

Kto-Nr.	Kontobezeichnung	SOLL €	HABEN €
0870	Betriebs- und Geschäftsausstattung	700,00	
2800	Bank		700,00

Beispiel:
Eine Verbindlichkeit gegenüber einem Lieferanten wird durch ein kurzfristiges Bankdarlehen zurückbezahlt, 5.000,00 €.

Frage	Sie lautet ...	Antwort/Entscheidung
1	Welche Konten benötigen Sie für den Vorgang?	Verbindl. a. LL. und Verbindl. geg. Kredit.
2	Handelt es sich bei dem jeweiligen Konto um ein Aktivkonto oder um ein Passivkonto?	Verbindl. a. LL. ▶ Passivkonto Verbindl. geg. Kredit. ▶ Passivkonto
3	Erfolgt auf dem jeweiligen Konto eine Zunahme oder eine Abnahme?	Verbindl. a. LL. Abnahme - Verbindl. geg. Kredit. Zunahme +
4	Auf welcher Seite des jeweiligen Kontos müssen Sie den Betrag buchen?	Verbindl. a. LL. im Soll Verbindl. geg. Kredit. im Haben

Buchungssatz:

Kto-Nr.	Kontobezeichnung	SOLL €	HABEN €
4400	Verbindlichkeiten a. LL.	5.000,00	
4210	Kurzfristige Bankverbindlichkeiten		5.000,00

Beispiel:
Lieferung von Rohstoffen auf Ziel, 3.000,00 €. Der Rechnungsausgleich erfolgt 10 Tage nach Rechnungsdatum. (Hinweis: Ohne Berücksichtigung der Umsatzsteuer.)

Frage	Sie lautet ...	Antwort/Entscheidung
1	Welche Konten benötigen Sie für den Vorgang?	Rohstoffe und Verbindlichkeiten a. LL.
2	Handelt es sich bei dem jeweiligen Konto um ein Aktivkonto oder um ein Passivkonto?	Rohstoffe ▶ Aktivkonto Verbindlichkeiten a. LL. ▶ Passivkonto
3	Erfolgt auf dem jeweiligen Konto eine Zunahme oder eine Abnahme?	Rohstoffe Zunahme + Verbindlichkeiten a. LL. Zunahme +
4	Auf welcher Seite des jeweiligen Kontos müssen Sie den Betrag buchen?	Rohstoffe im Soll Verbindlichkeiten a. LL. im Haben

Buchungssatz:

Kto-Nr.	Kontobezeichnung	SOLL €	HABEN €
2000	Rohstoffe	3.000,00	
4400	Verbindlichkeiten a. LL.		3.000,00

Beispiel:
Rechnungsausgleich der Rohstoff-Lieferung, 3.000,00 €, durch Überweisung vom Bankkonto.

Frage	Sie lautet ...	Antwort/Entscheidung
1	Welche Konten benötigen Sie für den Vorgang?	Verbindlichkeiten a. LL. und Bankguthaben
2	Handelt es sich bei dem jeweiligen Konto um ein Aktivkonto oder um ein Passivkonto?	Verbindlichkeiten a. LL. ▶ Passivkonto Bankguthaben ▶ Aktivkonto
3	Erfolgt auf dem jeweiligen Konto eine Zunahme oder eine Abnahme?	Verbindlichkeiten a. LL. Abnahme - Bankguthaben Abnahme -
4	Auf welcher Seite des jeweiligen Kontos müssen Sie den Betrag buchen?	Verbindlichkeiten a. LL. im Soll Bankguthaben im Haben

Buchungssatz:

Kto-Nr.	Kontobezeichnung	SOLL €	HABEN €
4400	Verbindlichkeiten a. LL.	3.000,00	
2800	Bank		3.000,00

Nach erfolgter Buchung dieser Geschäftsvorgänge werden die Buchungen in die Konten übertragen.

Um nachvollziehen zu können, welche Buchungen zusammengehören, gibt man bei einer Soll-Buchung immer das entsprechende Haben-Konto, bei einer Haben-Buchung das entsprechende Soll-Konto an. Man bezeichnet das als Gegenkonto. Alternativ zu diesem Gegenkonto kann man auch die fortlaufende Nummer der entsprechenden Buchung angeben. Dies entspricht auch der maschinellen Verarbeitung in der Praxis.

Nach Übernahme der Buchungen haben die Konten folgendes Aussehen:

S	BGA		H
AB	100.000,00		
Bank	700,00		

S	Eigenkapital		H
		AB	80.000,00

S	Rohstoffe		H
AB	20.000,00		
Verb. a. LL.	3.000,00		

S	Verbindlichkeiten a. LL.		H
Bank	3.000,00	AB	10.000,00
Verb. Kredit.	5.000,00	Rohstoffe	3.000,00

S	Bankguthaben		H
AB	15.000,00	Verb. a. LL.	3.000,00
		BGA	700,00

S	Verbindlichkeiten gegen Kreditinstitute		H
		AB	45.000,00
		Verb. a. LL.	5.000,00

E Wie werden Bestandskonten abgeschlossen?

Wenn zum Abschlussstichtag alle Geschäftsvorgänge gebucht sind, müssen Sie die Bestandskonten abschließen.

- Auf der Grundlage des Inventars muss eine Schlussbilanz erstellt werden.
- Auf den Konten müssen die Schlussbestände ermittelt werden.
- Die Schlussbestände werden bei allen Konten ohne Inventurbestand durch Saldierung der Soll- und Haben-Seite ermittelt.
- Bei Aktivkonten ist die Soll-Seite größer als die Haben-Seite, weshalb sich der Schlussbestand immer auf der Haben-Seite ergeben muss.
- Bei Passivkonten ist die Haben-Seite größer als die Soll-Seite, weshalb sich der Schlussbestand immer auf der Soll-Seite ergeben muss.
- Bei Konten mit einem Schlussbestand lt. Inventur (= Ist-Bestand), wird dieser Bestand direkt als Schlussbestand eingesetzt und in die Schlussbilanz übernommen. Stimmt die Summe des Kontos (= Buch- oder Soll-Bestand) nicht überein, liegt eine Inventurdifferenz vor, die ausgebucht werden muss.

Addieren Sie bei Aktiv-Konten ohne Inventurbestand immer erst die Soll-Seite. Das Ergebnis stellt die Kontensumme des jeweiligen Kontos dar. Subtrahieren Sie anschließend die Beträge der Haben-Seite. Die Differenz ist der Saldo. Diesen tragen Sie auf der Haben-Seite ein. Bei Passiv-Konten gehen Sie umgekehrt vor. Addieren Sie immer zuerst die Haben-Seite. Das Ergebnis stellt die Kontensumme des jeweiligen Kontos dar. Subtrahieren Sie anschließend die Beträge der Soll-Seite. Die Differenz ist der Saldo.

S	BGA		H
AB	100.000,00	SB	100.700,00
Bank	700,00		
	100.700,00		**100.700,00**

S	Eigenkapital		H
SB	80.000,00	AB	80.000,00
	80.000,00		**80.000,00**

S	Rohstoffe		H
AB	20.000,00	SB	23.000,00
Verb. a. LL.	3.000,00	lt. Inventur	
	23.000,00		**23.000,00**

S	Verbindlichkeiten a. LL.		H
Bank	3.000,00	AB	10.000,00
Verb. Kredit.	5.000,00	Rohstoffe	3.000,00
SB	5.000,00		
	13.000,00		**13.000,00**

S	Bankguthaben		H
AB	15.000,00	Verb. a. LL.	3.000,00
		BGA	700,00
		SB	11.300,00
	15.000,00		**15.000,00**

S	Verbindlichkeiten gegen Kreditinstitute		H
SB	50.000,00	AB	45.000,00
		Verb. a. LL.	5.000,00
	50.000,00		**50.000,00**

AKTIVA	BILANZ		PASSIVA
Betriebs- und Geschäftsausstattung (BGA)	100.700,00	Eigenkapital	80.000,00
		Verbindlichkeiten a. LL.	5.000,00
Rohstoffe	23.000,00		
Guthaben bei Kreditinstituten (Bank)	11.300,00	Verbindlichkeiten gegenüber Kreditinstituten (Bankdarlehen)	50.000,00
Summe	**135.000,00**	**Summe**	**135.000,00**

Beachten Sie, dass die Summe der Aktiv-Seite und der Passiv-Seite der Schlussbilanz gleich ist. Ist dies nicht der Fall müssen Sie Folgendes überprüfen:

- Haben Sie sich vielleicht bei der Summenbildung verrechnet?
- Haben Sie die Geschäftsvorgänge richtig gebucht oder haben Sie vielleicht zwei Soll-Buchungen oder zwei Haben-Buchungen vorgenommen?
- Haben Sie die Buchungen richtig in die Konten übernommen?
- Haben Sie die Schlussbestände richtig ermittelt?
- Haben Sie die Schlussbestände richtig in die Bilanz übertragen?
- Kontrollieren Sie diese fünf Punkte ganz exakt – Sie werden Ihren Fehler mit Sicherheit entdecken!

F Wozu benötigt man ein Eröffnungsbilanz- und ein Schlussbilanzkonto?

Das Prinzip der doppelten Buchführung fordert, dass für jede Buchung auch eine Gegenbuchung auf einem anderen Konto erfolgt. Um dieses System zu gewährleisten, muss man für die Eröffnungsbuchungen und Abschlussbuchungen auf den Bestandskonten besondere Konten einrichten. Man bezeichnet sie als Eröffnungsbilanzkonto und Schlussbilanzkonto. Im Gegensatz zur Eröffnungs- und Schlussbilanz weisen sie keine Aktivseite und Passivseite auf, sondern, wie alle Konten, eine Soll- und eine Haben-Seite. Während das Schlussbilanzkonto einer Bilanz vom grundsätzlichen Aufbau sehr ähnlich ist, weist das Eröffnungsbilanzkonto die aktiven Bestandskonten im Haben und die passiven Bestandskonten im Soll aus. Dies ist notwendig, da sonst keine Eröffnungsbuchung (Soll an Haben) möglich wäre.

- Eröffnungsbuchungen auf aktiven Bestandskonten lauten immer „Bestandskonto an Eröffnungsbilanzkonto".
- Eröffnungsbuchungen auf passiven Bestandskonten lauten immer „Eröffnungsbilanzkonto an Bestandskonto".

Soll		**Eröffnungsbilanzkonto**	**Haben**
Eigenkapital	80.000,00	Betriebs- und Geschäftsausstattung (BGA)	100.000,00
Verbindlichkeiten a. LL.	10.000,00	Rohstoffe	20.000,00
Verbindlichkeiten gegenüber Kreditinstituten (Bankdarlehen)	45.000,00	Guthaben bei Kreditinstituten (Bank)	15.000,00
Summe	**135.000,00**	**Summe**	**135.000,00**

Buchungssätze:

Kto-Nr.	Kontobezeichnung	SOLL €	HABEN €
8000	Eröffnungsbilanzkonto	80.000,00	
3000	Eigenkapital		80.000,00
8000	Eröffnungsbilanzkonto	10.000,00	
4400	Verbindlichkeiten a. LL.		10.000,00
8000	Eröffnungsbilanzkonto	45.000,00	
4210	Kurzfristige Bankverbindlichkeiten		45.000,00
0870	Betriebs- und Geschäftsausstattung	100.000,00	
8000	Eröffnungsbilanzkonto		100.000,00
2000	Rohstoffe	20.000,00	
8000	Eröffnungsbilanzkonto		20.000,00
2800	Bank	15.000,00	
8000	Eröffnungsbilanzkonto		15.000,00

S	Eigenkapital		H
		EBK	80.000,00

S	BGA		H
EBK	100.000,00		

S	Verbindlichkeiten a. LL.		H
		EBK	10.000,00

S	Rohstoffe		H
EBK	20.000,00		

S	Verbindlichkeiten gegenüber Kreditinstituten		H
		EBK	45.000,00

S	Bankguthaben		H
EBK	15.000,00		

- Abschlussbuchungen auf aktiven Bestandskonten lauten immer „Schlussbilanzkonto an Bestandskonto".
- Abschlussbuchungen auf passiven Bestandskonten lauten immer „Bestandskonto an Schlussbilanzkonto".

Die Buchungssätze für den Abschluss lauten:

Kto-Nr.	Kontobezeichnung	SOLL €	HABEN €
3000	Eigenkapital	80.000,00	
8010	Schlussbilanzkonto		80.000,00
4400	Verbindlichkeiten a. LL.	5.000,00	
8010	Schlussbilanzkonto		5.000,00
4210	Kurzfristige Bankverbindlichkeiten	50.000,00	
8010	Schlussbilanzkonto		50.000,00
8010	Schlussbilanzkonto	100.700,00	
0870	Betriebs- und Geschäftsausstattung		100.700,00
8010	Schlussbilanzkonto	23.000,00	
2000	Rohstoffe		23.000,00
8010	Schlussbilanzkonto	11.300,00	
2800	Bank		11.300,00

S	BGA		H
AB	100.000,00	SB	100.700,00
Bank	700,00		
	100.700,00		**100.700,00**

S	Eigenkapital		H
SB	80.000,00	AB	80.000,00
	80.000,00		**80.000,00**

S	Rohstoffe		H
AB	20.000,00	SB lt. Inventur (SBK)	23.000,00
Verb. a. LL.	3.000,00		
	23.000,00		**23.000,00**

S	Verbindlichkeiten a. LL.		H
Bank	3.000,00	AB	10.000,00
Verb. Kredit.	5.000,00	Rohstoffe	3.000,00
SB	5.000,00		
	13.000,00		**13.000,00**

S	Bankguthaben		H
AB	15.000,00	Verb. a. LL.	3.000,00
		BGA	700,00
		SBK	11.3000,00
	15.000,00		**15.000,00**

S	Verbindlichkeiten gegen Kreditinstitute		H
SB	50.000,00	AB	45.000,00
		Verb. a. LL.	5.000,00
	50.000,00		**50.000,00**

Soll		Schlussbilanzkonto	Haben
Betriebs- und Geschäftsausstattung (BGA)	100.700,00	Eigenkapital	80.000,00
Rohstoffe	23.000,00	Verbindlichkeiten a. LL.	5.000,00
Guthaben bei Kreditinstituten (Bank)	11.300,00	Verbindlichkeiten gegenüber Kreditinstituten (Bankdarlehen)	50.000,00
Summe	**135.000,00**	**Summe**	**135.000,00**

- Eröffnungs- und Schlussbilanzkonten sind keine Bilanzen.
- Sie sind „technische" Hilfsmittel, um eine Eröffnungs- und Abschlussbuchung zu gewährleisten.
- Das Eröffnungsbilanzkonto ist von den Seiten her gesehen genau gegensätzlich zum Schlussbilanzkonto.
- Eröffnungs- und Schlussbilanzkonten enthalten sämtliche Bestandskonten, die eröffnet wurden. Bilanzen weisen dagegen sogenannte Posten auf. Ein Bilanzposten kann mehrere Einzelkonten enthalten.
- Bilanzen sind hinsichtlich ihres Aufbaus und ihres Inhaltes im Handelsgesetzbuch genau geregelt.
- Eröffnungs- und Schlussbilanzkonten sind im Handelsgesetzbuch nicht geregelt und können den internen Anforderungen entsprechend gestaltet werden. Sie müssen sich jedoch an den Grundsätzen ordnungsgemäßer Buchführung (GOB) orientieren und diese beachten.

So trainiere ich für die Prüfung

Aufgaben

1. Wissensfragen

1.1 Lernfragen

1. Entscheiden Sie, welche Aussage richtig ist.

a) Bei einem Aktivtausch ändert sich die Bilanzsumme.

b) Eine Aktiv-Passiv-Mehrung erhöht die Bilanzsumme.

c) Die Bilanzsumme bleibt bei einer Aktiv-Passiv-Minderung unverändert.

d) Ein Passivtausch verändert die Aktiva und die Passiva der Bilanz.

e) Ein Passivtausch erhöht die Bilanzsumme.

2. Entscheiden Sie, ob es sich bei den folgenden Vorgängen um

- einen Aktiv-Tausch (1),
- einen Passiv-Tausch (2),
- eine Aktiv-Passiv-Mehrung (3),
- eine Aktiv-Passiv-Minderung (4)

handelt.

a) Einkauf von Rohstoffen auf Ziel.

b) Ausgleich einer gebuchten Eingangsrechnung am Ende des Zahlungszieles durch Überweisung vom Bankkonto.

c) Verkauf eines gebrauchten Kleintransporters gegen Bankscheck.

d) Erhöhung der kurzfristigen Verbindlichkeiten bei der Bank, um eine Verbindlichkeit aus einer Lieferung durch Überweisung auszugleichen.

e) Zahlungseingang einer Forderung gegenüber einem Kunden auf dem Bankkonto.

f) Aufnahme eines mittelfristigen Darlehens bei der Bank zur teilweisen Finanzierung einer Lagerhalle.

g) Einkauf eines Monitors gegen sofortige Belastung des Bankkontos im Rahmen des Electronic-Cash-Verfahrens.

h) Die Tageseinnahmen aus dem Werksverkauf werden aus der Kasse entnommen und auf das Bankkonto einbezahlt.

3. Prüfen Sie, welche Aussagen richtig und welche falsch sind.

a) Die Anfangsbestände der Bestandskonten werden aus der Bilanz übernommen.

b) Aktive Bestandskonten werden auf ihrer Soll-Seite mit dem Anfangsbestand eröffnet.

c) Bei passiven Bestandskonten erscheint der Endbestand auf der Haben-Seite.

d) Bei aktiven Bestandskonten werden die Zunahmen im Soll verbucht.

e) Ein systematischer Buchungssatz spricht zuerst die Haben-Seite und dann die Soll-Seite an.

f) Das Eröffnungsbilanzkonto ist völlig identisch mit einer Bilanz am Beginn eines Geschäftsjahres.

g) Eröffnungs- und Schlussbilanzkonten weisen statt der Aktiv- und der Passiv-Seite Soll- und Haben-Seiten auf.

h) Die Gliederung des Eröffnungsbilanzkontos ist durch das HGB vorgegeben.

i) Die GOBs haben auf die Bilanzkonten keinen Einfluss.

2. Fallsituationen

2.1 Fall 1

Die Bilanz der Industrie AG weist zu Beginn des Geschäftsjahres folgende Werte aus:

AKTIVA		BILANZ	PASSIVA
Maschinen	500.000,00	Eigenkapital	765.000,00
Fahrzeuge	200.000,00	Verbindlichkeiten a. LL.	85.000,00
BGA	80.000,00	Verbindlichkeiten gegenüber Kreditinstituten (kurzfristig)	35.000,00
Forderungen a. LL.	75.000,00		
Bankguthaben	180.000,00	Verbindlichkeiten gegenüber Kreditinstituten (langfristig)	150.000,00
Summe	**1.035.000,00**	**Summe**	**1.035.000,00**

Stellen Sie fest, wie sich die folgenden Geschäftsvorfälle auf die einzelnen Bilanzposten und auf die Bilanzsumme auswirken:

a) Kauf eines Kleintransporters auf Ziel, 34.000,00 €.

b) Eingang einer Forderung auf dem Bankkonto, 8.000,00 €.

c) Überweisung einer Eingangsrechnung im Rahmen des vereinbarten Zahlungsziels vom Konto Bankguthaben, 4.000,00 €.

d) Überweisung einer Eingangsrechnung im Rahmen des vereinbarten Zahlungsziels vom Konto kurzfristige Verbindlichkeiten gegenüber Kreditinstituten, 10.000,00 €.

2.2 Fall 2

Bilden Sie für die folgenden Geschäftsvorgänge jeweils den entsprechenden Buchungssatz. Verwenden Sie als Unterstützung für Ihre Entscheidung das bereits bekannte Schema.

Frage	sie lautet...	Antwort/Entscheidung
1	Welche Konten benötigen Sie für den Vorgang?	
2	Handelt es sich bei dem jeweiligen Konto um ein Aktivkonto oder um ein Passivkonto?	
3	Erfolgt auf dem jeweiligen Konto eine Zunahme oder eine Abnahme?	
4	Auf welcher Seite des jeweiligen Kontos müssen Sie den Betrag buchen?	

a) Eingangsrechnung über Rohstoffe, 10.000,00 €.

b) Eingangsrechnung für ein Tisch-Kopiergerät, 1.200,00 €.

c) Abbuchung der monatlichen Tilgung eines langfristigen Darlehens vom Konto Bankguthaben, 4.000,00 €.

d) Ein Kunde überweist seine fällige Rechnung auf unser Bankkonto, 6.500,00 €.

e) Eingangsrechnung für Handelswaren, 5.000,00 €.

f) Bareinzahlung auf das Konto Bankguthaben, 700,00 €.

g) Kauf des Grundstücks durch ein Darlehen der Bank, 125.000,00 €.

h) Ausgleich der Eingangsrechnung über Rohstoffe durch Überweisung vom Konto Bankguthaben, 10.000,00 €.

2.3 Fall 3

Geben Sie die Abschlussbuchungen für folgende Konten an:

a) Rohstoffe	Summe Soll	40.000,00 €	SB lt. Inventur	2.000,00 €
b) Bankguthaben	Summe Soll	67.000,00 €	Summe Haben	45.000,00 €
c) BGA	Summe Soll	235.000,00 €	Summe Haben	30.000,00 €
d) Forderungen	Summe Soll	150.000,00 €	Summe Haben	95.000,00 €
e) Verbindlichkeiten a. LL.	Summe Soll	90.000,00 €	Summe Haben	160.000,00 €
f) Verbindlichkeiten gegenüber Kreditinstituten	Summe Soll	60.000,00 €	Summe Haben	100.000,00 €

2.4 Fall 4

Situation (bezogen auf Aufgabe 2.3 a):

Erläutern Sie,

a) warum bei dem Konto Rohstoffe nicht der Saldo, sondern der Inventurbestand in das Schlussbilanzkonto übernommen wird und

b) welche Summe an Einzelbeträgen aufgrund von Rohstoffentnahmen auf der Haben-Seite gebucht sein muss.

Lösungen

1. Wissensfragen

1.1 Lernfragen

A

1. **b**

A

2.

	Begründung:
a) 3	Rohstoffe werden auf der Aktiva mehr, Verbindlichkeiten werden auf der Passiva mehr.
b) 4	Das Bankguthaben auf der Aktiva und die Verbindlichkeiten auf der Passiva nehmen ab.
c) 1	Der Fuhrpark auf der Aktiva nimmt ab, das Bankguthaben auf der Aktiva nimmt zu.
d) 2	Die kurzfristigen Verbindlichkeiten gegenüber der Bank auf der Passiva nehmen zu, die Verbindlichkeiten gegenüber dem Lieferanten auf der Passiva nehmen ab.
e) 1	Das Bankguthaben auf der Aktiva nimmt zu, die Forderungen auf der Aktiva nehmen ab.
f) 3	Das Anlagevermögen auf der Aktiva nimmt zu, ebenso nehmen die Verbindlichkeiten gegenüber der Bank auf der Passiva zu.
g) 1	Die Betriebs- und Geschäftsausstattung auf der Aktiva nimmt zu, durch die sofortige Belastung des Kontos nimmt das Bankguthaben auf der Aktiva gleichzeitig ab.
h) 1	Der Kassenbestand verringert sich auf der Aktivseite, das Bankguthaben nimmt um den gleichen Betrag auf der Aktivseite zu.

B, E, F

3. a) richtig
b) richtig
c) falsch
d) richtig
e) falsch
f) falsch
g) richtig
h) falsch
i) falsch

2. Fallsituationen

2.1 Fall 1

A

	Art der Bilanzveränderung			
	Aktiv-Tausch	Passiv-Tausch	Aktiv-Passiv-Mehrung	Aktiv-Passiv-Minderung
a)			Fuhrpark + Verbindlichkeiten a. LL.+	
b)	Bankguthaben + Forderungen a. LL. –			
c)				Bankguthaben – Verbindlichkeiten a. LL.–
d)		kurzfr. Verb. KI + Verbindlichkeiten a. LL.–		

Die Bilanzposten weisen danach folgende Summen aus:

AKTIVA		BILANZ	PASSIVA
Maschinen	500.000,00	Eigenkapital	765.000,00
Fahrzeuge	234.000,00	Verbindlichkeiten a. LL.	105.000,00
BGA	80.000,00	Verbindlichkeiten gegenüber Kreditinstituten (kurzfristig)	45.000,00
Forderungen a. LL.	67.000,00	Verbindlichkeiten gegenüber Kreditinstituten (langfristig)	150.000,00
Bankguthaben	184.000,00		
Summe	**1.065.000,00**	**Summe**	**1.065.000,00**

Die Bilanzsumme ist um 30.000,00 € gestiegen.

2.2 Fall 2

a)

Frage	sie lautet...	Antwort/Entscheidung	
1	Welche Konten benötigen Sie für den Vorgang?	Rohstoffe Verbindlichkeiten a. LL.	
2	Handelt es sich bei dem jeweiligen Konto um ein Aktivkonto oder um ein Passivkonto?	Rohstoffe Verbindlichkeiten a. LL.	▶ Aktivkonto ▶ Passivkonto
3	Erfolgt auf dem jeweiligen Konto eine Zunahme oder eine Abnahme?	Rohstoffe Verbindlichkeiten a. LL.	+ Zunahme + Zunahme
4	Auf welcher Seite des jeweiligen Kontos müssen Sie den Betrag buchen?	Rohstoffe Verbindlichkeiten a. LL.	im Soll im Haben

Kto-Nr.	Kontobezeichnung	SOLL €	HABEN €
2000	Rohstoffe	10.000,00	
4400	Verbindlichkeiten a. LL.		10.000,00

b)

Frage	sie lautet...	Antwort/Entscheidung	
1	Welche Konten benötigen Sie für den Vorgang?	Betriebs- u. Geschäftsausstattung (BGA) Verbindlichkeiten a. LL.	
2	Handelt es sich bei dem jeweiligen Konto um ein Aktivkonto oder um ein Passivkonto?	BGA Verbindlichkeiten a. LL.	▶ Aktivkonto ▶ Passivkonto
3	Erfolgt auf dem jeweiligen Konto eine Zunahme oder eine Abnahme?	BGA Verbindlichkeiten a. LL.	+ Zunahme + Zunahme
4	Auf welcher Seite des jeweiligen Kontos müssen Sie den Betrag buchen?	BGA Verbindlichkeiten a. LL.	im Soll im Haben

Kto-Nr.	Kontobezeichnung	SOLL €	HABEN €
0860	Betriebs- u. Geschäftsausstattung	1.200,00	
4400	Verbindlichkeiten a. LL.		1.200,00

c)

Frage	sie lautet...	Antwort/Entscheidung	
1	Welche Konten benötigen Sie für den Vorgang?	Verbindlichkeiten gegenüber Kreditinstituten Bankguthaben	
2	Handelt es sich bei dem jeweiligen Konto um ein Aktivkonto oder um ein Passivkonto?	Verbindlichkeiten gegenüber Kreditinstituten Bankguthaben	▶ Passivkonto ▶ Aktivkonto
3	Erfolgt auf dem jeweiligen Konto eine Zunahme oder eine Abnahme?	Verbindlichkeiten gegenüber Kreditinstituten Bankguthaben	- Abnahme - Abnahme
4	Auf welcher Seite des jeweiligen Kontos müssen Sie den Betrag buchen?	Verbindlichkeiten gegenüber Kreditinstituten Bankguthaben	im Soll im Haben

Kto-Nr.	Kontobezeichnung	SOLL €	HABEN €
4250	Langfristige Bankverbindlichkeiten	4.000,00	
2800	Bank		4.000,00

d)

Frage	sie lautet...	Antwort/Entscheidung	
1	Welche Konten benötigen Sie für den Vorgang?	Bankguthaben Forderungen a. LL.	
2	Handelt es sich bei dem jeweiligen Konto um ein Aktivkonto oder um ein Passivkonto?	Bankguthaben Forderungen a. LL.	▶ Aktivkonto ▶ Aktivkonto
3	Erfolgt auf dem jeweiligen Konto eine Zunahme oder eine Abnahme?	Bankguthaben Forderungen a. LL.	+ Zunahme - Abnahme
4	Auf welcher Seite des jeweiligen Kontos müssen Sie den Betrag buchen?	Bankguthaben Forderungen a. LL.	im Soll im Haben

Kto-Nr.	Kontobezeichnung	SOLL €	HABEN €
2800	Bank	6.500,00	
2400	Forderungen a. LL.		6.500,00

e)

Frage	sie lautet...	Antwort/Entscheidung	
1	Welche Konten benötigen Sie für den Vorgang?	Handelswaren Verbindlichkeiten a. LL.	
2	Handelt es sich bei dem jeweiligen Konto um ein Aktivkonto oder um ein Passivkonto?	Handelswaren Verbindlichkeiten a. LL.	▶ Aktivkonto ▶ Passivkonto
3	Erfolgt auf dem jeweiligen Konto eine Zunahme oder eine Abnahme?	Handelswaren Verbindlichkeiten a. LL.	+ Zunahme + Zunahme
4	Auf welcher Seite des jeweiligen Kontos müssen Sie den Betrag buchen?	Handelswaren Verbindlichkeiten a. LL.	im Soll im Haben

Kto-Nr.	Kontobezeichnung	SOLL €	HABEN €
2280	Handelswaren	5.000,00	
4400	Verbindlichkeiten a. LL.		5.000,00

f)

Frage	sie lautet...	Antwort/Entscheidung	
1	Welche Konten benötigen Sie für den Vorgang?	Bankguthaben Kasse	
2	Handelt es sich bei dem jeweiligen Konto um ein Aktivkonto oder um ein Passivkonto?	Bankguthaben Kasse	▶ Aktivkonto ▶ Aktivkonto
3	Erfolgt auf dem jeweiligen Konto eine Zunahme oder eine Abnahme?	Bankguthaben Kasse	+ Zunahme - Abnahme
4	Auf welcher Seite des jeweiligen Kontos müssen Sie den Betrag buchen?	Bankguthaben Kasse	im Soll im Haben

Kto-Nr.	Kontobezeichnung	SOLL €	HABEN €
2800	Bank	700,00	
2880	Kasse		700,00

g)

Frage	sie lautet...	Antwort/Entscheidung	
1	Welche Konten benötigen Sie für den Vorgang?	Grundstücke langfristige Verbindlichkeiten gegenüber Kreditinstituten	
2	Handelt es sich bei dem jeweiligen Konto um ein Aktivkonto oder um ein Passivkonto?	Grundstücke langfristige Verbindlichkeiten gegenüber Kreditinstituten	▶ Aktivkonto ▶ Passivkonto
3	Erfolgt auf dem jeweiligen Konto eine Zunahme oder eine Abnahme?	Grundstücke langfristige Verbindlichkeiten gegenüber Kreditinstituten	+ Zunahme + Zunahme
4	Auf welcher Seite des jeweiligen Kontos müssen Sie den Betrag buchen?	Grundstücke langfristige Verbindlichkeiten gegenüber Kreditinstituten	im Soll im Haben

Kto-Nr.	Kontobezeichnung	SOLL €	HABEN €
0500	Unbebaute Grundstücke	125.000,00	
4250	Langfristige Bankverbindlichkeiten		125.000,00

h)

Frage	sie lautet...	Antwort/Entscheidung	
1	Welche Konten benötigen Sie für den Vorgang?	Verbindlichkeiten a. LL. Bankguthaben	
2	Handelt es sich bei dem jeweiligen Konto um ein Aktivkonto oder um ein Passivkonto?	Verbindlichkeiten a. LL. Bankguthaben	▶ Passivkonto ▶ Aktivkonto
3	Erfolgt auf dem jeweiligen Konto eine Zunahme oder eine Abnahme?	Verbindlichkeiten a. LL. Bankguthaben	- Abnahme - Abnahme
4	Auf welcher Seite des jeweiligen Kontos müssen Sie den Betrag buchen?	Verbindlichkeiten a. LL. Bankguthaben	im Soll im Haben

Kto-Nr.	Kontobezeichnung	SOLL €	HABEN €
4400	Verbindlichkeiten a. LL.	10.000,00	
2800	Bank		10.000,00

2.3 Fall 3

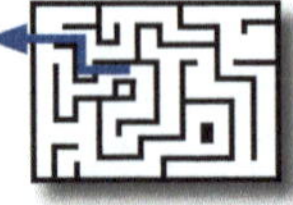

D, F

Kto-Nr.	Kontobezeichnung	SOLL €	HABEN €
8010	Schlussbilanzkonto	2.000,00	
2000	Rohstoffe		2.000,00
8010	Schlussbilanzkonto	22.000,00	
2800	Bank		22.000,00
8010	Schlussbilanzkonto	205.000,00	
0870	Betriebs- und Geschäftsausstattung		205.000,00
8010	Schlussbilanzkonto	55.000,00	
2400	Forderungen a. LL.		55.000,00
4400	Verbindlichkeiten a. LL.	70.000,00	
8010	Schlussbilanzkonto		70.000,00
8010	Schlussbilanzkonto		40.000,00
4200	Verbindlichkeiten gegenüber Kreditinstituten	40.000,00	

2.4 Fall 4

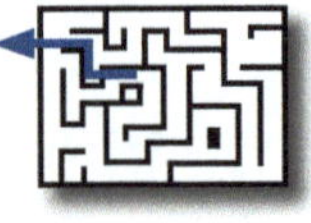

E, F

a) Auf sämtlichen Stoffkonten wird der Endbestand durch die Inventur ermittelt. Dieser Ist-Bestand muss in das Schlussbilanzkonto übernommen werden, unabhängig davon, ob dies dem Saldo in der Buchführung wirklich entspricht. Wenn alle Entnahmen richtig gebucht wurden, entspricht der buchmäßige Saldo dem Inventurbestand, andernfalls liegt ein Buchungsfehler oder eine Inventurdifferenz vor.

b) 38.000,00 €

4. Buchen auf Erfolgskonten

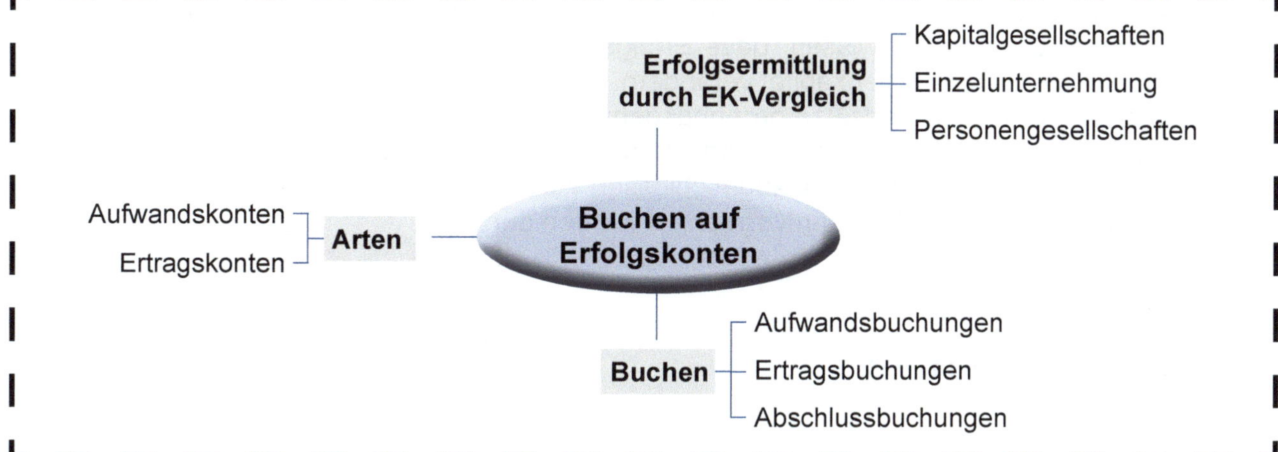

Was muss ich für die Prüfung wissen?

Gewinnerzielung als ein Unternehmensziel
Ein wesentliches Ziel eines erwerbswirtschaftlich ausgerichteten Unternehmens ist die Gewinnerzielung. Ein Gewinn ergibt sich dann, wenn die Erträge größer als die Aufwendungen sind. Der größte und entscheidende Teil der Erträge sind die Umsatzerlöse, d.h. das finanzielle Ergebnis aus den Verkäufen der Erzeugnisse.

Aufwendungen und Erträge – Auswirkungen auf die Bilanz
Jeder Ertrag erhöht das Eigenkapital, jeder Aufwand vermindert das Eigenkapital. Eine tatsächliche Mehrung oder Minderung kann man aber erst dann feststellen, wenn am Bilanzstichtag ein Gewinn oder ein Verlust festgestellt wurde.

Konten
Um laufende Buchungen auf das Konto Eigenkapital zu vermeiden und um Aufwendungen und Erträge geordnet zu erfassen, richtet man dafür besondere Konten ein. Man bezeichnet sie als Erfolgskonten. Diese Konten weisen keinen Anfangs- und keinen Endbestand auf. Sie haben deshalb auch selbst keine Mehrung und keine Minderung, wie das bei den Bestandskonten der Fall ist. Sie bilden jedoch Unterkonten des Kontos bzw. des Bilanzpostens Eigenkapital. Das HGB verbietet in § 246 ausdrücklich eine Aufrechnung von Aufwendungen und Erträgen, weshalb unbedingt getrennte Konten für diese Vorgänge eingerichtet werden müssen.

Soll und Haben
Der Aufbau dieser Konten ist völlig identisch mit den Bestandskonten. Die beiden Seiten werden ebenfalls mit Soll und Haben gekennzeichnet. Die linke Seite stellt daher die Soll-Seite, die rechte Seite die Haben-Seite dar. Auf der Soll-Seite verbucht man im Normalfall die Aufwendungen, auf der Haben-Seite die Erträge. Ausnahmen bilden lediglich eventuelle Korrekturbuchungen. Die Erfolgskonten werden am Bilanzstichtag auf das Gewinn- und Verlustkonto abgeschlossen.

Das Gewinn- und Verlust-Konto
Dieses Konto wird eingerichtet, um die Salden der Erfolgskonten zu sammeln. Auf der Soll-Seite befinden sich alle Aufwandskonten, auf der Haben-Seite alle Ertragskonten. Die Differenz aus der Gesamtsumme der Aufwandskonten und der Ertragskonten ergibt dann den Gewinn oder den Verlust. Dieser wird anschließend auf das Konto Eigenkapital übertragen. Das Gewinn- und Verlustkonto bildet daher ein Unterkonto des Kontos Eigenkapital.

Was erwartet mich in der Prüfung?

In der Prüfung erwartet man von Ihnen, dass Sie Erfolgsvorgänge erkennen und völlig fehlerfrei buchen können. Sie müssen wissen, dass Erfolgsvorgänge keine Auswirkungen auf Bestände haben und unmittelbar das Eigenkapital verändern. Sie haben keinen Anfangsbestand und keinen Schlussbestand. Um die Grundsätze ordnungsgemäßer Buchführung einzuhalten, bucht man jedoch nicht direkt auf das Konto Eigenkapital, sondern auf Erfolgskonten. Diese werden über das besondere Konto Gewinn und Verlust abgeschlossen. Außerdem müssen Sie unbedingt beachten, dass Aufwendungen nie mit Erträgen verrechnet werden dürfen.

1. Das Lernlabyrinth

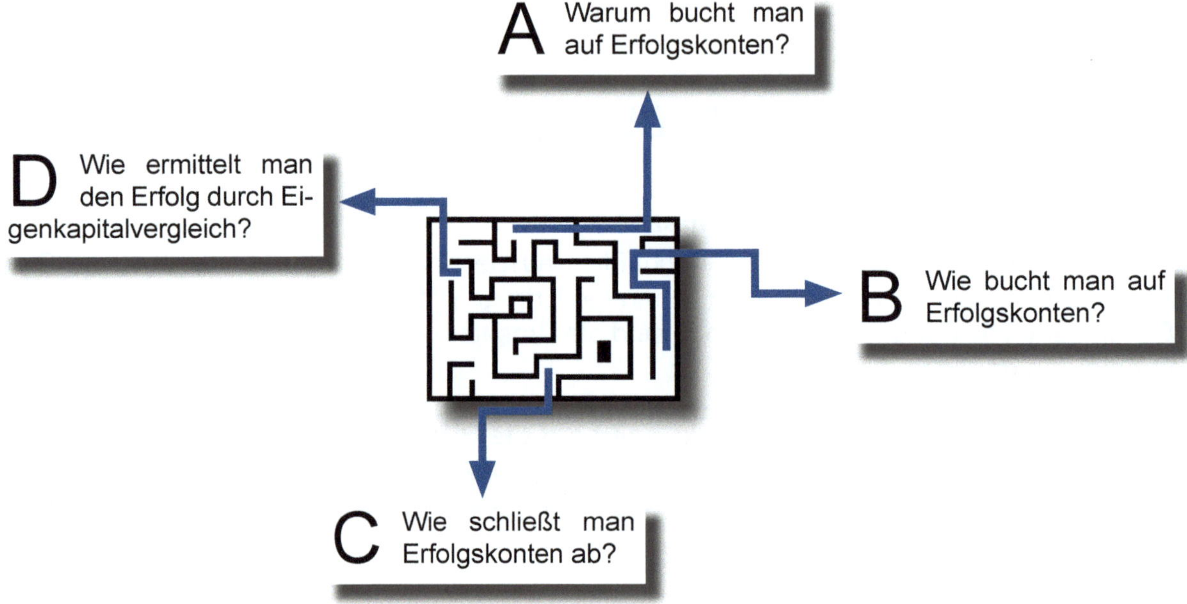

2. Wege aus dem Labyrinth

A Warum bucht man auf Erfolgskonten?

Das Eigenkapitalkonto hat am Beginn des Geschäftsjahres folgendes Aussehen:

S	Eigenkapital		H
		AB	80.000,00

Es wäre zu umständlich und zu unübersichtlich, jeden Geschäftsvorgang durch eine Veränderung in der Bilanz darzustellen.

- Jeder Geschäftsvorgang dieser Art löst eine Buchung auf einem Erfolgskonto und auf einem Bestandskonto aus.
- Jede Buchung verändert daher auch das momentane Eigenkapital.

Es gibt insgesamt vier Arten von Wertveränderungen in einer Bilanz

Zwei Geschäftsvorgänge als Beispiel

Die Bank belastet das Kontokorrentkonto mit Zinsen, 1.000,00 €.
⇒ Es handelt sich um einen Aufwand.

Verkauf von Fertigerzeugnissen auf Ziel, 15.000,00 €.
⇒ Es handelt sich um einen Ertrag.

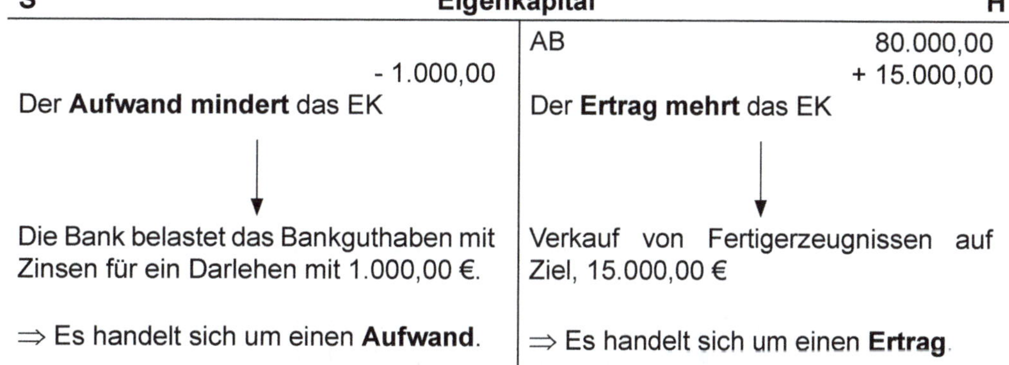

Momentan würde sich auf dem Konto Eigenkapital ein neuer Bestand von 94.000,00 € ergeben.

Diese Verfahrensweise ist unpraktikabel, da durch die vielen einzelnen Erfolgsvorgänge während einer Abrechnungsperiode das Konto bzw. der Bilanzposten Eigenkapital völlig unübersichtlich würde. Deshalb bucht man die Einzelvorgänge auf besondere Erfolgskonten.

B Wie bucht man auf Erfolgskonten?

Stellen Sie sich zuerst folgende Fragen:

1. Handelt es sich um einen Aufwand oder einen Ertrag?
2. Welches Erfolgskonto ist von dem Vorgang betroffen?
3. Welches Bestandskonto ist von dem Vorgang betroffen?

Beispiel:
Die Bank belastet das Konto Bankguthaben mit Zinsen für ein Darlehen mit 1.000,00 €.

Frage	sie lautet...	Antwort	Entscheidung für die Buchung
1	Aufwand oder Ertrag?	Aufwand	Erfolgskonto ▶ Buchung im Soll
2	Welches Erfolgskonto?	Zinsaufwand	Konto Zinsaufwand
3	Welches Bestandskonto?	Bankguthaben	Minderung ▶ Buchung im Haben

Buchungssatz:

Kto-Nr.	Kontobezeichnung	SOLL €	HABEN €
7510	Zinsaufwendungen	1.000,00	
2800	Bank		1.000,00

Beispiel:
Verkauf von Fertigerzeugnissen auf Ziel, 15.000,00 €

Frage	sie lautet...	Antwort	Entscheidung für die Buchung
1	Aufwand oder Ertrag?	Ertrag	Erfolgskonto ▶ Buchung im Haben
2	Welches Erfolgskonto?	Umsatzerlöse	Konto Umsatzerlöse
3	Welches Bestandskonto?	Forderungen a. LL.	Mehrung ▶ Buchung im Soll

Buchungssatz:

Kto-Nr.	Kontobezeichnung	SOLL €	HABEN €
2400	Forderungen a. LL.	15.000,00	
5000	Umsatzerlöse für eigene Erzeugnisse		15.000,00

Sämtliche Verkäufe von Fertigerzeugnissen oder Handelswaren werden mit ihrem Netto-Verkaufspreis auf die Konten Umsatzerlöse für Fertigerzeugnisse oder Umsatzerlöse für Handelswaren gebucht. Sie dürfen diese Vorgänge nie auf die Haben-Seite der Bestandskonten Fertigerzeugnisse oder Handelswaren buchen. Die Verkaufserlöse stellen Erlöse bzw. Erträge dar, die letztlich auf dem Gewinn- und Verlustkonto den Aufwendungen gegenübergestellt werden. Dadurch ergibt sich als Ergebnis ein Gewinn oder Verlust. Würden Sie diese Vorgänge auf die Konten Fertigerzeugnisse bzw. Handelswaren buchen, würde der Verkaufserlös und damit der Ertrag fehlen und es würde sich statt einem Gewinn ein Verlust ergeben.

Nach Übernahme der Buchungen haben die beiden Konten folgendes Aussehen:

S	Zinsaufwand		H
Bank	1.000,00		

S	Umsatzerlöse		H
		Forderungen a. LL.	15.000,00

C Wie schließt man Erfolgskonten ab?

Die Erfolgskonten werden auf dem Gewinn- und Verlust-Konto abgeschlossen. Sämtliche Aufwandskonten werden auf die Soll-Seite, sämtliche Ertragskonten werden auf die Haben-Seite des Gewinn- und Verlustkontos übertragen.

Buchungssatz für das Konto Zinsaufwand:

Kto-Nr.	Kontobezeichnung	SOLL €	HABEN €
8020	Gewinn- und Verlustkonto	1.000,00	
7510	Zinsaufwendungen		1.000,00

Buchungssatz für das Konto Umsatzerlöse:

Kto-Nr.	Kontobezeichnung	SOLL €	HABEN €
5000	Umsatzerlöse für eigene Erzeugnisse	15.000,00	
8020	Gewinn- und Verlustkonto		15.000,00

Nach dem Abschluss haben die Konten folgendes Aussehen:

S	Zinsaufwand		H
Bank	1.000,00	GuV	1.000,00
	1.000,00		**1.000,00**

S	Umsatzerlöse		H
GuV	15.000,00	Forderungen a. LL.	15.000,00
	15.000,00		**15.000,00**

S	Gewinn- und Verlustkonto		H
Zinsaufwand	1.000,00	Umsatzerlöse	15.000,00

Anschließend schließen Sie das Gewinn- und Verlustkonto auf das Konto Eigenkapital ab. Hierzu müssen Sie die Soll- und die Haben-Seite addieren und feststellen, welche von beiden die größere ist. Auf der Seite mit der kleineren Summe wird der Saldo mit dem Gegenkonto Eigenkapital als Ausgleichsposten eingetragen und auf das Konto Eigenkapital umgebucht.

S	Gewinn- und Verlustkonto		H
Zinsaufwand	1.000,00	Umsatzerlöse	15.000,00
Eigenkapital	14.000,00		
	15.000,00		**15.000,00**

S	Eigenkapital		H
SB	94.000,00	AB	80.000,00
		GuV	14.000,00
	94.000,00		**94.000,00**

In diesem Fall ergibt sich ein Gewinn von 14.000,00 €. Das Eigenkapital hat sich daher um 14.000,00 € erhöht.

D Wie ermittelt man den Erfolg durch Eigenkapitalvergleich?

Durch den Vergleich des Eigenkapitals am Beginn des Geschäftsjahres mit dem am Ende des Geschäftsjahres kann man den Erfolg, d.h. den Gewinn oder Verlust, ermitteln.

	Eigenkapital am Beginn des Geschäftsjahres	80.000,00 €
-	Eigenkapital am Ende des Geschäftsjahres	94.000,00 €
=	**Kapitalmehrung = Gewinn**	**14.000,00 €**

Diese Vorgehensweise ist nur richtig, wenn keine Privatentnahmen oder Privateinlagen erfolgten. War dies jedoch der Fall, müssen Privatentnahmen dazu addiert (+) und Privateinlagen abgezogen (-) werden. Dies ist notwendig, da sonst der tatsächliche Gewinn des Unternehmens falsch ausgewiesen würde. Private Vorgänge kommen jedoch nur bei Personengesellschaften, wie der OHG oder der KG, und bei Einzelunternehmen vor.

Das Schema sieht dann wie folgt aus:

	Eigenkapital am Beginn des Geschäftsjahres
-	Eigenkapital am Ende des Geschäftsjahres
=	Kapitalmehrung oder Kapitalminderung
+	Privatentnahmen
-	Privateinlagen
=	**Gewinn oder Verlust**

Bei Kapitalgesellschaften, wie der AG, der GmbH, der Limited Company oder der Genossenschaft, können Privateinlagen oder Privatentnahmen nicht vorkommen.

Ein Soll-Saldo auf dem Gewinn- und Verlustkonto stellt einen Gewinn dar, der das Eigenkapital erhöht (= EK-Mehrung).

- Der Grund hierfür ist, dass die Erträge höher als die Aufwendungen waren.
- Das Konto Eigenkapital nimmt durch die Buchung auf der Haben-Seite zu.

Ein Haben-Saldo auf dem Gewinn- und Verlustkonto stellt einen Verlust dar, der das Eigenkapital mindert (= EK-Minderung).

- Der Grund hierfür ist, dass die Aufwendungen höher als die Erträge waren.
- Das Konto Eigenkapital nimmt durch die Buchung auf der Soll-Seite ab.

Überprüfen Sie folgende Punkte:

- Haben Sie die Geschäftsvorgänge richtig gebucht?
- Haben Sie darauf geachtet, dass zu einer Buchung auf einem Erfolgskonto immer eine Buchung auf einem Bestandskonto gehört?
- Haben Sie die Buchungen richtig in die Konten übernommen?
- Haben Sie die Salden richtig ermittelt?
- Haben Sie die Salden richtig auf das GuV-Konto übertragen?
- Haben Sie den Saldo des GuV-Kontos richtig auf das Konto Eigenkapital übertragen?
- Kontrollieren Sie das Ergebnis durch einen Eigenkapitalvergleich.

So trainiere ich für die Prüfung

Aufgaben

1. Wissensfragen

1.1 Lernfragen

1. Welche der folgenden Aussagen sind richtig und welche sind falsch?

a) Erfolgskonten weisen einen Anfangs- und einen Schlussbestand aus.
b) Die Salden der Erfolgskonten werden in das Gewinn- und Verlustkonto übertragen.
c) Aufwendungen werden immer im Soll gebucht.
d) Erträge erhöhen das Eigenkapital.
e) Eine zu bezahlende Miete stellt einen Aufwand dar.
f) Umsatzerlöse stellen Aufwendungen dar.
g) Das Gewinn- und Verlustkonto wird auf das Konto Eigenkapital abgeschlossen.
h) Wenn das Eigenkapital am Ende eines Geschäftsjahres geringer ist als das Eigenkapital am Anfang eines Geschäftsjahres, wurde ein Gewinn erwirtschaftet.

2. Entscheiden Sie, ob es sich um Aufwandskonten (A), Ertragskonten (E) oder Bestandskonten (B) handelt.

a) Umsatzerlöse für fertige Erzeugnisse
b) Forderungen aus Lieferungen und Leistungen
c) Betriebs- und Geschäftsausstattung
d) Verbrauch von Büromaterial
e) Rohstoffe
f) Verbrauch von Rohstoffen
g) Zinsaufwand
h) Fuhrpark
i) Reparaturen
j) Reisekosten
k) Verbindlichkeiten gegenüber Kreditinstituten
l) Verbrauch von Hilfsstoffen
m) Zinsertrag

3. Entscheiden Sie, ob es sich bei den folgenden Vorgängen um einen Aufwand, einen Ertrag oder weder Aufwand noch Ertrag handelt:

a) Abbuchung der Miete für eine Lagerfläche vom Bankkonto
b) Bareinzahlung auf das Konto Bankguthaben
c) Überweisung der Gehälter auf die Bankkonten der Beschäftigten

d) Belastung des Kontos Bankguthaben durch die Bank für Zinsen für ein gewährtes Darlehen
e) Belastung des Kontos Bankguthaben durch die Bank für Tilgung für ein gewährtes Darlehen
f) Entnahme von Rohstoffen aus dem Lager für die Fertigung
g) Eingangsrechnung für eine Reparatur an der Alarmanlage
h) Gutschrift der Bank von Zinsen für eine Geldanlage
i) Verkauf von Fertigerzeugnissen auf Ziel

2. Fallsituationen

2.1 Fall 1

Lösen Sie die folgenden Geschäftsvorgänge nach folgendem Schema:
(umsatzsteuerpflichtige Vorgänge sind aus Trainingsgründen ohne Umsatzsteuer angegeben und ohne Umsatzsteuer zu buchen)

Frage	sie lautet...	Antwort	Entscheidung für die Buchung
1	Aufwand oder Ertrag?	Ertrag Aufwand	Buchung im Haben Buchung im Soll
2	Welches Erfolgskonto ?		
3	Welches Bestandskonto?		Mehrung ▶ Buchung im Soll Minderung ▶ Buchung im Haben

a) Lastschrift der Südversicherung für die Prämie der Kfz-Versicherung auf dem Konto Bankguthaben, 750,00 €
b) Zinsgutschrift der Bank für eine Geldanlage, 1.200,00 €
c) Verkauf von Fertigerzeugnissen auf Ziel, 6.000,00 €
d) Lastschrift des Finanzamtes für die Kfz-Steuer auf dem Konto Bankguthaben, 400,00 €
e) ER von Copy 2000 für eine Reparatur an einem Bürokopiergerät, 300,00 €
f) Honorarrechnung der Kanzlei Weller & Partner für eine Rechtsberatung, 500,00 €
g) ER für diverses Büromaterial zum sofortigen Verbrauch, 400,00 €

2.2 Fall 2

Welche Geschäftsvorgänge liegen folgenden Buchungssätzen zugrunde?

a) Mietaufwand an Bankguthaben
b) Forderungen an Umsatzerlöse
c) Fremdinstandhaltung an Kasse
d) Aufwand für Rohstoffe an Rohstoffe
e) Bankguthaben an Zinserträge
f) Aufwand an Hilfsstoffen an Verbindlichkeiten
g) Gehälter an Bankguthaben

2.3 Fall 3

Gehen Sie von folgenden Summen auf den Erfolgskonten aus und stellen Sie die Abschlussbuchungen dar. Treffen Sie eine Aussage zu dem Ergebnis auf dem Gewinn- und Verlustkonto.

Konto	Summen Soll	Summe Haben
Zinsaufwand	5.000,00 €	
Zinsertrag		7.500,00 €
Umsatzerlöse		500.000,00 €
Gehälter	70.000,00 €	
Mietaufwand	8.000,00 €	
Fremdinstandhaltung	3.500,00 €	

2.4 Fall 4

Ermitteln Sie das Ergebnis der Solartechnik KG (1 Komplementär) durch Eigenkapitalvergleich unter folgenden Bedingungen:

Das Eigenkapital am Ende des Geschäftsjahres beträgt 3.456.890,00 €.
Das Eigenkapital zu Beginn des Geschäftsjahres betrug 3.009.110,00 €.
Die Privatentnahmen des Komplementärs betrugen im laufenden Geschäftsjahr 120.000,00 €, 35.000,00 € wurden aus privaten Mitteln in das Vermögen zugeführt.

2.5 Fall 5

Ermitteln Sie das Ergebnis der Maschinenfabrik GmbH durch Eigenkapitalvergleich unter folgenden Bedingungen:

Das Eigenkapital zu Beginn des Geschäftsjahres beträgt 53.400.000,00 €.
Das Eigenkapital am Ende des Geschäftsjahres betrug 51.110.000,00 €.

Lösungen

1. Wissensfragen

1.1 Lernfragen

1. a) falsch, das trifft nur für Bestandskonten zu

B, C

b) richtig
c) richtig
d) richtig
e) richtig
f) falsch, es handelt sich um Erlöse und damit letztlich um einen Ertrag
g) richtig
h) falsch, es würde sich um eine Kapitalminderung handeln

2.

a) E	f) A	j) A
b) B	g) A	k) B
c) B	h) B	l) A
d) A	i) A	m) E
e) B		

A, B

3. a) Aufwand
b) weder Aufwand noch Ertrag, es handelt sich um einen Vorgang auf zwei Bestandskonten
c) Aufwand
d) Aufwand
e) weder Aufwand noch Ertrag, es handelt sich um einen Vorgang auf zwei Bestandskonten
f) Aufwand
g) Aufwand
h) Ertrag
i) Ertrag (Umsatzerlöse)

2. Fallsituationen

2.1 Fall 1

a)

Frage	sie lautet...	Antwort	Entscheidung für die Buchung
1	Aufwand oder Ertrag?	Aufwand	Buchung im Soll
2	Welches Erfolgskonto?	Kfz-Versicherung	
3	Welches Bestandskonto?	Bankguthaben	Minderung ► Buchung im Haben

Buchungssatz:

Kto-Nr.	Kontobezeichnung	SOLL €	HABEN €
6900	Versicherungsbeiträge	750,00	
2800	Bank		750,00

b)

Frage	sie lautet...	Antwort	Entscheidung für die Buchung
1	Aufwand oder Ertrag?	Ertrag	Buchung im Haben
2	Welches Erfolgskonto?	Zinsertrag	
3	Welches Bestandskonto?	Bankguthaben	Mehrung ► Buchung im Soll

Buchungssatz:

Kto-Nr.	Kontobezeichnung	SOLL €	HABEN €
2800	Bank	1.200,00	
5710	Zinserträge		1.200,00

c)

Frage	sie lautet...	Antwort	Entscheidung für die Buchung
1	Aufwand oder Ertrag?	Ertrag (Erlös)	Buchung im Haben
2	Welches Erfolgskonto?	Umsatzerlöse	
3	Welches Bestandskonto?	Forderungen a. LL.	Mehrung ► Buchung im Soll

Buchungssatz:

Kto-Nr.	Kontobezeichnung	SOLL €	HABEN €
2400	Forderungen a. LL.	6.000,00	
5000	Umsatzerlöse für eigene Erzeugnisse		6.000,00

d)

Frage	sie lautet...	Antwort	Entscheidung für die Buchung
1	Aufwand oder Ertrag?	Aufwand	Buchung im Soll
2	Welches Erfolgskonto?	Kfz-Steuer	
3	Welches Bestandskonto?	Bankguthaben	Minderung ▶ Buchung im Haben

Buchungssatz:

Kto-Nr.	Kontobezeichnung	SOLL €	HABEN €
7030	Kraftfahrzeugsteuer	400,00	
2800	Bank		400,00

e)

Frage	sie lautet...	Antwort	Entscheidung für die Buchung
1	Aufwand oder Ertrag?	Aufwand	Buchung im Soll
2	Welches Erfolgskonto?	Fremdinstandhaltung	
3	Welches Bestandskonto?	Verbindlichkeiten a. LL.	Mehrung ▶ Buchung im Haben

Buchungssatz:

Kto-Nr.	Kontobezeichnung	SOLL €	HABEN €
6160	Fremdinstandhaltung	300,00	
4400	Verbindlichkeiten a. LL.		300,00

f)

Frage	sie lautet...	Antwort	Entscheidung für die Buchung
1	Aufwand oder Ertrag?	Aufwand	Buchung im Soll
2	Welches Erfolgskonto?	Rechtsberatung	
3	Welches Bestandskonto?	Verbindlichkeiten a. LL.	Mehrung ▶ Buchung im Haben

Buchungssatz:

Kto-Nr.	Kontobezeichnung	SOLL €	HABEN €
6770	Rechts- und Beratungskosten	500,00	
4400	Verbindlichkeiten a. LL.		500,00

g)

Frage	sie lautet...	Antwort	Entscheidung für die Buchung
1	Aufwand oder Ertrag?	Aufwand	Buchung im Soll
2	Welches Erfolgskonto?	Aufwand für Büromaterial	
3	Welches Bestandskonto?	Verbindlichkeiten a. LL.	Mehrung ▶ Buchung im Haben

Buchungssatz:

Kto-Nr.	Kontobezeichnung	SOLL €	HABEN €
6800	Büromaterial	400,00	
4400	Verbindlichkeiten a. LL.		400,00

2.2 Fall 2

a) Wir überweisen die Miete für eine gemietete Lagerhalle vom Bankkonto
b) Ausgangsrechnung über den Verkauf von Fertigerzeugnissen (Verkauf auf Ziel)
c) Eine Reparatur wird bar bezahlt
d) Entnahme von Rohstoffen aus dem Lager für die Fertigung gemäß Materialentnahmeschein
e) Gutschrift auf dem Konto Bankguthaben für eine Kapitalanlage
f) Eingangsrechnung für den Kauf von Hilfsstoffen (Kauf auf Ziel), die sofort als Verbrauch erfasst werden (Just-in-time-Beschaffung)
g) Überweisung der Gehälter durch die Bank

2.3 Fall 3

B, C

Konto Soll	an	Konto Haben	Betrag
Gewinn und Verlust	an	Zinsaufwand	5.000,00 €
Zinsertrag	an	Gewinn und Verlust	7.500,00 €
Umsatzerlöse	an	Gewinn und Verlust	500.000,00 €
Gewinn und Verlust	an	Gehälter	70.000,00 €
Gewinn und Verlust	an	Mietaufwand	8.000,00 €
Gewinn und Verlust	an	Fremdinstandhaltung	3.500,00 €
Gewinn und Verlust	an	Eigenkapital	421.000,00 €

Es handelt sich um einen Gewinn in Höhe von 421.000,00 €, der zu einer Mehrung des Eigenkapitals führt.

2.4 Fall 4

D

	Eigenkapital am Beginn des Geschäftsjahres	3.009.110,00 €
-	Eigenkapital am Ende des Geschäftsjahres	3.456.890,00 €
	Kapitalmehrung	447.780,00 €
+	Privatentnahmen	120.000,00 €
-	Privateinlagen	35.000,00 €
=	**Gewinn**	**532.780,00 €**

2.5 Fall 5

D

	Eigenkapital am Beginn des Geschäftsjahres	53.400.000,00 €
-	Eigenkapital am Ende des Geschäftsjahres	51.110.000,00 €
=	Kapitalminderung	2.290.000,00 €
=	**Verlust**	**2.290.000,00 €**

5. Bestandsveränderungen bei fertigen und unfertigen Erzeugnissen

Was muss ich für die Prüfung wissen?

Produktionsmenge und Absatzmenge können genau übereinstimmen

Wenn es gelingt, vor dem Bilanzstichtag alle Aufträge ausgeführt zu haben und zusätzlich alle Fertigerzeugnisse verkauft zu haben, sind im Ausgangslager keine Bestände vorhanden. In diesem Fall stimmen Produktionsmenge und Absatzmenge völlig überein.

Produktionsmenge und Absatzmenge können abweichen

Wenn dies der Fall ist, stehen den Kosten für die Herstellung der Erzeugnisse keine oder (noch) zu geringe Umsatzerlöse gegenüber. Diese fehlenden Umsatzerlöse sind in den noch nicht verkauften Erzeugnissen begründet. Es wurde also mehr produziert als verkauft. Daraus ergibt sich am Bilanzstichtag ein sog. Mehrbestand. Im nächsten Geschäftsjahr führen die im alten Geschäftsjahr hergestellten Erzeugnisse dann zu Umsatzerlösen. Diesen Umsatzerlösen stehen aber keine Kosten für die Herstellung gegenüber. Es wurde also mehr verkauft als produziert. Daraus ergibt sich ein sog. Minderbestand.

Auswirkung einer Abweichung auf das Ergebnis

Fehlende Umsatzerlöse, d.h. Mehrbestände, haben ein schlechteres Ergebnis zur Folge. Die betriebliche Leistung wurde bisher noch nicht bzw. bisher nur teilweise durch Umsatzerlöse „entlohnt“. Erzielte Umsatzerlöse ohne Kosten für die Herstellung, sog. Minderbestände, führen dagegen zu einem besseren Ergebnis. Die „Entlohnung“ durch Umsatzerlöse fällt zu hoch aus, da keine Kosten angefallen sind. Beide Situationen zeigen ein falsches Bild der aktuellen und tatsächlichen betrieblichen Ergebnissituation.

Bestandsveränderungen

Um diese „Schieflage“ zu korrigieren, bucht man in diesen Fällen Bestandsveränderungen. Mehrbestände werden korrigiert, indem man einen entsprechenden Ertrag als Ausgleich für noch nicht vorhandene Umsatzerlöse bucht. Minderbestände werden korrigiert, indem man einen entsprechenden Aufwand als Kostenausgleich bucht. In beiden Fällen müssen die Korrekturen aber zu Herstellkosten erfolgen, da man zu diesem Zeitpunkt nicht weiß, ob die geplanten Verkaufspreise auch tatsächlich erzielt werden können. Die Buchungen erfolgen auf dem Konto Bestandsveränderungen.

Was erwartet mich in der Prüfung?

In der Prüfung müssen Sie Mehrbestände und Minderbestände erkennen und wissen, wie Sie diese im Rechnungswesen behandeln müssen. Dabei ist es wichtig, die richtigen Buchungen vorzunehmen, aber auch zu beachten, dass diese „internen" Korrekturen zu Herstellkosten erfolgen müssen. Im Rahmen der Kosten- und Leistungsrechnung wird Ihnen bei der sachlichen Rechnungsabgrenzung dieser Tatbestand wieder begegnen. Dann müssen Sie erkennen, dass Mehrbestände als Leistungen und Minderbestände als Kosten betrachtet und zugeordnet werden. Sie müssen wissen, dass sich die Gesamtleistung eines Unternehmens immer aus den Umsatzerlösen und eventuellen Mehrbeständen zusammensetzt. Selbstverständlich müssen Sie wissen, dass es sich bei dem Konto Bestandsveränderungen um ein Erfolgskonto handelt, das über das Gewinn- und Verlustkonto abgeschlossen wird.

1. Das Lernlabyrinth

2. Wege aus dem Labyrinth

A Wie entsteht ein Mehrbestand und wie wird er verbucht?

Ein Mehrbestand entsteht immer dann, wenn die Produktionsmenge größer als die Absatzmenge ist. Dadurch ergibt sich bei unfertigen und/oder fertigen Erzeugnissen ein Lagerbestand. Dieser Lagerbestand wird auf der Haben-Seite der Konten „unfertige Erzeugnisse" bzw. „fertige Erzeugnisse" ausgewiesen.

Beispiel:
Am Ende des laufenden Geschäftsjahres liegen für ein Erzeugnis lt. Inventur folgende Daten vor:

Bestand alt in Stück	Produktionsmenge in Stück	Herstellkosten in € je Stück	Verkaufte Menge	Bestand neu in Stück	Bestand zu HK in €
0	20.000	70,00	19.000	1.000	70.000,00

Damit ist folgende Situation gegeben:

1. Es sind Kosten für die Produktion von 20.000 Stück entstanden. Sie betragen 1.400.000,00 € (20.000 Stück · 70,00 €).

2. Diesen Kosten stehen aber nur Umsatzerlöse für 19.000 Stück gegenüber. Die Umsatzerlöse für die verkaufte Menge betragen 1.662.500 €.
3. Für die bisher nicht verkauften 1.000 Stück mit Herstellkosten von insgesamt 70.000,00 € fehlen zu diesem Zeitpunkt noch die Umsatzerlöse.

Würde man diese Tatsache völlig außer Acht lassen, würde sich der Erfolg des Unternehmens zu ungünstig darstellen. Es wurde eine innerbetriebliche Leistung erstellt, der aber noch kein vollständiger Verkaufserlös gegenübersteht. Deshalb müssen die Herstellkosten der noch nicht verkauften Erzeugnisse zu diesem Zeitpunkt als „interner Ertrag" gebucht werden.

Der Bestand an nicht verkauften Produkten muss auf das Bestandskonto Fertige Erzeugnisse auf die Haben-Seite zu Herstellkosten gebucht werden.

Buchungssatz:

Kto-Nr.	Kontobezeichnung	SOLL €	HABEN €
8010	Schlussbilanzkonto	70.000,00	
2200	Fertige Erzeugnisse		70.000,00

Dadurch wird der Bestand auf der Soll-Seite des Schlussbilanzkontos unter dem Konto Fertige Erzeugnisse und in der Bilanz selbst auf der Aktivseite innerhalb des Umlaufvermögens unter dem Posten Vorräte, Fertige Erzeugnisse ausgewiesen.

Die Ausgleichsbuchung, die den „Ertrag" auslösen soll, erfolgt auf dem Erfolgskonto Bestandsveränderungen, das über das Gewinn- und Verlustkonto abgeschlossen wird.

Buchungssätze:

Kto-Nr.	Kontobezeichnung	SOLL €	HABEN €
2200	Fertige Erzeugnisse	70.000,00	
5202	Bestandsveränderungen fertige Erzeugnisse		70.000,00

Kto-Nr.	Kontobezeichnung	SOLL €	HABEN €
5202	Bestandsveränderungen fertige Erzeugnisse	70.000,00	
8020	Gewinn- und Verlustkonto		70.000,00

Kto-Nr.	Kontobezeichnung	SOLL €	HABEN €
8020	Gewinn- und Verlustkonto	1.400.000,00	
6.....	Diverse Aufwendungen		1.400.000,00

Kto-Nr.	Kontobezeichnung	SOLL €	HABEN €
5000	Umsatzerlöse für eigene Erzeugnisse	1.662.500,00	
8020	Gewinn- und Verlustkonto		1.662.500,00

Ergebnis dieses Vorgangs

Auf dem Gewinn- und Verlustkonto stehen sich damit gegenüber:

- die gesamten Aufwendungen (Kosten) für 20.000 produzierte Stück
- die Umsatzerlöse zu Verkaufspreisen für 19.000 Stück sowie
- die nicht verkauften 1.000 Stück zu Herstellkosten.

Deshalb waren diese Buchungen notwendig:

Die Differenz ergibt den Gewinn, der um 70.000,00 € niedriger ausgewiesen wäre, wenn die innerbetriebliche Leistung nicht durch den „Ertrag" für momentan nicht verkaufte 1.000 Stück korrigiert worden wäre. Das Ergebnis wäre damit zu niedrig und damit nicht korrekt dargestellt gewesen.

Nach der Übernahme der Buchungen haben die Konten folgendes Aussehen:

S	Diverse Aufwendungen		H
	1.400.000,00	GuV	1.400.000,00

S	5000 Umsatzerlöse		H
GuV	1.662.500,00		1.662.500,00

S	2200 Fertige Erzeugnisse		H
AB	0,00	SB	70.000,00
BV	70.000,00		

S	5202 Bestandsveränderungen		H
GuV	70.000,00		70.000,00

S	8010 Schlussbilanzkonto		H
FE	70.000,00		

S	8020 Gewinn- und Verlustkonto		H
diverse Aufwendungen	1.400.000,00	Bestandsveränderungen	70.000,00
Gewinn	332.500,00	Umsatzerlöse	1.662.500,00

B Wie entsteht ein Minderbestand und wie wird er verbucht?

Beispiel:
Am Ende des nächsten Geschäftsjahres liegen lt. Inventur folgende Daten vor:

Bestand alt in Stück	Produktionsmenge in Stück	Herstellkosten in € je Stück	Verkaufte Menge	Bestand neu in Stück	Bestand zu HK in €
1.000	0	0,00	1.000	0	0,00

Damit ist folgende Situation gegeben:

- In dieser Abrechnungsperiode sind keine Kosten für die Produktion entstanden.

- Die Umsatzerlöse für die verkaufte Menge betragen 87.500,00 €.
- Den Umsatzerlösen dieser verkauften 1.000 Stück stehen keine Kosten gegenüber.

Würde man diese Tatsache völlig außer Acht lassen, würde sich der Erfolg des Unternehmens zu günstig darstellen. Dem Verkauf der Restproduktion aus dem vorherigen Geschäftsjahr steht kein Aufwand gegenüber. Die Herstellkosten für diese Menge müssen daher den Umsatzerlösen als Aufwand gegenübergestellt werden. Dieser „interne" Aufwand stellt einen Ausgleich zu dem sonst zu hohen Ertrag im aktuellen Geschäftsjahr dar.

Das Bestandskonto Fertige Erzeugnisse wird mit dem Anfangsbestand der bisher nicht verkauften Fertigerzeugnisse auf der Soll-Seite eröffnet.

Buchungssatz:

Kto-Nr.	Kontobezeichnung	SOLL €	HABEN €
2200	Fertige Erzeugnisse	70.000,00	
8000	Eröffnungsbilanzkonto		70.000,00

Der Verkauf führt jetzt zu Umsatzerlösen.

Buchungssatz:

Kto-Nr.	Kontobezeichnung	SOLL €	HABEN €
2800	Bank	87.500,00	
5000	Umsatzerlöse für eigene Erzeugnisse		87.500,00

Annahme:
Am Jahresende ist kein Bestand dieses Produkts vorhanden. Der Schlussbestand auf dem Konto Fertige Erzeugnisse beträgt daher 0,00 €.

Buchungssatz:

Kto-Nr.	Kontobezeichnung	SOLL €	HABEN €
8010	Schlussbilanzkonto	0,00	
2200	Fertige Erzeugnisse		0,00

Die Ausgleichsbuchung, die den „Aufwand" auslösen soll, erfolgt auf dem Erfolgskonto Bestandsveränderungen, das über das Gewinn- und Verlustkonto abgeschlossen wird.

Buchungssätze:

Kto-Nr.	Kontobezeichnung	SOLL €	HABEN €
5202	Bestandsveränderungen fertige Erzeugnisse	70.000,00	
2200	Fertige Erzeugnisse		70.000,00

Kto-Nr.	Kontobezeichnung	SOLL €	HABEN €
8020	Gewinn- und Verlustkonto	70.000,00	
5002	Bestandsveränderungen fertige Erzeugnisse		70.000,00

Das ist das Ergebnis dieses Vorgangs

Auf dem Gewinn- und Verlustkonto stehen sich damit gegenüber:

- die Umsatzerlöse zu Verkaufspreisen für 1.000 Stück sowie
- die im vergangenen Jahr nicht verkauften 1.000 Stück zu Herstellkosten.

Diese Buchungen waren unbedingt notwendig, da die Differenz den Gewinn ergibt, der um 70.000,00 € höher ausgewiesen wäre, wenn die Umsatzerlöse nicht durch den „Aufwand" für die bereits im vergangenen Jahr produzierten, aber nicht verkauften 1.000 Stück korrigiert worden wäre. Das Ergebnis wäre zu hoch und damit nicht korrekt dargestellt worden.

Nach der Übernahme der Buchungen haben die Konten folgendes Aussehen:

S	Diverse Aufwendungen		H
	0,00	GuV	0,00

S	5000 Umsatzerlöse		H
GuV	87.500,00		87.500,00

S	2200 Fertige Erzeugnisse		H
AB	70.000,00	SB	0,00
		BV	70.000,00

S	5202 Bestandsveränderungen		H
FE	70.000,00	GuV	70.000,00

S	8010 Schlussbilanzkonto		H
FE	0,00		

S	8020 Gewinn- und Verlustkonto		H
diverse Aufwendungen	0,00	Umsatzerlöse	87.500,00
Bestandsveränderungen	70.000,00		
Gewinn	17.500,00		

Mehr- oder Minderbestände bei Halberzeugnissen, Fremdbauteilen oder Handelswaren werden in der gleichen Art und Weise gebucht.

So trainiere ich für die Prüfung

Aufgaben

1. Wissensfragen

1.1 Lernfragen

1. Überprüfen Sie, welche der folgenden Aussagen richtig und welche falsch sind:

a) Bestandsveränderungen müssen immer gebucht werden, wenn die Produktionsmenge mit der Absatzmenge nicht übereinstimmt.
b) Fehlende Umsatzerlöse wirken sich nicht auf das Ergebnis aus, weshalb eine Korrektur nicht notwendig ist.
c) Eine Bestandsminderung liegt vor, wenn in der aktuellen Abrechnungsperiode Bestände aus der vorhergehenden Abrechnungsperiode verkauft werden.
d) Die Korrekturbuchungen der Bestandsveränderungen erfolgen zu Verkaufspreisen.
e) Bestandsveränderungen werden bei fertigen und unfertigen Erzeugnissen gebucht.
f) Bestandsveränderungen werden auf einem Erfolgskonto erfasst.

2. Fallsituationen

2.1 Fall 1

Am Ende der Abrechnungsperiode weisen die Konten Unfertige Erzeugnisse und Fertige Erzeugnisse folgende Beträge aus:

Kto-Nr.	Kontobezeichnung	Anfangsbestand	Endbestand lt. Inventur
2100	Unfertige Erzeugnisse	100.000,00	80.000,00
2200	Fertige Erzeugnisse	100.000,00	150.000,00

a) Schließen Sie die Konten ab und nehmen Sie die notwendigen Buchungen vor.
b) Handelt es sich bei den Unfertigen Erzeugnissen um einen Mehr- oder Minderbestand?
c) Handelt es sich bei den Fertigen Erzeugnissen um einen Mehr- oder Minderbestand?
d) Wie wirken sich die Bestandsveränderungen in den Fällen b) und c) auf das Ergebnis aus?

2.2 Fall 2

Es liegen Ihnen folgende Daten für den Quartalsabschluss 4/20.. vor:

Anfangsbestände
Unfertige Erzeugnisse: 120.000.00 €   Fertige Erzeugnisse: 180.000,00 €

Schlussbestände
Unfertige Erzeugnisse: 160.000,00 €   Fertige Erzeugnisse: 150.000,00 €

Im Gewinn- und Verlustkonto (GuV) sind bereits Aufwendungen in Höhe von insgesamt 850.000,00 € sowie Erträge von insgesamt 1.200.000,00 € buchhalterisch erfasst.

a) Nehmen Sie alle erforderlichen Buchungen zum Ende des 4. Quartals vor.
b) Ermitteln Sie den Unternehmenserfolg für 04/20..
c) Wie hoch wäre der Unternehmenserfolg ohne Berücksichtigung der Bestandsveränderungen?
d) Wie wirken sich grundsätzlich Bestandsveränderungen auf das Ergebnis des Unternehmens aus?

2.3 Fall 3

Auf dem aktiven Bestandskonto 2020 „Hilfsstoffe“ sind im Quartal 01/20.. folgende Positionen erfasst:

Anfangsbestand: 500.630,00 €
Zugänge gesamt: 100.000,00 €
Entnahmen gesamt gemäß Materialentnahmeschein: 500.200,00 €
Endbestand lt. Inventur: 100.460,00 €

a) Mit welchem Wert werden die Hilfsstoffe in der Quartals-Bilanz am 31.03.20.. ausgewiesen?
b) Welche Buchungen sind zum Ende des Quartals vorzunehmen?
c) Wie ist diese Inventurdifferenz zu erklären?

2.4 Fall 4

Ihnen liegt folgende Buchung vor:

Kto-Nr.	Kontobezeichnung	SOLL €	HABEN €
5202	Bestandsveränderungen fertige Erzeugnisse	5.000,00	
2200	Fertige Erzeugnisse		5.000,00

Welche der nachfolgenden Aussagen sind in diesem Zusammenhang richtig?

a) Im Abrechnungszeitraum entsprach die Produktionsmenge der Absatzmenge.
b) Im Abrechnungszeitraum wurden mehr Erzeugnisse hergestellt als verkauft.
c) Der Schlussbestand an Erzeugnissen ist höher als der Anfangsbestand.
d) Der Schlussbestand an Erzeugnissen entspricht dem Anfangsbestand.
e) Der Bestand an Erzeugnissen hat sich verringert.
f) Keine der Aussagen ist richtig.
g) Absatzmenge > Produktionsmenge.

Lösungen

1. Wissensfragen

1.1 Lernfragen

1. a) richtig
b) falsch
c) richtig
d) falsch
e) richtig
f) richtig

A, B

2. Fallsituationen

2.1 Fall 1

a) Auf dem Konto 2100 Unfertige Erzeugnisse ergibt sich ein Habensaldo. Er wird durch die folgende Buchung umgebucht:

5201 Bestandsveränderungen Unf. Erz. 20.000,00 € (Soll)
an 2100 Unfertige Erzeugnisse 20.000,00 € (Haben)

Auf dem Konto 2200 Fertige Erzeugnisse ergibt sich ein Sollsaldo. Er wird durch die folgende Buchung umgebucht:

2200 Fertige Erzeugnisse 50.000,00 € (Soll)
an 5202 Bestandsveränderungen FE 50.000,00 € (Haben)

A, B

b) Bei den Unfertigen Erzeugnissen handelt es sich um einen Minderbestand, da der Schlussbestand kleiner als der Anfangsbestand ist.

c) Bei den Fertigen Erzeugnissen handelt es sich um einen Mehrbestand, da der Schlussbestand größer als der Anfangsbestand ist.

d) Durch die Buchung bei den Unfertigen Erzeugnissen wird das Ergebnis zunächst um 20.000,00 € gemindert, durch die Ertragsbuchung bei den Fertigen Erzeugnissen aber wieder um 50.000,00 € erhöht. Dadurch ergibt sich insgesamt eine Ergebniserhöhung um 30.000,00 €.

2.2 Fall 2

a)

Kto-Nr.	Kontobezeichnung	SOLL €	HABEN €
2100	Unfertige Erzeugnisse	40.000,00	
5201	Bestandsveränderungen		40.000,00

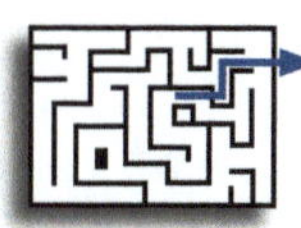

A, B

Kto-Nr.	Kontobezeichnung	SOLL €	HABEN €
5202	Bestandsveränderungen	30.000,00	
2200	Fertige Erzeugnisse		30.000,00

Kto-Nr.	Kontobezeichnung	SOLL €	HABEN €
5200	Bestandsveränderungen	10.000,00	
8020	Gewinn- und Verlustkonto		10.000,00

Kto-Nr.	Kontobezeichnung	SOLL €	HABEN €
8010	Schlussbilanzkonto	160.000,00	
2100	Unfertige Erzeugnisse		160.000,00

Kto-Nr.	Kontobezeichnung	SOLL €	HABEN €
8010	Schlussbilanzkonto	150.000,00	
2200	Fertige Erzeugnisse		150.000,00

b)

	Summe der Erträge:	1.200.000,00 €
+	Bestandsveränderungen (Mehrbestand)	10.000,00 €
-	Summe der Aufwendungen:	850.000,00 €
=	**Unternehmenserfolg**	**360.000,00 €**

c) 360.000,00 € - 10.000,00 € = **350.000,00 €**

d) Bestandserhöhungen steigern als Ertrag den Unternehmenserfolg. Bestandsminderungen wirken sich dagegen als Aufwand mindernd auf den Gewinn des Unternehmens aus.

2.3 Fall 3

a) Nicht mit dem Buchwert von 100.430,00 €, sondern mit dem Inventurwert in Höhe von 100.460,00 €.

b) Das Konto „Bestandsveränderungen" wird nur im Rahmen von fertigen und unfertigen Erzeugnissen eingeschaltet. Inventurdifferenzen auf dem Konto „2020 Hilfsstoffe" dagegen werden über das entsprechende Aufwandskonto „6020 Aufwendungen für Hilfsstoffe" korrigiert.

Kto-Nr.	Kontobezeichnung	SOLL €	HABEN €
2020	Hilfsstoffe	30,00	
6020	Aufwendungen für Hilfsstoffe		30,00

Kto-Nr.	Kontobezeichnung	SOLL €	HABEN €
6020	Aufwendungen für Hilfsstoffe	30,00	
8020	Gewinn- und Verlustkonto		30,00

Kto-Nr.	Kontobezeichnung	SOLL €	HABEN €
8010	Schlussbilanzkonto	100.460,00	
2020	Hilfsstoffe		100.460,00

c) Der Verbrauch von Hilfsstoffen im Wert von 30,00 € wurde bereits buchhalterisch erfasst. Diese gingen aber noch nicht in den Produktionsprozess ein, sondern sind am 31.03.20.. noch auf Lager. Eine weitere Begründung wäre, dass ein Lieferant mehr Hilfsstoffe geliefert hat als bestellt, wobei dies bei der Warenannahme nicht bemerkt wurde.

2.4 Fall 4

e) Der Bestand an Erzeugnissen hat sich verringert.

g) Die Absatzmenge ist größer als die Produktionsmenge.

B

6. Umsatzsteuer im Einkauf und Verkauf

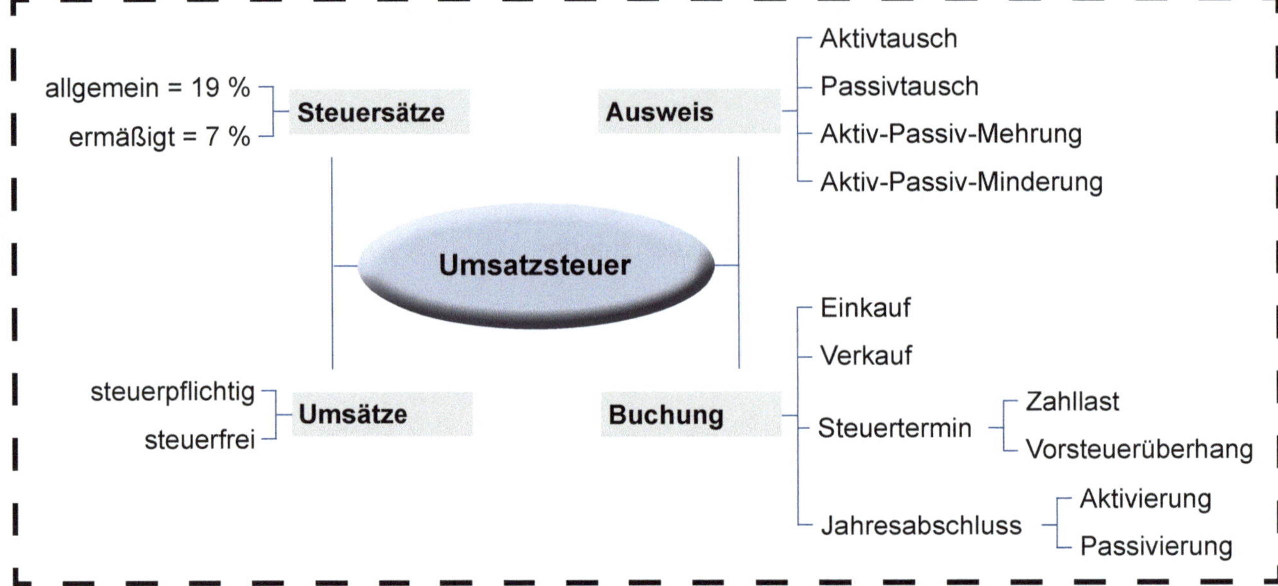

Was muss ich für die Prüfung wissen?

Gesetzliche Grundlage und Steuersätze

Die Besteuerung der Umsätze ist im Umsatzsteuergesetz (UStG) geregelt. Der allgemeine Steuersatz beträgt zurzeit 19 %, der ermäßigte 7 %. Der ermäßigte Steuersatz gilt z.B. für Lebensmittel oder Bücher.

Steuerbare Umsätze

Besteuert werden alle Lieferungen und Leistungen, die ein Unternehmen im Inland gegen Entgelt ausführt. Leistungen sind z.B. eine Rechnung über die Reparatur an einem Kopiergerät oder die Rechnung eines Notars für seine Dienstleistungen im Rahmen eines Grundstückskaufs. Besteuert wird auch die Einfuhr von Gegenständen aus Drittländern, d.h. aus Staaten, die nicht der Europäischen Union (EU) angehören, durch die deutsche Zollbehörde. Außerdem unterliegen der Umsatzsteuer unentgeltliche Lieferungen und Leistungen im eigenen Unternehmen. Das ist z.B. der Fall, wenn ein Unternehmer Erzeugnisse aus der eigenen Produktion für den privaten Gebrauch entnimmt oder den Geschäfts-Pkw privat nutzt.

Steuerfreie Umsätze

Eine Reihe von Umsätzen sind von der Umsatzsteuer befreit. Dazu zählen z.B. Geldgeschäfte mit Kreditinstituten, Umsätze der Deutschen Post AG im Bereich der Postdienstleistungen oder Zinsbelastungen im Rahmen von Kreditgewährungen. Befreit sind auch Einkäufe aus Staaten der Europäischen Union (innergemeinschaftlicher Erwerb) und sämtliche Lieferungen in das Ausland, sowohl Lieferungen in Staaten der Europäischen Union (innergemeinschaftliche Lieferungen) und Ausfuhren in Drittländer (Staaten, die nicht der EU angehören).

Umsatzsteuer-Identifikationsnummer

Unternehmen, die am Handel im Gemeinschaftsgebiet der Europäischen Union teilnehmen, müssen beim Bundesamt für Steuern, Außenstelle Saarlouis, eine Umsatzsteuer-Identifikationsnummer beantragen. Eine Ausgangsrechnung darf nur dann ohne Umsatzsteuer erfolgen, wenn die USt.-ID-Nr. des Kunden auf der Rechnung angegeben ist. Sie dient zur Identifikation (Feststellung) der Erwerber, zum Nachweis der Steuerbefreiung im Rahmen einer gemeinschaftlichen Lieferung und dem gemeinschaftlichen Kontrollverfahren.

Bemessungsgrundlage und Zeitpunkt der Besteuerung

Der Umsatzsteuer unterliegt der reine Warenwert (Nettoverkaufspreis) bzw. der reine Wert der Leistung. Die Besteuerung erfolgt grundsätzlich bei Rechnungsstellung.

Ausweis der Umsatzsteuer auf der Rechnung

Die Umsatzsteuer muss mit ihrem Prozentsatz und ihrem Betrag auf der Rechnung ausgewiesen sein. Eine Ausnahme bilden Kleinbetragsrechnungen. Das sind Rechnungen, deren Gesamtbetrag 250,00 € nicht übersteigt. In diesem Fall darf das Entgelt (Warenwert) und die Umsatzsteuer in einer Summe angegeben werden.

Besteuerung des Mehrwertes

Ein Endprodukt gelangt über mehrere Stufen, z.B. Rohstoffgewinnung, Transport, Produktion und Handel, zum Endverbraucher. Auf diesem Weg erzielt das Produkt eine sukzessive Wertsteigerung. Nur dieser Mehrwert wird letztlich mit der Umsatzsteuer belegt. Deshalb wird die Umsatzsteuer auch als Mehrwertsteuer bezeichnet.

Charakter der Umsatzsteuer innerhalb des Rechnungswesens

Der Industriebetrieb erhält von seinen Kunden den Warenwert und die Umsatzsteuer. Die Umsatzsteuer wird vom Netto-Warenwert, er wird als Entgelt bezeichnet, berechnet. Von dieser erhaltenen Umsatzsteuer zieht er die an seine Lieferanten bezahlte Umsatzsteuer aus den Einkäufen ab. Sie wird als Vorsteuer bezeichnet. Die Differenz bezeichnet man als Umsatzsteuerzahllast oder Vorsteuerüberhang. Eine Umsatzsteuerzahllast entsteht am Stichtag, wenn die Verkäufe höher als die Einkäufe waren. Ein Vorsteuerüberhang entsteht am Stichtag dagegen dann, wenn die Einkäufe höher als die Verkäufe waren. Die Umsatzsteuerzahllast führt der Unternehmer jeweils am 10. des Monats an das zuständige Finanzamt ab. Ein Vorsteuerüberhang stellt dagegen eine Forderung an das Finanzamt dar. Da die Umsatzsteuer bis zum nächsten Steuertermin durch die Unternehmen lediglich „verwaltet“ und am Stichtag in voller Höhe abgeführt wird, bezeichnet man sie als „durchlaufenden Posten“.

Träger der Umsatzsteuer

Unternehmen verrechnen im Rahmen der Verarbeitung oder des Wiederverkaufs (Handel) die (bezahlte Umsatzsteuer) Vorsteuer mit der (erhaltenen) Umsatzsteuer, weshalb sie steuerlich nicht belastet werden. Der Endverbraucher trägt daher die gesamte Besteuerung des Mehrwertes, den ein Produkt erzielt hat. Endverbraucher sind Privatpersonen, aber auch Unternehmer, wenn ein Produkt nicht für den betrieblichen Gebrauch bestimmt ist.

Steuerart

Hinsichtlich der Steuerart handelt es sich um eine Verkehrssteuer und eine Verbrauchssteuer. Eine Verkehrssteuer deshalb, da sie den gesamten Waren- und Dienstleistungsverkehr besteuert. Von ihrer Wirkung aus gesehen, muss man sie aber auch zu den Verbrauchssteuern zählen, da sie den Verbrauch der privaten Haushalte belastet.

Konten für die Verbuchung der Umsatzsteuer

Für die Verbuchung der Umsatzsteuer stehen die beiden Konten Vorsteuer und Umsatzsteuer zur Verfügung. Auf das Vorsteuerkonto bucht man die Umsatzsteuer aus Einkäufen, auf das Umsatzsteuerkonto die Umsatzsteuer aus Verkäufen. Am Stichtag (10. des Monats) werden diese beiden

Konten verrechnet. Ist die Umsatzsteuer höher als die Vorsteuer, ergibt sich eine Verbindlichkeit gegenüber dem Finanzamt (Umsatzsteuerzahllast). Ist die Vorsteuer höher als die Umsatzsteuer, ergibt sich eine Forderung an das Finanzamt (Vorsteuerüberhang). Nach der Verrechnung erfolgt die Überweisung der Umsatzsteuerzahllast an das Finanzamt, bzw. es erfolgt der Eingang des Vorsteuerüberhanges durch das Finanzamt. Anschließend sind die beiden Konten ausgeglichen. Die Überweisung der Umsatzsteuerzahllast stellt eine Umsatzsteuervoranmeldung dar.

Vorgehensweise am Jahresende

Am Ende eines Geschäftsjahres oder eines unterjährigen Abschlusstermins muss eine Umsatzsteuerzahllast als Sonstige Verbindlichkeit auf der Passivseite der Bilanz ausgewiesen werden. Ein Vorsteuerüberhang wird als Sonstige Forderung aktiviert. Mit Beginn des nächsten Geschäftsjahres werden diese Konten wieder eröffnet und am Steuertermin (10. des Monats) verrechnet.

Umsatzsteuer-Jahreserklärung

Die aufgrund der monatlichen Umsatzsteuervoranmeldungen überwiesenen Umsatzsteuerzahllasten stellen Vorauszahlungen an das Finanzamt dar. Daher muss für das abgelaufene Geschäftsjahr immer eine Umsatzsteuer-Jahreserklärung erstellt werden. Diese muss, zusammen mit der Einkommensteuer-Erklärung bei Personengesellschaften oder Einzelunternehmen bzw. der Körperschaftssteuererklärung bei Kapitalgesellschaften bis zum 31. Mai des folgenden Geschäftsjahres beim Finanzamt eingereicht werden.

Was erwartet mich in der Prüfung?

In der Prüfung müssen Sie die Vorsteuer und die Umsatzsteuer korrekt auf den entsprechenden Konten verbuchen, am Steuertermin die Umsatzsteuerzahllast bzw. den Vorsteuerüberhang ermitteln und im Falle einer Umsatzsteuerzahllast die Überweisung an das Finanzamt vornehmen. Im Falle eines Vorsteuerüberhangs wird erwartet, dass Sie diesen als Forderung gegenüber dem Finanzamt ausweisen. Selbstverständlich müssen Sie auch wissen, wie die Umsatzsteuer am Geschäftsjahresende bilanziert wird und außerdem erwartet man von Ihnen, dass Sie die Steuerart und den Charakter der Umsatzsteuer im Rechnungswesen kennen. Bei Kleinbetragsrechnungen ohne Umsatzsteuerausweis müssen Sie erkennen, dass die Umsatzsteuer herausgerechnet werden muss.

1. Das Lernlabyrinth

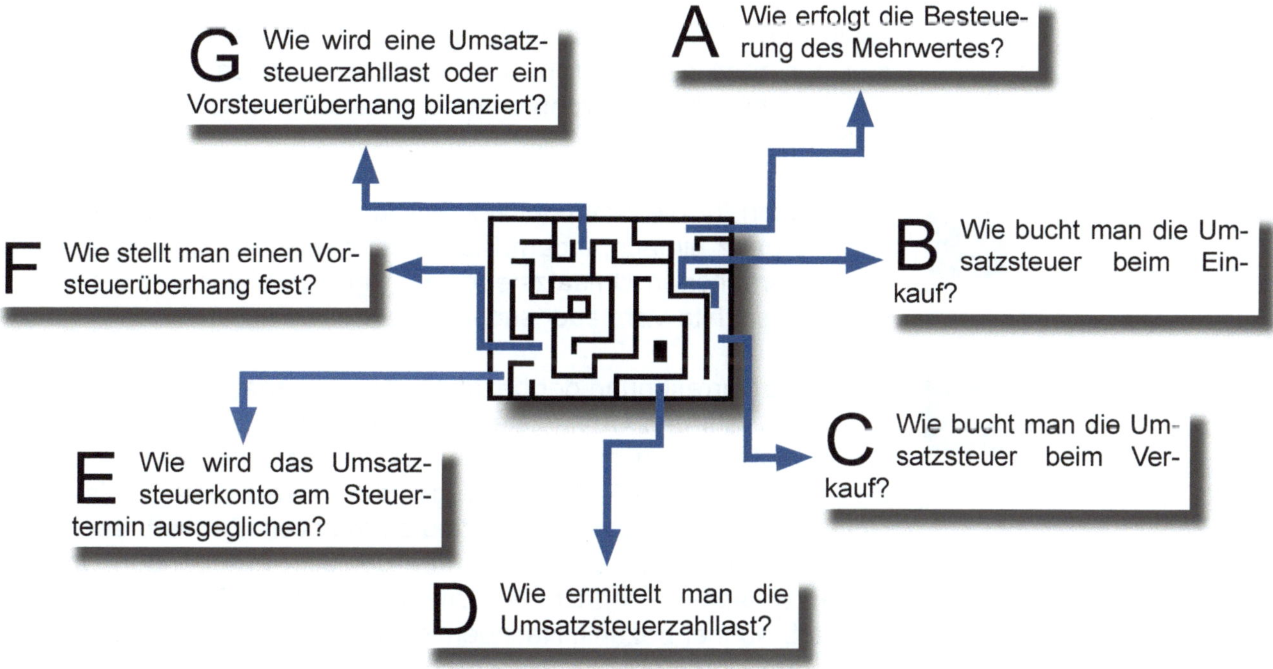

2. Wege aus dem Labyrinth

A Wie erfolgt die Besteuerung des Mehrwertes?

Beispiel:

Ein Steinbruch liefert Granitplatten an ein weiterverarbeitendes Unternehmen. Dort werden u.a. Platten für Steinfußböden erzeugt. Diese Platten werden durch Baumärkte direkt an Endverbraucher verkauft.

Beispiel mit einer Palette im Wert von 300,00 €:

Umsatzstufen	Umsatz (Verkaufspreis netto)	Umsatz vorher	Mehrwert	Umsatzsteuer (Verbindl. gegenüber dem FA)	Vorsteuer (Ford. gegenüber dem FA)	Umsatzsteuerzahllast (= Ust – VSt)
1. Steinbruch "Steinbruch GmbH"	300,00	0,00	300,00	57,00	0,00	57,00
2. Weiterverarbeitung "Natursteine AG"	700,00	300,00	400,00	133,00	57,00	76,00
3. Baumarkt "Baumarkt GmbH"	900,00	700,00	200,00	171,00	133,00	38,00
						171,00
Endverbraucher	900,00	0,00	900,00	19 %		

Am Beispiel des Verkaufs durch den Baumarkt kann man genau erkennen, wie sich die Verrechnung der Vorsteuer auswirkt. Die Baumarkt GmbH erhält vom Endverbraucher die volle Umsatzsteuer in Höhe von 171,00 €. Man zieht jedoch die an die Natursteine AG bezahlte Umsatzsteuer als Vorsteuer ab und überweist an das Finanzamt nur noch die Differenz von 38,00 € (= Umsatzsteuerzahllast). 133,00 € behält man, wodurch eine Belastung mit der Umsatzsteuer nicht erfolgt.

Wir buchen für die Natursteine AG. Die Umsatzsteuerzahllast ermitteln Sie ganz einfach, indem Sie von der (vom Kunden = Baumarkt GmbH) erhaltenen Umsatzsteuer die (an den Lieferer = Steinbruch GmbH) bezahlte Vorsteuer subtrahieren.

Durch die Verrechnung der bezahlten Vorsteuer aus dem Einkauf mit der vereinnahmten Umsatzsteuer aus dem Verkauf wird immer nur die Wertsteigerung auf der jeweiligen Umsatzstufe besteuert. Die Besteuerung dieses Mehrwerts ergibt die Umsatzsteuerzahllast. Das Unternehmen der letzten Umsatzstufe erhält vom Endverbraucher die gesamte Umsatzsteuer. Die Summe der sich ergebenden Umsatzsteuerzahllasten entspricht der Umsatzsteuer des Betrages, den der Endverbraucher bezahlt. Nachdem die Unternehmen der zweiten und folgenden Umsatzstufen jeweils ihre bezahlten Vorsteuern von den erhaltenen Umsatzsteuerbeträgen abziehen, werden sie nicht mit der Umsatzsteuer belastet.

B Wie bucht man die Umsatzsteuer beim Einkauf?

Eine Eingangsrechnung weist den Nettowert der bezogenen Stoffe, Teile oder Handelswaren und die entsprechende Umsatzsteuer aus.

Eingangsrechnung von der Steinbruch GmbH bei der Natursteine AG:

1 Palette Granitplatten, roh, netto	300,00 €
+ 19 % Umsatzsteuer	57,00 €
= **Rechnungsbetrag**	**357,00 €**

Die in der Eingangsrechnung ausgewiesene Umsatzsteuer stellt eine Forderung gegenüber dem Finanzamt dar. Deshalb bucht man sie auf das Konto Vorsteuer im Soll!

Buchungssatz:

Kto-Nr.	Kontobezeichnung	SOLL €	HABEN €
2000	Rohstoffe	300,00	
2600	Vorsteuer	57,00	
an 4400	Verbindlichkeiten a. LL.		357,00

Nach der Buchung der Eingangsrechnung haben die Konten der Natursteine AG folgendes Aussehen:

S	2000 Rohstoffe		H
Verbindlichkeiten a. LL.	300,00		

S	2600 Vorsteuer		H
Verbindlichkeiten a. LL.	57,00		

S	4400 Verbindlichkeiten a. LL.		H
		Rohst./VSt	357,00

C Wie bucht man die Umsatzsteuer beim Verkauf?

Beispiel:

Ein Steinbruch liefert Granitplatten an ein weiterverarbeitendes Unternehmen. Dort werden u.a. Platten für Steinfußböden erzeugt. Diese Platten werden durch Baumärkte direkt an Endverbraucher verkauft.

Eine Ausgangsrechnung weist den Nettowert der gelieferten Fertigerzeugnisse oder Handelswaren und die entsprechende Umsatzsteuer aus.

Ausgangsrechnung der Natursteine AG an die Baumarkt GmbH:

1 Palette Granitplatten, netto	700,00 €
+ 19 % Umsatzsteuer	133,00 €
= **Rechnungsbetrag**	**833,00 €**

Die in der Ausgangsrechnung ausgewiesene Umsatzsteuer stellt eine Verbindlichkeit gegenüber dem Finanzamt dar. Deshalb bucht man sie auf das Konto Umsatzsteuer im Haben!

Buchungssatz:

Kto-Nr.	Kontobezeichnung	SOLL €	HABEN €
2400	Forderungen a. LL.	833,00	
5000	Umsatzerlöse für eigene Erzeugnisse		700,00
4800	Umsatzsteuer		133,00

Nach der Buchung der Ausgangsrechnung haben die Konten der Natursteine AG folgendes Aussehen:

S	2400 Forderungen a. LL.		H
USt/UE	833,00		

S	4800 Umsatzsteuer		H
		Forderungen a. LL.	133,00

S	5000 Umsatzerlöse		H
		Forderungen a. LL.	700,00

D Wie ermittelt man die Umsatzsteuerzahllast?

Um die Umsatzsteuerzahllast zu ermitteln, müssen Sie die beiden Konten Umsatzsteuer und Vorsteuer gegeneinander aufrechnen. Dazu schließen Sie das Konto Vorsteuer ab und übertragen den Saldo auf das Konto Umsatzsteuer. Dann schließen Sie das Konto Umsatzsteuer ab. Der Saldo stellt die Umsatzsteuerzahllast als Verbindlichkeit gegenüber dem Finanzamt dar.

S	4800 Umsatzsteuer		H
VSt	57,00	Forderungen a. LL.	133,00
Bank	76,00		
	133,00		

S	2600 Vorsteuer		H
Verbindlichkeiten a. LL.	57,00	USt	57,00
	57,00		**57,00**

Buchungssatz:

Kto-Nr.	Kontobezeichnung	SOLL €	HABEN €
4800	Umsatzsteuer	57,00	
2600	Vorsteuer		57,00

Auf dem Konto Umsatzsteuer wurde bei dem Umsatzsteuerzahllast-Saldo als Gegenkonto das Konto Bankguthaben angegeben. Das erfolgt deshalb, da die Umsatzsteuerzahllast nach ihrer Ermittlung am 10. des Monats sofort an das Finanzamt überwiesen wird – siehe Labyrinthfrage E.

E Wie wird das Umsatzsteuerkonto am Steuertermin ausgeglichen?

Am 10. des Monats muss die Umsatzsteuervoranmeldung erfolgen. Zu diesem Termin müssen Sie die Umsatzsteuerzahllast an das Finanzamt überweisen.

Buchungssatz:

Kto-Nr.	Kontobezeichnung	SOLL €	HABEN €
4800	Umsatzsteuer	76,00	
2800	Bank		76,00

F Wie stellt man einen Vorsteuerüberhang fest?

Nehmen wir an, die Natursteine AG hat 5 Paletten von der Steinbruch GmbH bezogen, aber zum Zeitpunkt der Umsatzsteuervoranmeldung nur eine davon verkauft.

Eingangsrechnung von der Steinbruch GmbH bei der Natursteine AG:

5 Paletten Granitplatten, roh, netto	1.500,00 €
+ 19 % Umsatzsteuer	285,00 €
= **Rechnungsbetrag**	**1.785,00 €**

Ausgangsrechnung der Natursteine AG an die Baumarkt GmbH:

1 Palette Granitplatten, netto	700,00 €
+ 19 % Umsatzsteuer	133,00 €
= **Rechnungsbetrag**	**833,00 €**

Buchungssatz Eingangsrechnung:

Kto-Nr.	Kontobezeichnung	SOLL €	HABEN €
2000	Rohstoffe	1.500,00	
2600	Vorsteuer	285,00	
4400	Verbindlichkeiten a. LL.		1.785,00

Buchungssatz Ausgangsrechnung:

Kto-Nr.	Kontobezeichnung	SOLL €	HABEN €
2400	Forderungen a. LL.	833,00	
5000	Umsatzerlöse für eigene Erzeugnisse		700,00
4800	Umsatzsteuer		133,00

Nach der Buchung der Eingangs- und Ausgangsrechnung haben die Steuer-Konten der Natursteine AG folgendes Aussehen:

S	2600 Vorsteuer	H
Verbindlichkeiten a. LL. 285,00		

S	4800 Umsatzsteuer	H
		Forderungen a. LL. 133,00

Das Konto Vorsteuer weist jetzt einen höheren Wert aus als das Konto Umsatzsteuer, da erst eine Palette verkauft wurde. Es fehlen zu diesem Zeitpunkt die Umsatzerlöse und die Umsatzsteuer für die restlichen vier Paletten.

Schließen Sie das Konto Umsatzsteuer ab und übertragen Sie den Saldo auf das Konto Vorsteuer.

S	2600 Vorsteuer		H
Verbindlichkeiten a. LL.	285,00	USt	133,00
		Sonstige Forderungen	152,00
	285,00		**285,00**

S	4800 Umsatzsteuer		H
VSt	133,00	Forderungen a. LL.	133,00
	133,00		**133,00**

Buchungssatz:

Kto-Nr.	Kontobezeichnung	SOLL €	HABEN €
4800	Umsatzsteuer	133,00	
2600	Vorsteuer		133,00

Dadurch erhalten Sie einen Vorsteuerüberhang auf dem Konto Vorsteuer, der eine Forderung aus der Umsatzsteuer gegenüber dem Finanzamt darstellt.

In diesem Fall darf zu diesem Zeitpunkt noch keine Buchung auf dem Konto Bankguthaben erfolgen. Dies ist erst dann der Fall, wenn die Überweisung durch das Finanzamt erfolgt.

Buchungssatz:

Kto-Nr.	Kontobezeichnung	SOLL €	HABEN €
2630	Sonstige Forderungen gegenüber Finanzbehörden	152,00	
2600	Vorsteuer		152,00

Nach der Überweisung durch das Finanzamt müssen Sie buchen:

Buchungssatz:

Kto-Nr.	Kontobezeichnung	SOLL €	HABEN €
2800	Bank	152,00	
2630	Sonstige Forderungen gegenüber Finanzbehörden		152,00

G Wie wird eine Umsatzsteuerzahllast oder ein Vorsteuerüberhang bilanziert?

Eine Umsatzsteuerzahllast stellt eine Verbindlichkeit gegenüber dem Finanzamt dar.

Ein Vorsteuerüberhang stellt eine Forderung an das Finanzamt dar.

Verbindlichkeiten und Forderungen müssen am Bilanzstichtag in die Bilanz übertragen werden.

Eine Umsatzsteuerzahllast wird deshalb am Bilanzstichtag passiviert, ein Vorsteuerüberhang wird aktiviert.

Passivierung der Umsatzsteuerzahllast

Bitte beachten Sie ▶ Steuertermin ist immer der 10. des Monats!

Am Bilanzstichtag haben Sie die Zahllast demnach noch nicht an das Finanzamt überwiesen. Sie wird als Schlussbestand auf dem Konto Umsatzsteuer ausgewiesen und in das Schlussbilanzkonto auf die Haben-Seite gebucht. In der Bilanz wird die Zahllast unter dem Posten „Sonstige Verbindlichkeiten" auf der Passivseite ausgewiesen, d.h. sie wird passiviert.

S	4800 Umsatzsteuer		H
VSt	57,00	Forderungen a. LL.	133,00
SBK	76,00		
	133,00		**133,00**

S	8010 Schlussbilanzkonto		H
		USt	57,00
			57,00

Das Umsatzsteuerkonto wird am Beginn des neuen Geschäftsjahres als passives Bestandskonto mit der Zahllast als Anfangsbestand eröffnet.

Aktivierung des Vorsteuerüberhanges

Bitte beachten Sie ▶ Steuertermin ist immer der 10. des Monats!

Eine Überweisung des Vorsteuerüberhanges durch das Finanzamt erfolgt am Bilanzstichtag nicht. Er wird als Schlussbestand auf dem Konto Vorsteuer ausgewiesen und in das Schlussbilanzkonto auf die Soll-Seite gebucht. In der Bilanz wird der Vorsteuerüberhang unter dem Posten „Sonstige Forderungen" auf der Aktivseite ausgewiesen, d.h. er wird aktiviert.

S	2600 Vorsteuer		H
Verbindlichkeiten a. LL.	285,00	USt	133,00
		SBK	152,00
	285,00		**285,00**

S	8010 Schlussbilanzkonto		H
VSt	152,00		

Eröffnen Sie das Vorsteuerkonto am Beginn des neuen Geschäftsjahres als aktives Bestandskonto mit dem Vorsteuerüberhang als Anfangsbestand.

Ob sich am 10. des Monats tatsächlich eine Zahllast oder ein Vorsteuerüberhang ergibt, kann man erst an diesem Termin feststellen, da sich die Anfangsbestände der Konten Umsatzsteuer bzw. Vorsteuer durch weitere Vorgänge verändern können. Einkäufe erhöhen die Vorsteuersumme, Verkäufe erhöhen die Umsatzsteuersumme.

So trainiere ich für die Prüfung

Aufgaben

1. Wissensfragen

1.1 Lernfragen

1. Geben Sie an ob die folgenden Vorgänge Umsatzsteuer pflichtig sind oder nicht und begründen Sie Ihre Antwort kurz.

a) Einkauf von Rohstoffen von einem Kunden in Aachen.

b) Aufnahme eines Darlehens bei einer Bank.

c) Verkauf von Fertigerzeugnissen an einen Kunden in München.

d) Gutschrift von Zinsen für eine Kapitalanlage durch die Bank.

e) Kauf eines Geschäftsautos.

f) Verkauf eines gebrauchten Personalcomputers an einen Mitarbeiter.

g) Entnahme eines Gegenstandes aus der eigenen Fertigung durch den Geschäftsinhaber.

h) Belastung eines Kunden mit Verzugszinsen.

i) Verkauf von Fertigerzeugnissen an einen Kunden in Kopenhagen.

j) Honorarrechnung des Notars für seine Leistungen im Rahmen eines Grundstückkaufs.

k) Monatliche Sammelabbuchung der Tankstelle für Benzin der Geschäftsautos.

l) Miete für einen Geschäftsraum.

m) Belastung der Bank für Depotgebühren.

n) Verkauf von Fertigerzeugnissen an einen Kunden in Atlanta.

o) Lieferung von Fremdbauteilen eines Lieferanten aus Kopenhagen.

p) Telefonrechnung der Deutschen Telekom AG.

q) Lieferung von Rohstoffen eines Lieferanten aus Belgrad.

2. Welche Aussagen zum Begriff Vorsteuer sind richtig?

a) Die Vorsteuer wird auf dem entsprechenden Konto im Soll gebucht.

b) Die Summe der Vorsteuer ist immer geringer als die Summe der Umsatzsteuer.

c) Die Vorsteuer stellt eine Forderung gegenüber dem Finanzamt dar.

d) Die Vorsteuer wird auch als Zahllast bezeichnet.

e) Die Vorsteuer wird am Steuertermin mit der Umsatzsteuer verrechnet.

f) Ein Vorsteuerüberhang liegt vor, wenn die Summe der Vorsteuer am Steuertermin geringer ist als die Summe der Umsatzsteuer.

3. Welche Aussagen zur Angabe der Umsatzsteuer auf Rechnungen an inländische Kunden sind richtig?

a) Die USt muss immer getrennt ausgewiesen werden.

b) Man kann zwischen einem Brutto- und Nettoverfahren wählen, d.h. man kann immer entscheiden, ob man die USt ausweist oder nicht.

c) Die USt muss bis auf eine Ausnahme immer getrennt vom Warenwert ausgewiesen werden.

d) Bei Rechnungen bis zu einem Wert von 1.000,00 € muss die USt nicht gesondert ausgewiesen werden.

e) Bei Rechnungen bis zu einem Wert von 250,00 € muss die USt nicht gesondert ausgewiesen werden.

f) Wenn die USt nicht gesondert ausgewiesen wird, muss aber zwingend der entsprechende Steuersatz angegeben sein.

4. Welche der folgenden Aussagen zur Abführung der Umsatzsteuer sind richtig?

a) Die USt wird am 15. des Folgemonats an das Finanzamt überwiesen.

b) Das Finanzamt fordert von dem Unternehmen eine Umsatzsteuervoranmeldung, die in der Regel monatlich erfolgen muss.

c) Einmal pro Jahr muss eine Umsatzsteuer-Jahreserklärung an das Finanzamt übermittelt werden.

d) Stichtag für die monatliche Voranmeldung ist jeweils der 10. des Monats.

e) Der Voranmeldezeitraum beträgt grundsätzlich drei Monate.

2. Fallsituationen

2.1 Fall 1

Bilden Sie für folgende Geschäftsvorfälle die Buchungssätze.

a) Eingangsrechnung über eine Lieferung Rohstoffe im Wert von 15.000,00 €, USt. 19 % 2.850,00 €. Die Rohstoffe werden auf dem Bestandskonto erfasst.

b) Quittung über den Kauf einer Packung Kopierfolien. Der Rechnungsbetrag lautet über 12,84 €. USt-Satz 7 %.

c) Lastschrift der Telefonrechnung für den vergangenen Monat, netto 155,00 €, USt. 19 % 29,45 €.

d) Eingangsrechnung für einen Laserdrucker im Wert von 195,00 €, zuzüglich USt. 37,05 €.

e) Reparaturrechnung für die Sicherheitsanlage im Lager 314,67 €, zuzüglich USt. 59,79 €.

f) Belastung auf dem Bankkonto für Darlehenszinsen der Hausbank 1.300,00 €.

g) Ausgangsrechnung für Fertigerzeugnisse im Wert von 25.000,00 €, zuzüglich USt. 19 % 4.750,00 €.

h) Lastschrift für die Jahresabonnementgebühr für ein Wirtschaftsmagazin 128,40 € brutto.

i) Eingangsrechnung über Handelswaren im Wert von 10.000,00 € netto, USt. 19 % 1.900,00 €. Die Lieferung wird sofort als Verbrauch erfasst.

j) Ausgangsrechnung für Handelswaren im Wert von 4.760,00 € brutto.

2.2 Fall 2

Untersuchen Sie, ob in den folgenden Fällen ein Vorsteuerüberhang oder eine Zahllast vorliegt und geben Sie den entsprechenden Betrag an. Der Umsatzsteuersatz beträgt für alle Vorgänge einheitlich 19 %. Geben Sie zusätzlich eine kurze Erklärung zur Situation im Fall c) ab.

a) Gesamtwert der Rohstoffeinkäufe im Inland (Konto 2000) 245.000,00 €
Gesamtwert der Lieferungen im Inland (Konto 5000) 650.000,00 €

b) Gesamtwert der Einkäufe Handelswaren im Inland (Konto 2280) 110.000,00 €
Gesamtwert der Lieferungen im Inland (Konto 5100) 50.000,00 €

c) Gesamtwert der Einkäufe aus Drittländern 70.000,00 €
Gesamtwert der Einkäufe aus Ländern der EU 90.000,00 €
Gesamtwert der Lieferungen in das Ausland 300.000,00 €

2.3 Fall 3

Auf den Konten Vorsteuer und Umsatzsteuer werden zum Stichtag am 10. d. Monats folgende Werte ausgewiesen:

Kto-Nr.	Kontobezeichnung	SOLL €	HABEN €
2600	Vorsteuer	56.000,00	
4800	Umsatzsteuer		124.000,00

Nehmen Sie die zum Stichtag erforderlichen Buchungen vor.

2.4 Fall 4

Auf den Konten Vorsteuer und Umsatzsteuer werden zum Stichtag am 10. d. Monats folgende Werte ausgewiesen:

Kto-Nr.	Kontobezeichnung	SOLL €	HABEN €
2600	Vorsteuer	56.000,00	
4800	Umsatzsteuer		24.000,00

Nehmen Sie die zum Stichtag erforderlichen Buchungen vor.

2.5 Fall 5

Die Konten Vorsteuer und Umsatzsteuer weisen zum 10. d. Monats folgende Summen aus:

Kto-Nr.	Kontobezeichnung	SOLL €	HABEN €
2600	Vorsteuer	133.000,00	
4800	Umsatzsteuer		228.000,00

a) Wie hoch waren die Einkäufe ohne Umsatzsteuer?

b) Wie hoch waren die Verkäufe ohne Umsatzsteuer?

c) Nehmen Sie die Buchungen zum Steuerstichtag vor.

2.6 Fall 6

Am Jahresabschluss liegen folgende Situationen vor:

a) eine Zahllast in Höhe 47.000,00 €

b) ein Vorsteuerüberhang in Höhe von 25.000,00 €.

Wie müssen Sie am Jahresabschluss handeln? Begründen Sie Ihre Aussage.

Lösungen

1. Wissensfragen

1.1 Lernfragen

B, C

1. a) Ja, es handelt sich um eine Lieferung innerhalb Deutschlands.
b) Nein, Finanzgeschäfte sind befreit.
c) Ja, es handelt sich um eine Lieferung innerhalb Deutschlands.
d) Nein, Finanzgeschäfte sind befreit.
e) Ja, es handelt sich um eine Lieferung innerhalb Deutschlands.
f) Ja, es handelt sich um eine Lieferung innerhalb Deutschlands.
g) Ja, es handelt sich um eine Lieferung innerhalb Deutschlands.
h) Nein, Finanzgeschäfte sind befreit.
i) Nein, es handelt sich um eine Lieferung in das Ausland (innergemeinschaftliche Lieferung) nach Dänemark.
j) Ja, es handelt sich um eine inländische Leistung.
k) Ja, es handelt sich um eine inländische Leistung.
l) Nein, Mieten sind befreit.
m) Ja, es handelt sich um eine inländische Leistung und nicht um eine Finanzgeschäft.
n) Nein, es handelt sich um eine Lieferung in das Ausland (Ausfuhr) in die USA.
o) Nein, es handelt sich um einen Einkauf bei einem Lieferanten innerhalb der EU (innergemeinschaftlicher Erwerb).
p) Ja, es handelt sich um eine inländische Leistung.
q) Ja, es handelt sich um eine Einfuhr aus einem Land, das nicht der EU angehört (Serbien). Der Zoll stellt die Rechnung für Einfuhr-Umsatzsteuer aus.

B, F

2. a) richtig
   b) falsch
   c) richtig
   d) falsch
   e) richtig
   f) falsch

C

3. a) falsch
   b) falsch
   c) richtig
   d) falsch
   e) richtig
   f) richtig

E

4. a) falsch
   b) richtig
   c) richtig
   d) richtig
   e) falsch

2. Fallsituationen

2.1 Fall 1

B, C

a)

Kto-Nr.	Kontobezeichnung	SOLL €	HABEN €
2000	Rohstoffe	15.000,00	
2600	Vorsteuer	2.850,00	
4400	Verbindlichkeiten a. LL.		17.850,00

b)

Kto-Nr.	Kontobezeichnung	SOLL €	HABEN €
6800	Verbrauch Büromaterial	12,00	
2600	Vorsteuer	0,84	
2880	Kasse		12,84

Die Quittung kann inklusive der Umsatzsteuer ausgestellt werden, da der Betrag innerhalb der Grenze von 150,00 € liegt. Der Betrag von 12,84 € enthält die Umsatzsteuer von 7 % und stellt daher bei Ermittlung der Umsaztsteuer den erhöhten Wert von 107 % dar.

c)

Kto-Nr.	Kontobezeichnung	SOLL €	HABEN €
6830	Aufwendungen für Telekommunikommunikation	155,00	
2600	Vorsteuer	29,45	
2800	Bankguthaben		184,45

Das Bankkonto wird direkt belastet, da es sich um eine Lastschrift der Telekommunikationsgesellschaft handelt.

d)

Kto-Nr.	Kontobezeichnung	SOLL €	HABEN €
0860	Büromaschinen	195,00	
2600	Vorsteuer	37,05	
4400	Verbindlichkeiten a. LL.		232,05

e)

Kto-Nr.	Kontobezeichnung	SOLL €	HABEN €
6160	Fremdinstandhaltung	314,67	
2600	Vorsteuer	59,79	
4400	Verbindlichkeiten a. LL.		374,46

f)

Kto-Nr.	Kontobezeichnung	SOLL €	HABEN €
7510	Zinsaufwand	1.300,00	
2800	Bankguthaben		1.300,00

Zinsen stellen eine Finanzleistung dar und sind von der Umsatzsteuer befreit.

g)

Kto-Nr.	Kontobezeichnung	SOLL €	HABEN €
2400	Forderungen a. LL.	29.750,00	
5000	Umsatzerlöse für eigene Erzeugnisse		25.000,00
4800	Umsatzsteuer		4.750,00

h)

Kto-Nr.	Kontobezeichnung	SOLL €	HABEN €
6810	Aufwendungen für Fachliteratur	120,00	
2600	Vorsteuer	8,40	
2800	Bankguthaben		128,40

Der Betrag liegt unterhalb der Grenze von 250,00 € und kann daher inklusive der Umsatzsteuer ausgewiesen werden. Der Betrag von 128,40 € stellt 107 % dar. Die Abbuchung erfolgt durch Lastschrift und wird daher direkt auf dem Bankkonto belastet.

i)

Kto-Nr.	Kontobezeichnung	SOLL €	HABEN €
6080	Aufwend. für Waren	10.000,00	
2600	Vorsteuer	1.900,00	
4400	Verbindlichkeiten a. LL.		11.900,00

j)

Kto-Nr.	Kontobezeichnung	SOLL €	HABEN €
2400	Forderungen a. LL.	4.760,00	
5100	Umsatzerlöse für Waren		4.000,00
4800	Umsatzsteuer		760,00

2.2 Fall 2

a) Umsatzsteuer	19% von 650.000,00 €	=	123.500,00 €
Vorsteuer	19% von 245.000,00 €	=	46.550,00 €
Zahllast		=	76.950,00 €

b) Umsatzsteuer	19% von 50.000,00 €	=	9.500,00 €
Vorsteuer	19% von 110.000,00 €	=	20.900,00 €
Vorsteuerüberhang		=	11.400,00 €

D, F

c) Umsatzsteuer aus 300.000,00 € = 0,00 €
Vorsteuer aus 70.000,00 € = 13.300,00 €
Vorsteuer aus 90.000,00 € = 0,00 €
Vorsteuerüberhang = 13.300,00 €

Die Vorsteuer aus den Einkäufen von Drittländern resultiert aus der Einfuhrumsatzsteuer-Rechnung der deutschen Zollbehörde. Wenn im Gegenzug Lieferungen in das Ausland erfolgen, ergibt sich automatisch ein Vorsteuerüberhang, da die Auslandslieferungen von der Umsatzsteuer befreit sind.

2.3 Fall 3

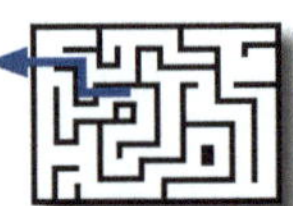

E

Hier müssen Sie in drei Schritten vorgehen.

1. Überprüfen Sie, welches der beiden Konten den höheren Saldo aufweist. Buchen Sie das Konto mit dem kleineren Saldo auf das Konto mit dem größeren Saldo um.

2. Das Konto Umsatzsteuer weist einen höheren Wert aus als das Konto Vorsteuer. Deshalb wird der Betrag von 56.000,00 € vom Konto 2600 auf das Konto 4800 umgebucht.

Kto-Nr.	Kontobezeichnung	SOLL €	HABEN €
4800	Umsatzsteuer	56.000,00	
2600	Vorsteuer		56.000,00

3. Das Konto Umsatzsteuer weist anschließend folgende Summen aus:

Soll 56.000,00 €
Haben 124.000,00 €
Saldo Soll 68.000,00 €

Der Saldo auf der Soll-Seite von 68.000,00 € stellt die Zahllast und damit eine Verbindlichkeit gegenüber dem Finanzamt dar. Der Betrag muss daher an das Finanzamt überwiesen werden.

Buchung:

Kto-Nr.	Kontobezeichnung	SOLL €	HABEN €
4800	Umsatzsteuer	68.000,00	
2800	Bankguthaben		68.000,00

Durch diese Buchung sind die beiden Konten zu diesem Stichtag ausgeglichen.

2.4 Fall 4

E

Das Konto Vorsteuer weist einen höheren Wert aus als das Konto Umsatzsteuer. Deshalb wird der Betrag von 24.000,00 € vom Konto 4800 auf das Konto 2600 umgebucht.

Buchung:

Kto-Nr.	Kontobezeichnung	SOLL €	HABEN €
4800	Umsatzsteuer	24.000,00	
2600	Vorsteuer		24.000,00

Das Konto Vorsteuer weist anschließend folgende Summen aus:

Soll 56.000,00 €
Haben 24.000,00 €
Saldo Soll 32.000,00 €

Der Saldo auf der Haben-Seite von 32.000,00 € stellt einen Vorsteuerüberhang und damit eine Forderung gegenüber dem Finanzamt dar. Der Betrag muss daher zunächst auf das Konto Sonstige Forderung an Finanzbehörden umgebucht werden.

Buchung:

Kto-Nr.	Kontobezeichnung	SOLL €	HABEN €
2630	Sonstige Forderungen gegenüber Finanzbehörden	32.000,00	
2600	Vorsteuer		32.000,00

Die Konten Vorsteuer und Umsatzsteuer sind dadurch zu diesem Stichtag ausgeglichen. Nach dem Zahlungseingang erfolgt die Buchung auf dem Bankkonto.

Buchung:

Kto-Nr.	Kontobezeichnung	SOLL €	HABEN €
2800	Bankguthaben	32.000,00	
2630	Sonstige Forderungen gegenüber Finanzbehörden		32.000,00

2.5 Fall 5

a) 19 % = 133.000,00
100 % = x

$$\frac{100 \cdot 133.000,00}{19} = \mathbf{700.000,00\ €}$$

Der Nettoeinkaufswert betrug 700.00,00 €

b) 19 % = 228.000,00
100 % = x

$$\frac{100 \cdot 228.000,00}{19} = \mathbf{1.200.000,00\ €}$$

Der Nettoverkaufswert betrug 1.200.000,00 €

Buchungen:

Umbuchung der Vorsteuer auf das Konto Umsatzsteuer

Kto-Nr.	Kontobezeichnung	SOLL €	HABEN €
4800	Umsatzsteuer	133.000,00	
2600	Vorsteuer		133.000,00

Überweisung der Zahllast an das Finanzamt

Kto-Nr.	Kontobezeichnung	SOLL €	HABEN €
4800	Umsatzsteuer	95.000,00	
2800	Bankguthaben		95.000,00

2.6 Fall 6

G

a) Eine Zahllast stellt eine Verbindlichkeit gegenüber dem Finanzamt dar. Diese Verbindlichkeit muss passiviert, d.h. auf der Passivseite der Bilanz ausgewiesen werden. Dies erfolgt unter dem Posten „Sonstige Verbindlichkeiten gegenüber Finanzbehörden". Die Abschlussbuchung lautet: 4800 Umsatzsteuer an 8010 Schlussbilanzkonto 47.000,00 €.

b) Ein Vorsteuerüberhang stellt eine Forderung gegenüber dem Finanzamt dar. Diese Forderung muss aktiviert, d.h. auf der Aktivseite der Bilanz ausgewiesen werden. Dies erfolgt unter dem Posten „Sonstige Forderungen gegenüber Finanzbehörden". Die Abschlussbuchung lautet: 8010 Schlussbilanzkonto an 2600 Vorsteuer 25.000,00 €.

II. Kaufmännisches Rechnen

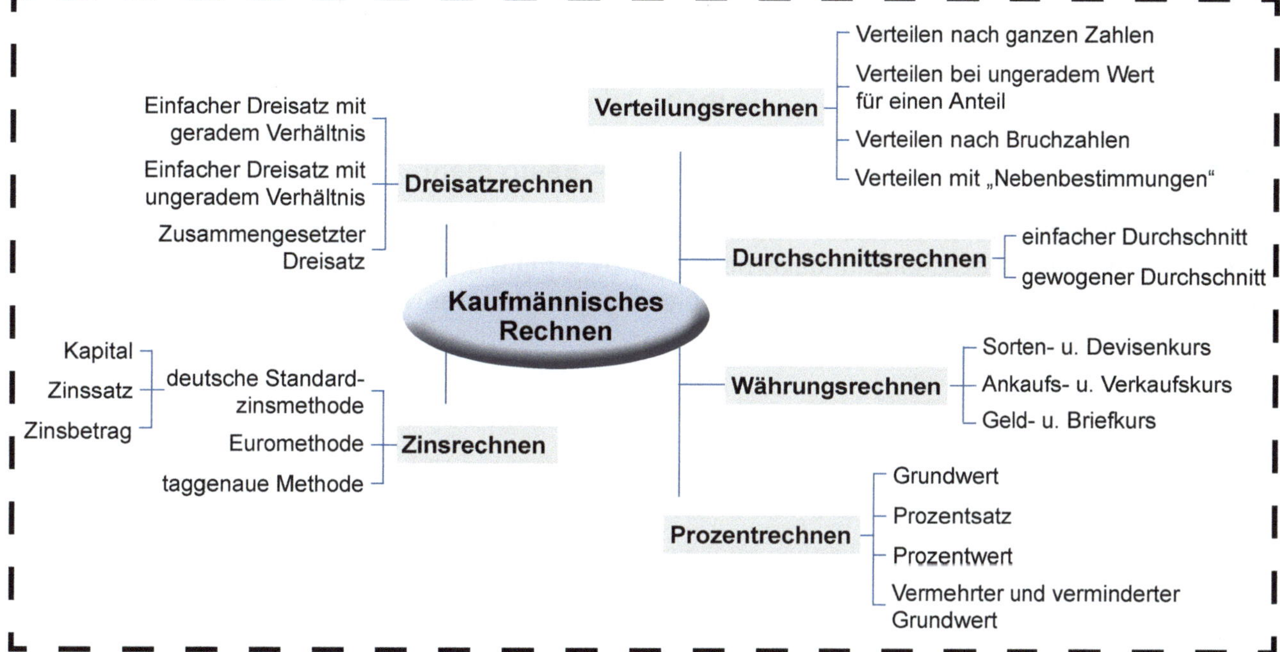

1. Dreisatzrechnen

Was muss ich für die Prüfung wissen?

Die Dreisatzrechnung bildet die Grundlage für viele kaufmännische Rechengebiete (z.B. Prozentrechnen, Währungsrechnen usw.).

Der Dreisatz heißt Dreisatz, weil die Aufgabe in drei Rechenschritten gelöst wird und zwar mithilfe des **Bedingungs-, Umrechnungs- und Lösungssatzes**.

Mithilfe der **einfachen Dreisatzrechnung** wird ein festes Zuordnungsverhältnis bzw. die Abhängigkeit zweier Größen (z.B. Anzahl der Mitarbeiter = Arbeitszeit in Stunden) dargestellt. Anschließend wird nach einem neuen Zuordnungsverhältnis gesucht unter der Voraussetzung, dass sich eine Größe ändert (z.B. neue Mitarbeiterzahl = neue Arbeitszeit in Stunden?).

Beim **Dreisatz mit geradem Verhältnis** ändern sich die untersuchten Größen in gleicher Richtung, d.h., steigt der Wert der einen Größe, steigt auch der Wert der anderen Größe (z.B. je mehr Waren gekauft werden, desto mehr Geld ist zu bezahlen) bzw. sinkt der Wert der einen Größe, sinkt auch der Wert der anderen Größe (z.B. je kleiner das Dach des Verwaltungsgebäudes flächenmäßig ist, desto weniger Dachziegel werden benötigt).

je mehr – desto mehr
oder
je weniger – desto weniger

Ein Dreisatz mit ungeradem Verhältnis liegt vor, wenn sich die zu untersuchenden Größen in verschiedene Richtungen entwickeln, d.h. steigt die eine Größe, verringert sich die andere Größe (z.B. je mehr Arbeitskräfte zur Durchführung der Inventur abgestellt werden, desto weniger Zeit wird benötigt) bzw. verringert sich die eine Größe, steigt die andere Größe (z.B. je langsamer der Außendienstmitarbeiter mit seinem Pkw fährt, desto mehr Fahrzeit benötigt er).

je mehr – desto weniger
oder
je weniger – desto mehr

Beim zusammengesetzten Dreisatz – auch Vielsatz genannt – ist eine gesuchte Größe unter Berücksichtigung mehrerer Zuordnungsverhältnisse zu ermitteln. Es handelt sich um eine Zusammenfassung einzelner Dreisätze, deren Verhältnisse gerade oder ungerade sein können.

Was erwartet mich in der Prüfung?

In der Prüfung können Sie in allen drei Teilen, d.h. in den Bereichen Geschäftsprozesse, Kaufmännische Steuerung und Kontrolle und Wirtschafts- und Sozialkunde mit dem Dreisatzrechnen konfrontiert werden. Entweder als einzelne Prüfungsaufgabe oder als notwendiger „Zwischenschritt" zur Lösung einer komplexeren Aufgabenstellung. Aus dem Thema „Dreisatzrechnen" lassen sich fünf Lernschritte ableiten.

1. Das Lernlabyrinth

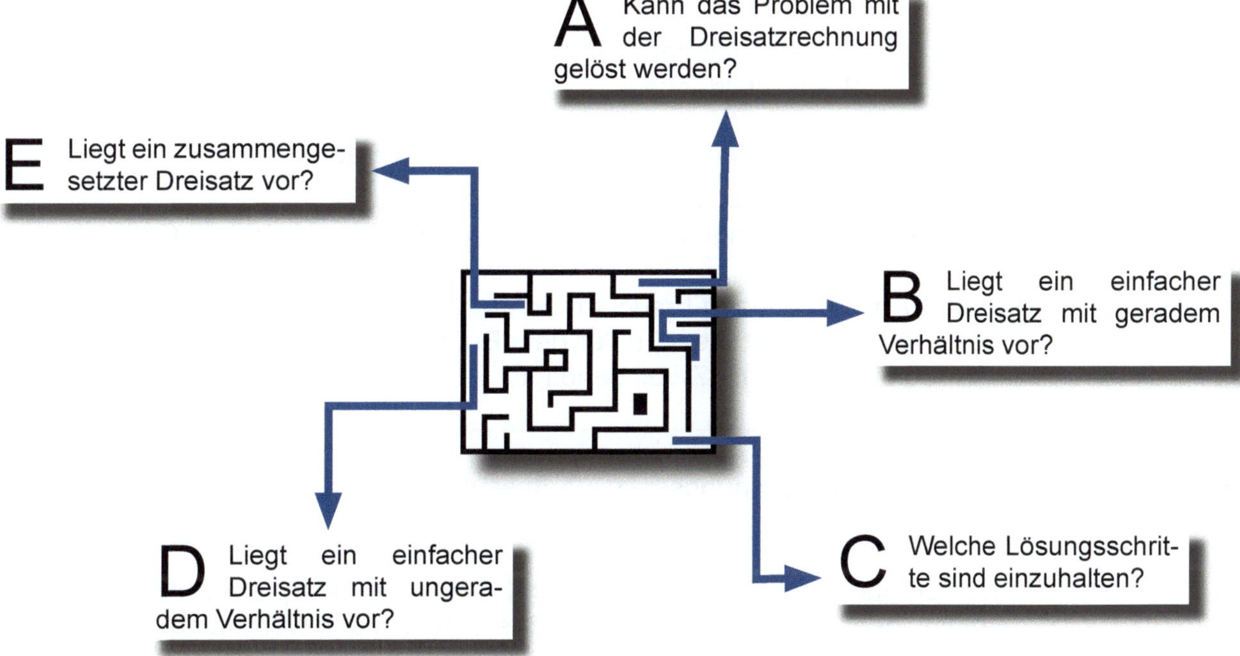

2. Wege aus dem Labyrinth

Beispiel 1:
Die Industrie AG zahlte in diesem Monat an 17 neu eingestellte Auszubildende insgesamt 16.150,00 € als Ausbildungsvergütung. Welcher Betrag ist im folgenden Monat aufzuwenden, wenn weitere zwei Auszubildende hinzukommen?

A Kann das Problem mit der Dreisatzrechnung gelöst werden?

Hier liegt eine klassische Problemstellung vor, indem von vier Größen drei gegeben sind. Die gesuchte Größe „Vergütung" kann mithilfe der Dreisatzrechnung ermittelt werden.

Markieren Sie sich gleich während des Lesens der Aufgabenstellung die relevanten Angaben, die Sie zur Lösung des Problems benötigen.

Das spart Zeit und vermindert die Gefahr, falsche Zahlen in die Berechnung einzubeziehen.

B Liegt ein einfacher Dreisatz mit geradem Verhältnis vor?

Es handelt sich um einen einfachen Dreisatz mit geradem Verhältnis, denn es gilt:

Je **höher** die Anzahl von Auszubildenden – desto **höher** ist die Summe der Ausbildungsvergütung.

C Welche Lösungsschritte sind einzuhalten?

Bei der Aufstellung des Ansatzes ist darauf zu achten, dass gleiche Bezeichnungen/Größen untereinandergeschrieben werden und dass die gesuchte Größe „rechts" steht.

17 Auszubildende = 16.150,00 €
19 Auszubildende = ? €

Für 17 Auszubildende wendet man 16.150,00 € auf:

1. Satz = Bedingungssatz:	17 Auszubildende = 16.150,00 €

Für 1 Auszubildenden braucht man eine 17-mal geringere Ausbildungsvergütung, deshalb steht die 17 unter dem Bruchstrich, da man vom Ausgangswert 16.150,00 € nur den 17. Teil benötigt:

2. Satz = Umrechnungssatz:	1 Auszubildender = $\frac{16.150{,}00\ €}{17}$

Da die Industrie AG aber nicht nur 1 Auszubildenden, sondern 19 entlohnen muss, benötigt man eine 19-mal höhere Ausbildungsvergütung, wie für 1 Auszubildenden. Deshalb steht die 19 über dem Bruchstrich, also der Wert für 1 Auszubildenden $\frac{(16.150{,}00\ €)}{17}$ wird mit 19 multipliziert:

3. Satz = Lösungssatz:	19 Auszubildende = $\frac{16.150{,}00\ € \cdot 19}{17}$

Ergebnis: Die Vergütung für 19 Auszubildende beträgt 18.050,00 €

Überprüfen Sie Ihr Endergebnis immer auf Plausibilität. Da 19 Auszubildende höhere Kosten verursachen als 17, ist das Ergebnis realistisch.

Höhere Anzahl an Auszubildenden (19) ⇒ höhere Vergütung (18.050,00 €)

Beispiel 2:
Bei einer Durchschnittsgeschwindigkeit von 100 km/h benötigt ein Außendienstmitarbeiter der Industrie AG mit seinem Pkw für die Strecke von Nürnberg nach München 1 Stunde und 45 Minuten. Wie lange benötigt der Mitarbeiter für die gleiche Strecke, wenn er im Durchschnitt 120 km/h fährt?

Hier liegt eine klassische Problemstellung vor, indem von vier Größen drei gegeben sind. Die gesuchte Größe (Zeit) ermitteln Sie mithilfe der Dreisatzrechnung.

D Liegt ein einfacher Dreisatz mit ungeradem Verhältnis vor?

Es handelt sich um einen einfachen Dreisatz mit ungeradem Verhältnis, denn es gilt:

Je **höher** die Durchschnittsgeschwindigkeit – desto **weniger** Zeit wird für die gleiche Strecke benötigt.

Bei der Aufstellung des Ansatzes ist darauf zu achten, dass gleiche Bezeichnungen/Größen untereinandergeschrieben werden und dass die gesuchte Größe „rechts“ steht.

100 km/h = 1h und 45 min
120 km/h = ? h und ? min

Bei einer Geschwindigkeit von 100 km/h benötigt man 1 h und 45 min bzw. 1,75 h.

1. Satz = Bedingungssatz: 100 km/h = 1,75 h

Bei einer Geschwindigkeit von 1 km/h würde man 100-mal so lange benötigen, deshalb steht die 100 über dem Bruchstrich, also der Ausgangswert 1,75 h wird mit 100 multipliziert.

2. Satz = Umrechnungssatz: 1 km/h = 1,75 h · 100

Da der Außendienstmitarbeiter aber nicht mit einer Durchschnittsgeschwindigkeit von 1 km/h fährt, sondern mit 120 km/h, benötigt er für die Strecke nur den 120. Teil, deshalb steht die 120 unter dem Bruchstrich.

3. Satz = Umrechnungssatz: 120 km/h = $\frac{1{,}75\ \text{h} \cdot 100}{120}$

Ergebnis: Die Fahrzeit beträgt 1,4583 h bzw. 1 h und 27 min und 30 sec.

Überprüfung des Ergebnisses. Bei einer schnelleren Durchschnittsgeschwindigkeit muss sich logischerweise die Fahrzeit verringern, sodass das Ergebnis plausibel ist.

Höhere Geschwindigkeit (120 km/h) ⇒ kürzere Fahrzeit (1,45833 h)

Beispiel 3:
Die Industrie AG führt zum Ende des Jahres Inventurarbeiten durch. In diesem Zusammenhang liegt folgender Sachverhalt vor:

Bei der Inventur im letzten Jahr zählten 14 Lagerarbeiter in 8 Stunden 11.200 Artikel. In diesem Jahr standen 18 Arbeiter für die Inventur zur Verfügung, die 12.600 Artikel zu zählen hatten.

Bei diesem Problem sollten Sie eine gesuchte Größe (Stunden, die für die Inventur benötigt werden) unter Berücksichtigung mehrerer Zuordnungsverhältnisse ermitteln, indem Sie den zusammengesetzten Dreisatz in mehrere einzelne einfache Dreisätze zerlegen.

E **Liegt ein zusammengesetzter Dreisatz vor?**

Da hier mehrere Dreisätze aufzustellen sind, die sich auf den gleichen Sachverhalt beziehen, liegt ein zusammengesetzter (bzw. Vielsatz) vor. In diesem Fall liegt sowohl ein einfacher Dreisatz mit geradem Verhältnis, als auch ein Dreisatz mit ungeradem Verhältnis vor.

Dreisatz mit ungeradem Verhältnis:	Dreisatz mit geradem Verhältnis:
14 Lagerarbeiter = 8 h	11.200 Artikel = 8 h
18 Lagerarbeiter = ? h	12.600 Artikel = ? h

! Bei der Aufstellung des Ansatzes achten Sie darauf, dass Sie gleiche Bezeichnungen/Größen wiederum untereinanderschreiben und dass die gesuchte Größe „rechts“ steht.

14 Lagerarbeiter = 11.200 Artikel = 8 h
18 Lagerarbeiter = 12.600 Artikel = ? h

Die Lösung entwickeln Sie nun stufenweise aus dem Ansatz, indem Sie den zusammengesetzten Dreisatz in mehrere einfache Dreisätze auflösen

14 Lagerarbeiter = 11.200 Artikel = 8 h
18 Lagerarbeiter = 12.600 Artikel = ? h

14 Lagerarbeiter = = 8 h
18 Lagerarbeiter = = ? h

$$\frac{8\text{ h} \cdot 14}{18}$$

14 Lagerarbeiter benötigen für die Inventur 8 h. Ein Lagerarbeiter würde 14-mal soviel Zeit benötigen. 18 Lagerarbeiter brauchen den 18. Teil der Zeit, den ein Lagerarbeiter braucht.

14 Lagerarbeiter = 11.200 Artikel = 8 h
18 Lagerarbeiter = 12.600 Artikel = ? h

11.200 Artikel = 8 h
12.600 Artikel = ? h

$$\frac{8\text{ h} \cdot 12.600}{11.200}$$

Für das Zählen von 11.200 Artikel benötigt man 8 h. Müsste nur ein Artikel gezählt werden, bräuchte man nur den 11.200. Teil. Da aber 12.600 Artikel im Rahmen der Inventur zu zählen sind, benötigt man 12.600-mal so lange wie für das Zählen eines Artikels.

$$\frac{8\text{ h} \cdot 14 \cdot 12.600}{18 \cdot 11.200} = 7\text{ Stunden}$$

Decken Sie, nachdem Sie den Ansatz für den zusammengesetzten Dreisatz aufgestellt haben, die nicht benötigen Angaben ab.

Streichen Sie danach die Angaben durch, die Sie bereits in Ihrer Berechnung „verarbeitet“ haben.

Somit lösen Sie schrittweise dieses komplexe Problem, in dem Sie einzelne einfache Dreisätze berechnen und anschließend die Ergebnisse durch Multiplizieren verknüpfen.

Damit können Sie jede Aufgabe, egal wie viele Zuordnungsverhältnisse vorliegen, durch einfache Dreisätze ganz leicht lösen.

So trainiere ich für die Prüfung

Aufgaben

1. Die Reinigungskosten für den gesamten Bereich der Werkskantine mit einer Fläche von 560 m^2 betragen 1.680,00 €.

Welcher Kostenanteil entfällt auf den Küchenbereich mit 145 m^2?

2. Fünf Lagerarbeiter bewältigen die Inventur in 7 ½ Stunden. Welche Zeit wird benötigt, wenn zwei Auszubildende zusätzlich helfen?

Hinweis: Das Ergebnis ist auf volle Stunden und Minuten anzugeben. Bei Minuten können Sie ggf. nach der zweiten Stelle hinter dem Komma kaufmännisch runden!

3. Eine Werbeschrift im Umfang von 18 Seiten ist auf jeder Seite mit 35 Zeilen bedruckt. Auf welchen Umfang wächst die Schrift, wenn eine Seite nur noch 28 Zeilen aufnimmt?

4. Der Industrie AG liegt ein Angebot zum Leasen eines Fotokopiergerätes vor. Danach werden vom Leasinggeber folgende Kosten berechnet:

1.000,00 € pro Jahr, unabhängig von der Anzahl der Kopien, pauschal 3,00 € je 100 Kopien.

Wie hoch sind die voraussichtlichen monatlichen Kosten, wenn jährlich 48.000 Kopien erstellt werden?

5. Der Bestand an Fotokopierpapier in der Rechnungswesen-Abteilung reicht bei einem Tagesbedarf von 1.000 Blatt noch 120 Tage.

Wie lange wird der Vorrat reichen, wenn der Tagesbedarf auf das 1,5-Fache ansteigt?

6. Die Industrie AG muss bei einem Wechselkurs von 1,25 USD je 1,00 € für einen Waren-Import aus den USA 56.250,00 USD zahlen.

Wie viel € weniger sind aufzuwenden, wenn der Kurs auf 1,32 USD je 1,00 € ansteigt?

7. Der Vorstandsvorsitzende der Industrie AG fährt mit dem Zug von Nürnberg nach Hamburg zu einem Kongress für Führungskräfte. Bei einer durchschnittlichen Reisegeschwindigkeit von 188 km/h benötigt er 3 h 54 min.

Wie lange würde er benötigen, wenn der Zug 7 km/h schneller fahren würde?

Hinweis: Das Ergebnis ist auf volle Stunden und Minuten anzugeben. Bei Minuten können Sie ggf. nach der zweiten Stelle hinter dem Komma kaufmännisch runden.

8. Der große Konferenzraum im Verwaltungsgebäude der Industrie AG ist 42 m lang und 12 ½ m breit. Der Raum soll mit hochwertigem Parkett ausgelegt werden. Die Kosten hierfür belaufen sich auf 32.812,50 €.

Was kostet der gleiche Bodenbelag für ein Büro, das 70 dm lang und 550 cm breit ist?

9. Die Industrie AG bezieht 3 verschiedene Posten Handelsware, und zwar 80 kg zum Rechnungspreis von 1.440,00 €, 65 kg zu 1.495,00 € und 75 kg zu 2.475,00 €. Die Bezugskosten (z.B. Transport- und Versicherungskosten) betragen 369,50 €. Davon sollen 270,50 € nach dem Rechnungspreis und 99,00 € nach dem Gewicht der Handelswaren umgelegt werden.

Wie viel € anteilige Bezugskosten entfallen auf jeden einzelnen Warenposten?

10. Einem Außendienst-Mitarbeiter der Industrie AG werden für eine Geschäftsreise ins Ausland, die 26 Tage dauert, täglich 38,00 € statt nur 29,00 € Spesen vergütet.

Wie lange musste er nach dem früheren Tagessatz mit diesem Betrag auskommen?

Hinweis: Das Ergebnis ist auf volle Tage abzurunden!

11. Die Personalkosten in der Industrie AG betragen 10.800,00 €, wenn 15 Arbeiter 5 Tage lang jeweils 8 Stunden beschäftigt werden.

Welchen Betrag muss man unter sonst gleichen Bedingungen für 25 Arbeiter in 10 Tagen bereitstellen, wenn die tägliche Arbeitszeit auf 6 Stunden reduziert wird?

12. Bei der Automobil AG rollen in einer Schicht (8 Arbeitsstunden) 400 Pkw vom Band. Dazu sind in der Fertigung 810 Arbeiter erforderlich. Es ist vorgesehen, die Schicht auf 7,5 Arbeitsstunden zu reduzieren und 500 Autos pro Schicht herzustellen. Wie viel Arbeiter müssen dafür eingestellt werden?

13. In der betriebseigenen Druckerei werden 750 Buchungsbelege zu einem Buch gebunden. Auf 5 Regalen mit jeweils 4 Böden, deren Länge 3 m beträgt, können 500 Bücher untergebracht werden.

Wie viele Regale von 3,60 m Länge mit 6 Böden sind erforderlich, um 810.000 Belege unterzubringen?

14. Ein Kapital von 24.000,00 € erbringt in 100 Tagen einen Zinsertrag von 400,00 €. Zinssatz 6 %. Zinsmethode 30/360. Welchen Zinsertrag erbringt ein Kapital von 50.000,00 € in 180 Tagen bei den gleichen Bedingungen?

15. Im letzten Jahr wurden 5 Angestellte 6 Tage mit je 4 Einsatzstunden für Inventurarbeiten eingesetzt. Dieses Jahr kommt ein weiterer Angestellter hinzu. Die Inventurarbeiten sollen in 4 Tagen erledigt sein. Wie viele Stunden täglich müssen die Angestellten nun für Inventurarbeiten abgestellt werden?

16. Wenn 4 Lkw eines Spediteurs täglich 5 Fahrten machen, so reicht die Tankfüllung 9 Tage.

Wie lange reicht der Vorrat, wenn täglich 6 Lkw mit je 3 Fahrten eingesetzt werden?

17. In der Kantine der Industrie AG sind normalerweise 6 Küchenhilfen beschäftigt. Wenn 450 Mitarbeiter ein Frühstück, 600 Mitarbeiter ein Mittagessen und 120 Mitarbeiter ein Abendessen einnehmen, sind die Küchenhilfen 2 ½ Stunden mit dem Abwasch beschäftigt. Zusätzlich werden für die Essensausgabe 4 Stunden eingeplant.

a) Wie viele Stunden pro Tag wären die Küchenhilfen mit der Essensausgabe beschäftigt, wenn 2 Mitarbeiterinnen ausfallen und die Zeit für den Abwasch sich nicht ändern soll?

b) Wie viele Stunden pro Tag wären die Küchenhilfen mit dem Abwasch und der Essenausgabe zusammen beschäftigt, wenn 3 Mitarbeiterinnen ausfallen und nur 150 Mitarbeiter am Frühstück, nur 300 Mitarbeiter am Mittagessen, aber 360 Mitarbeiter am Abendessen teilnehmen würden?

18. 5 Mikrofilmaufnahmegeräte erfassen in 3 Stunden 14.429 Belege. Ein Mikrofilmaufnahmegerät fällt wegen eines Defektes aus. Es stehen 5 Stunden zur Verfügung. Wie viel Belege werden erfasst?

19. Bei der Textilwerke AG fertigen 9 Näherinnen bei einer täglichen Arbeitszeit von 8 Stunden in 12 Tagen 48 Damenmäntel.

a) Wie viel Leiharbeiterinnen müssen eingestellt werden, wenn mit Rücksicht auf dringende Aufträge 63 Damenmäntel bei täglich 9-stündiger Arbeitszeit in 6 Tagen angefertigt werden sollen?

b) Wie lange müssen 9 Näherinnen arbeiten, um die bestellten 63 Mäntel bei einer täglichen Arbeitszeit von 8 Stunden fertigzustellen?

20. Ein mittelständischer Industriebetrieb beschäftigt 65 Arbeiter. Die wöchentliche Lohnsumme beträgt 43.225,00 €. Aufgrund von Tarifvereinbarungen soll die wöchentliche Arbeitszeit von 38 Stunden auf 40,5 Stunden erhöht werden. Die positive Auftragslage ermöglicht es, zusätzlich 5 Arbeiter einzustellen. Mit welcher wöchentlichen Lohnsumme ist zu rechnen?

Lösungen

1.

Einfacher Dreisatz mit geradem Verhältnis

B

560 m² = 1.680,00 €
145 m² = X

$$X = \frac{1.680,00\text{ €} \cdot 145}{560} = \mathbf{435,00\text{ €}}$$

2.

Einfacher Dreisatz mit ungeradem Verhältnis

D

5 Arbeitnehmer = 7,5 h
7 Arbeitnehmer = x

$$X = \frac{7,5\text{ h} \cdot 5}{7} = \mathbf{5,36\text{ h}}$$

3.

Einfacher Dreisatz mit ungeradem Verhältnis

35 Zeilen = 18 Seiten
28 Zeilen = X

$$X = \frac{18\text{ Seiten} \cdot 35}{28} = \mathbf{22{,}5\ Seiten}$$

D

4.

Ein einfacher Dreisatz mit geradem Verhältnis ist aufzustellen, um die Aufgabe zu lösen.

100 Kopien = 3,00 €
48.000 Kopien = X

$$X = \frac{3{,}00\text{ €} \cdot 48.000}{100} = \mathbf{1.440{,}00\ €}$$

B

1.000,00 €
\+ 1.440,00 €
= 2.440,00 € : 12 Monate = **203,33 €**

5.

Einfacher Dreisatz mit ungeradem Verhältnis

1.000 Blatt = 120 Tage
1.500 Blatt = X

$$X = \frac{120\text{ Tage} \cdot 1.000}{1.500} = \mathbf{80\ Tage}$$

D

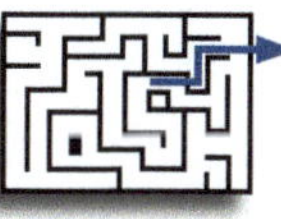

6.

Zwei einfache Dreisätze mit geradem Verhältnis sind aufzustellen, um die Aufgabe zu lösen.

1,25 USD = 1,00 €
56.250,00 USD = X

$$X = \frac{1{,}00\text{ €} \cdot 56.250{,}00}{1{,}25} = \mathbf{45.000{,}00\ €}$$

B

1,32 USD = 1,00 €
56.250,00 USD = X

$$X = \frac{1{,}00\text{ €} \cdot 56.250{,}00}{1{,}32} = \mathbf{42.613{,}64\ €}$$

45.000,00 €
\- 42.613,64 €
= **2.386,36 €**

7.

Einfacher Dreisatz mit ungeradem Verhältnis

188 km/h = 3,9 h
195 km/h = X

$$X = \frac{3{,}9\text{ h} \cdot 188}{195} = \mathbf{3{,}76\ h \triangleq 3\ Stunden\ und\ 45{,}6\ Minuten}$$

D

B

8.

Einfacher Dreisatz mit geradem Verhältnis

$42\ m \cdot 12{,}5\ m = 525{,}0\ m^2$
$7\ m \cdot 5{,}5\ m = 38{,}5\ m^2$

$525{,}0\ m^2 = 32.812{,}50\ €$
$38{,}5\ m^2 = X$

$$X = \frac{32.812{,}50\ € \cdot 38{,}50}{525} = \mathbf{2.406{,}25\ €}$$

B

9.

Sechs einfache Dreisätze mit geradem Verhältnis sind aufzustellen, um die Aufgabe zu lösen.

80 kg + 65 kg + 75 kg = 220 kg
1.440,00 € + 1.495,00 € + 2.475,00 € = 5.410,00 €

Ware 1

220 kg = 99,00 €
80 kg = X

$$X = \frac{99{,}00\ € \cdot 80}{220} = \mathbf{36{,}00\ €}$$

5.410,00 € = 270,50 €
1.440,00 € = X

$$X = \frac{270{,}50\ € \cdot 1.440{,}00\ €}{5.410{,}00\ €} = \mathbf{72{,}00\ €}$$

Ware 2

220 kg = 99,00 €
65 kg = X

$$X = \frac{99{,}00\ € \cdot 65}{220} = \mathbf{29{,}25\ €}$$

5.410,00 € = 270,50 €
1.495,00 € = X

$$X = \frac{270{,}50\ € \cdot 1.495{,}00\ €}{5.410{,}00\ €} = \mathbf{74{,}75\ €}$$

Ware 3

220 kg = 99,00 €
75 kg = X

$$X = \frac{99{,}00\ € \cdot 75}{220} = \mathbf{33{,}75\ €}$$

5.410,00 € = 270,50 €
2.475,00 € = X

$$X = \frac{270{,}50\ € \cdot 2.475{,}00\ €}{5.410{,}00\ €} = \mathbf{123{,}75\ €}$$

Handelsware	Anteilige Bezugskosten
1	36,00 € + 72,00 € = **108,00** €
2	29,25 € + 74,75 € = **104,00** €
3	33,75 € + 123,75 € = **157,50** €
∑	99,00 € + 270,50 € = 369,50 €

10.

B

26 Tage · 38,00 € = 988,00 €

29,00 € = 1 Tag
988,00 € = X

$$X = \frac{1\ \text{Tag} \cdot 988{,}00}{29{,}00} = 34{,}07\ € = \mathbf{34\ Tage}$$

11.

E

15 Arbeiter = 5 Tage = 8 Stunden = 10.800,00 €
25 Arbeiter = 10 Tage = 6 Stunden = X

$$X = \frac{10.800{,}00\ € \cdot 25 \cdot 10 \cdot 6}{15 \cdot 5 \cdot 8} = \mathbf{27.000{,}00\ €}$$

12.

E

8,0 Stunden = 400 Pkw = 810 Arbeiter
7,5 Stunden = 500 Pkw = X

$$X = \frac{810\ \text{Arbeiter} \cdot 8 \cdot 500}{7{,}5 \cdot 400} = 1080\ \text{Arbeiter}$$

1080 - 810 = **270 Arbeiter**

13.

E

810.000 : 750 = 1.080 Bücher

500 Bücher = 3,00 m = 4 Böden = 5 Regale
1.080 Bücher = 3,60 m = 6 Böden = X

$$X = \frac{5\ \text{Regale} \cdot 1.080 \cdot 3{,}00 \cdot 4}{500 \cdot 3{,}60 \cdot 6} = \mathbf{6\ Regale}$$

14.

E

24.000,00 € = 100 Tage = 400,00 €
50.000,00 € = 180 Tage = X

$$X = \frac{400{,}00\ € \cdot 50.000{,}00 \cdot 180}{24.000{,}00 \cdot 100} = \mathbf{1.500{,}00\ €}$$

15.

E

5 Angestellte = 6 Tage = 4 Stunden
6 Angestellte = 4 Tage = X

$$X = \frac{4\ \text{Stunden} \cdot 5 \cdot 6}{6 \cdot 4} = \mathbf{5\ Stunden}$$

E

16.

4 Lkw = 5 Fahrten = 9 Tage
6 Lkw = 3 Fahrten = X

$$X = \frac{9 \text{ Tage} \cdot 4 \cdot 5}{6 \cdot 3} = \textbf{10 Tage}$$

C

17.

a)

6 Küchenhilfen = 4 Stunden
4 Küchenhilfen = X

$$X = \frac{4 \text{ Stunden} \cdot 6}{4} = \textbf{6 Stunden}$$

b)

6 Küchenhilfen = 450 Frühstück = 600 Mittagessen = 120 Abendessen = 6,5 Stunden
3 Küchenhilfen = 150 Frühstück = 300 Mittagessen = 360 Abendessen = X

$$X = \frac{6{,}5 \text{ Stunden} \cdot 6 \cdot 150 \cdot 300 \cdot 360}{3 \cdot 450 \cdot 600 \cdot 120} = \textbf{6,5 Stunden}$$

D

18.

5 Geräte = 3 Stunden = 14.429 Belege
4 Geräte = 5 Stunden = X

$$X = \frac{14.429 \text{ Belege} \cdot 4 \cdot 5}{5 \cdot 3} = 19.238{,}67 = \textbf{19.238 Belege}$$

B, D

19.

a)

8 Stunden = 12 Tage = 48 Mäntel = 9 Näherinnen
9 Stunden = 6 Tage = 63 Mäntel = X

$$X = \frac{9 \text{ Näherinnen} \cdot 8 \cdot 12 \cdot 63}{9 \cdot 6 \cdot 48} = 21 \text{ Näherinnen} \quad 21 - 9 = \textbf{12 Näherinnen}$$

b)

(8 Stunden) = 48 Mäntel = (9 Näherinnen) = 12 Tage
(8 Stunden) = 63 Mäntel = (9 Näherinnen) = X

$$X = \frac{12 \text{ Tage} \cdot 63}{48} = \textbf{15,75 Tage}$$

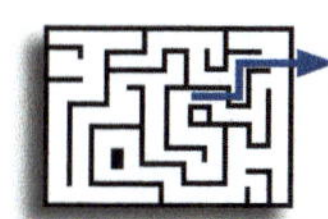

D

20.

65 Arbeiter = 38,0 Stunden = 43.225,00 €
70 Arbeiter = 40,5 Stunden = X

$$X = \frac{43.225{,}00\ € \cdot 70 \cdot 40{,}5}{65 \cdot 38} = \mathbf{49.612{,}50\ €}$$

2. Verteilungsrechnen

Was muss ich für die Prüfung wissen?

Beim Verteilungsrechnen geht es darum, eine gegebene Größe nach einem bestimmten Verteilungsschlüssel in gleiche oder ungleiche Teilgrößen aufzuteilen. Grundlage für die Durchführung der Rechnung ist das Teilungsverhältnis und die zu verteilende Summe.

Es wird beispielsweise angewendet bei der

- Verteilung von Kosten
- Verteilung von Gewinnen bei Personengesellschaften
- Verteilung von Spesen.

Bei der Verteilung eines EUR-Betrages auf mehrere Teilgrößen (z.B. Mengengrößen) stellen die Teilgrößen die zu verwendenden Verteilungsschlüssel dar. Prüfen Sie, ob durch Kürzen der Teilgrößen die Lösung vereinfacht werden kann.

Beträge, die im Voraus mit einzelnen Personen abgerechnet werden müssen, werden der Verteilungssumme hinzugezählt oder von ihr abgezogen.

Bei Gewinnverteilung in Personengesellschaften sind unter Umständen Sondervergütungen zu berücksichtigen. Sie werden vom zu verteilenden Gewinn subtrahiert und dem Gewinnanteil des betreffenden Gesellschafters zugerechnet.

Was erwartet mich in der Prüfung?

In der Prüfung müssen Sie beispielsweise im Bereich „Kaufmännische Steuerung und Kontrolle" bei der Bearbeitung eines Betriebsabrechnungsbogens das Verteilungsrechnen anwenden, indem Sie eine bestimmte Kostensumme nach einem vorgegebenen Verteilungsschüssel auf die Kostenstellen umlegen sollen.

Es wäre auch denkbar, dass Sie im Bereich „Wirtschafts- und Sozialkunde" den Gewinn einer Personengesellschaft (z.B. OHG oder KG) nach einer „gerechten" Verteilungsgrundlage auf die Gesellschafter zu verteilen haben.

Aus dem Thema „Verteilungsrechnen" lassen sich fünf Lernschritte ableiten, wobei die Labyrinthlernschritte A, C, D und E gleichgewichtet nebeneinander stehen.

1. Das Lernlabyrinth

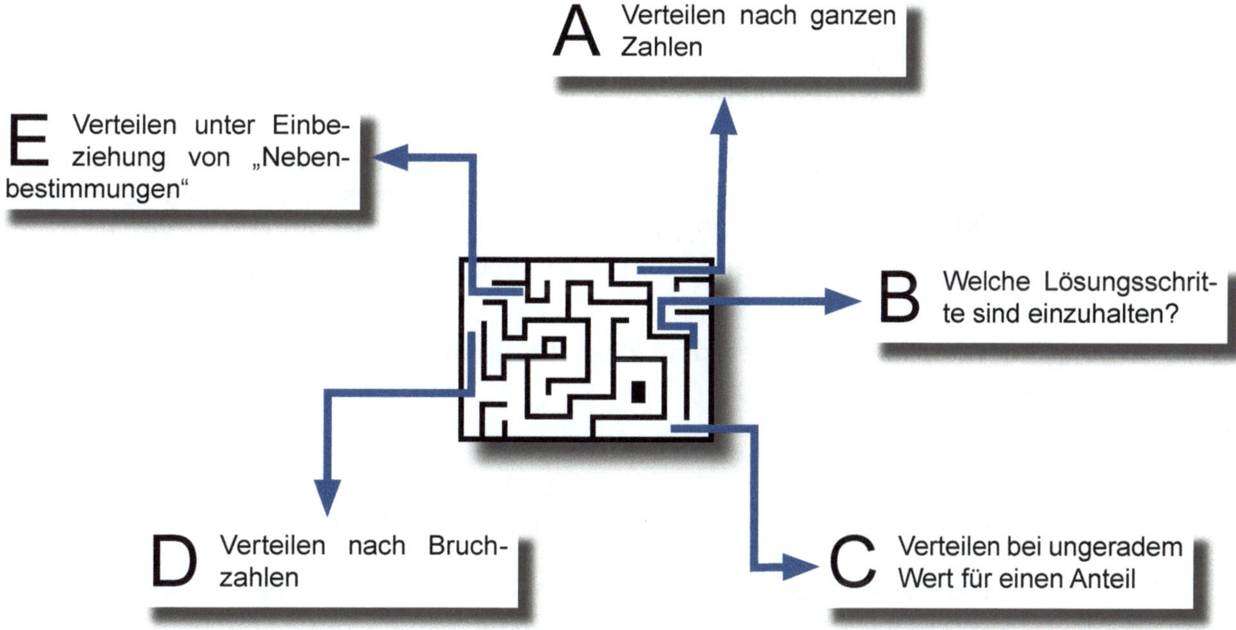

2. Wege aus dem Labyrinth

A Verteilen nach ganzen Zahlen

Beispiel 1:
An einer OHG sind drei Gesellschafter beteiligt: A mit 1.200.000,00 €, B mit 1.800.000,00 € und C mit 2.400.000,00 €. Der erzielte Gewinn in Höhe von 1.220.400,00 € soll entsprechend dem Gesellschaftsvertrag nach den jeweiligen Geschäftsanteilen aufgeteilt werden.

(1) Zu verteilender Betrag: 1.220.400,00 €

Gesell-schafter	(2) Verteilungs-schlüssel	(3) Teile	Berechnung	(6) Anteile
A	1.200.000,00 €	2	2 · 135.600,00 €	271.200,00 €
B	1.800.000,00 €	3	3 · 135.600,00 €	406.800,00 €
C	2.400.000,00 €	4	4 · 135.600,00 €	542.400,00 €
		(4) ∑ 9	(7) ∑	1.220.400,00 €

9 Teile = 1.220.400,00 €

$$1 \text{ Teil} = \frac{1.220.400,00\ €}{9} \overset{(5)}{=} 135.600,00\ €$$

B Welche Lösungsschritte sind einzuhalten?

(1) Verteilung benennen
(2) Verteilungsschlüssel bestimmen
(3) Teile durch „sinnvolles“ Kürzen ermitteln
(4) Teile addieren
(5) Wert eines Teils berechnen
(6) Anteile errechnen
(7) Probe durchführen

Zur „Absicherung“ führen Sie immer die Probe durch. Nach der Verteilung der einzelnen Gewinnanteile muss die Summe der Einzelanteile (271.200,00 € + 406.800,00 € + 542.400,00 €) **genau** dem zu verteilenden Betrag (1.220.400,00 €) entsprechen.

C Verteilen bei ungeradem Wert für einen Anteil

Beispiel 2:
In der Industrie AG ist die Kostenstelle „Verwaltung“ in die Abteilungen A, B und C untergliedert. Der gesamte Verwaltungsbereich verursachte in dieser Abrechnungsperiode Energiekosten in Höhe von 4.150,00 €.

Die Gesamtkosten sollen nach der Größe der Abteilungen umgelegt werden:
A: 110 m² B: 77m² C: 66 m²

(1) Zu verteilender Betrag: 4.150,00 €

Abtei-lungen	(2) Verteilungs-schlüssel	(3) Teile	Berechnung	(6) Anteile
A	110 m²	10	10 · 180,43478... €	1.804,35 €
B	77 m²	7	7 · 180,43478... €	1.263,04 €
C	66 m²	6	6 · 180,43478... €	1.082,61 €
		(4) ∑ 23	(7) ∑	4.150,00 €

23 Teile = 4.150,00 €

$$1 \text{ Teil} = \frac{4.150,00\ €}{23} \overset{(5)}{=} 180,43478\ €$$

Um Fehler zu vermeiden, halten Sie folgende Lösungsschritte ein:

(1) Verteilung benennen
(2) Verteilungsschlüssel bestimmen
(3) Teile durch „sinnvolles“ Kürzen ermitteln
(4) Teile addieren
(5) Wert eines Teils berechnen
(6) Anteile errechnen
(7) Probe durchführen

Ergibt sich für den Wert eines Teiles eine Dezimalzahl, lassen Sie den kompletten Wert in Ihrem Taschenrechner „stehen“, damit bei der Multiplikation mit den einzelnen Teilen die notwenige Genauigkeit bei der Berechnung der Anteile erzielt wird.

D Verteilen nach Bruchzahlen

Beispiel 3:
Die drei Handelsvertreter X,Y, Z der Industrie AG erhalten eine umsatzabhängige Provision in Höhe von insgesamt 1.600,00 €. X erhält 1/5, Y 1/4 und Z den Rest.

(1) Zu verteilender Betrag: 1.600,00 €

Handelsvertreter	(2) Verteilungsschlüssel	(3) Teile	Berechnung	(6) Anteile
X	1/5	4	4 x 80,00 €	320,00 €
Y	1/4	5	5 x 80,00 €	400,00 €
Z	Rest	11	11 x 80,00 €	880,00 €
		(4) ∑ 20	(7) ∑	1.600,00 €

20 Teile = 1.600,00 €

$$1 \text{ Teil} = \frac{1.600,00 \text{ €}}{20} \overset{(5)}{=} 80,00 \text{ €}$$

Sie sollten bei der Lösung folgendermaßen vorgehen:

(1) Verteilung benennen
(2) Verteilungsschlüssel bestimmen
(3) Teile ermitteln, indem man die Brüche auf einen gemeinsamen Nenner „bringt“ und anschließend den Rest ermittelt: 20/20 - 4/20 - 5/20 = 11/20
(4) Teile addieren
(5) Wert eines Teils berechnen
(6) Anteile errechnen
(7) Probe durchführen

Wird der Verteilungsschlüssel als Bruch angegeben, ist es sinnvoll, wenn man die Brüche auf einen gemeinsamen Nenner „bringt“. Die sich somit ergebenen Zähler der Brüche sind gleichzeitig die zu ermittelnden Teile.

E Verteilen unter Einbeziehung von „Nebenbestimmungen“

Beispiel 4:

A ist an einer OHG mit 90.000,00 €, B mit 150.000,00 € und C mit 240.000,00 € beteiligt. Der Jahresgewinn beträgt 327.360,00 €. Gemäß Gesellschaftsvertrag ist der Gewinn nach den Kapitaleinlagen der Gesellschafter zu verteilen. Aufgrund der unterschiedlichen persönlichen Mitarbeit der Gesellschafter im Unternehmen ergibt sich außerdem, dass A 25.000,00 € mehr und C 15.000,00 € weniger erhalten sollen.

(1) Zu verteilender Betrag: 327.360,00 €

Gesellschafter	(2) Beteiligung	(3) Teile	Berechnung	(6) Anteile
A	90.000,00 €	3 +25.000,00	19.835,00 · 3 +25.000,00	84.505,00 €
B	150.000,00 €	5	19.835,00 · 5	99.175,00 €
C	240.000,00 €	8 -15.000,00	19.835,00 · 8 -15.000,00	143.680,00 €
		(4) ∑ 16 16 Teile = 317.360,00 €	(7)	∑ 327.360,00 €

(5)

$$1 \text{ Teil} = \frac{317.360,00\ €}{16} = 19.835,00\ €$$

Bei der Lösung sollten sie folgende Schrittfolge einhalten:

(1) Verteilung benennen und „Nebenbedingungen“ beachten
(2) Verteilungsschlüssel bestimmen
(3) Teile durch „sinnvolles“ Kürzen ermitteln und „Nebenbedingungen“ beachten
(4) Teile addieren
(5) Wert eines Teils berechnen
(6) Anteile errechnen
(7) Probe durchführen

Die Erhöhung des Gewinnanteils von A um 25.000,00 € vermindert den zu verteilenden Gesamtgewinn. Der Abzug beim Anteil von C erhöht dagegen den zur Verteilung stehenden Gesamtgewinn um 15.000,00 €. Somit berechnet sich der nach Teilen zu verteilende Gewinn wie folgt: 327.360,00 € - 25.000,00 € + 15.000,00 € = 317.360,00 €

So trainiere ich für die Prüfung

Aufgaben

1. Vier Auszubildende der Industrie AG nehmen als „Tipp-Gemeinschaft“ bei verschiedenen Sportwetten teil. Der Lospreis beträgt insgesamt 30,00 €. A ist mit 2/8, B mit 3/15 und C mit 3/30 und D mit dem Rest am Lospreis beteiligt. Wie ist ein Gewinn in Höhe von 3.000,00 € unter den vier Auszubildenden „gerecht“ zu verteilen?

2. An der Rattenfänger KG sind die beiden Komplementäre Müller mit 658.000,00 €, Schneider mit 723.000,00 € sowie der Kommanditist Schmidt mit 250.000,00 € beteiligt.

Der Gewinn beträgt 825.900,00 €. Die Vollhafter erhalten im Voraus je 50.000,00 €. Zudem erhält jeder Gesellschafter 4 % seiner Einlage. Der verbleibende Rest soll gemäß Gesellschaftsvertrag im Verhältnis 2 : 2 : 1 (Müller : Schneider : Schmidt) verteilt werden. Wie hoch sind die jeweiligen Gewinnanteile?

3. Drei Industriebetriebe haben gemeinsam einen Vorbereitungskurs auf die mündliche IHK-Prüfung veranstaltet. Die Kosten betragen insgesamt 8.608,00 €. Sie sollen nach der Anzahl der Teilnehmer aufgeteilt werden. Vom Betrieb A nahmen 21, von B 35 und von C 56 Auszubildende teil.

4. Drei Tiefbaufirmen haben im Rahmen eines Konsortiums auf dem Betriebsgelände der Nürnberger Maschinenwerke GmbH ein Parkhaus für die Mitarbeiter erstellt. Es werden insgesamt 2.538.750,00 € Lohnkosten berechnet.

Firma A hat 25 Arbeiter 300 Tage je 7,5 Stunden, B hat 20 Arbeiter 280 Tage je 8 Stunden und C hat 20 Arbeiter 225 Tage je 9 Stunden eingesetzt.

Wie sind die gesamten Lohnkosten auf die drei Baufirmen zu verteilen?

5. Die Reinigungskosten in Höhe von 21.835,00 € für ein Verwaltungsgebäude, das teilweise vermietet ist, sollen im Verhältnis 117 : 225 : 153 auf die Mietparteien A, B und C verteilt werden.

6. Die Franken OHG hat in diesem Quartal einen Gewinn von 62.680,00 € erzielt. A ist mit 228.000,00 €, B mit 375.000,00 € und C mit 604.000,00 € beteiligt. Wie hoch sind die jeweiligen Gewinnanteile, wenn

a) nach Kapitaleinlagen bzw.

b) nach den Bestimmungen der § 120 und § 121 Handelsgesetzbuch (HGB) verteilt wird?

§ 120 HGB

(1) Am Schluss jedes Geschäftsjahrs wird auf Grund der Bilanz der Gewinn oder der Verlust des Jahres ermittelt und für jeden Gesellschafter sein Anteil daran berechnet.

(2) Der einem Gesellschafter zukommende Gewinn wird dem Kapitalanteil des Gesellschafters zugeschrieben; der auf einen Gesellschafter entfallende Verlust sowie das während des Geschäftsjahrs auf den Kapitalanteil entnommene Geld wird davon abgeschrieben.

§ 121 HGB

(1) Von dem Jahresgewinn gebührt jedem Gesellschafter zunächst ein Anteil in Höhe von vier vom Hundert seines Kapitalanteils. Reicht der Jahresgewinn hierzu nicht aus, so bestimmen sich die Anteile nach einem entsprechend niedrigeren Satz.

(2) Bei der Berechnung des nach Absatz 1 einem Gesellschafter zukommenden Gewinnanteils werden Leistungen, die der Gesellschafter im Laufe des Geschäftsjahrs als Einlage gemacht hat, nach dem Verhältnis der seit der Leistung abgelaufenen Zeit berücksichtigt. Hat der Gesellschafter im Laufe des Geschäftsjahrs Geld auf seinen Kapitalanteil entnommen, so werden die entnommenen Beträge nach dem Verhältnis der bis zur Entnahme abgelaufenen Zeit berücksichtigt.

(3) Derjenige Teil des Jahresgewinns, welcher die nach den Absätzen 1 und 2 zu berechnenden Gewinnanteile übersteigt, sowie der Verlust eines Geschäftsjahrs wird unter die Gesellschafter nach Köpfen verteilt.

c) Wie hoch ist das neue Kapital jedes Gesellschafters nach den Bestimmungen des HGB, unter der Voraussetzung, dass A 2.400,00 € vom Gewinn vorweg bekommt?

Zudem hat A 6.200,00 €, B 6.800,00 € und C 7.500,00 € für private Zwecke entnommen.

d) Wie wäre Frage 6b zu beantworten, wenn das Unternehmen unter der Bezeichnung Franken KG firmiert? Wenden Sie hierfür die Bestimmungen der § 167 und § 168 HGB an.

§ 167 HGB

(1) Die Vorschriften des § 120 über die Berechnung des Gewinns oder Verlustes gelten auch für den Kommanditisten.

(2) Jedoch wird der einem Kommanditisten zukommende Gewinn seinem Kapitalanteil nur so lange zugeschrieben, als dieser den Betrag der bedungenen Einlage nicht erreicht.

(3) An dem Verlust nimmt der Kommanditist nur bis zum Betrag seines Kapitalanteils und seiner noch rückständigen Einlage teil.

§ 168 HGB

(1) Die Anteile der Gesellschafter am Gewinn bestimmen sich, soweit der Gewinn den Betrag von vier vom Hundert der Kapitalanteile nicht übersteigt, nach den Vorschriften des § 121 Abs. 1 und 2.

(2) In Ansehung des Gewinns, welcher diesen Betrag übersteigt, sowie in Ansehung des Verlustes gilt, soweit nicht ein anderes vereinbart ist, ein den Umständen nach angemessenes Verhältnis der Anteile als bedungen.

7. An fünf Vertriebsmitarbeiter der Hamelner Maschinenfabrik AG soll wegen besonderer Leistungen eine Prämie in Höhe von 8.207,20 € ausbezahlt werden. Sie ist nach dem Bruttoentgelt der Angestellten zu bemessen. Der Leiter der Vertriebsabteilung und sein Stellvertreter sollen eine um 1.000,00 € bzw. 500,00 € höhere Prämie erhalten.

Mitarbeiter	Leiter	Stellvertreter	Angestellter X	Angestellter Y	Angestellter Z
Entgelt in €	3.850,00	2.900,00	2.250,00	2.175,00	1.925,00

8. Im Rahmen der Kostenstellenrechnung der Hamelner Maschinenwerke GmbH müssen noch folgende Gemeinkosten (GK) mithilfe bestimmter Verteilungsgrundlagen auf die Kostenstellen 1 bis 9 verteilt werden:

Gemeinkostenarten in €	Verteilungsgrundlagen
A. Gehälter: 561.000,00	Personalkosten laut Gehaltslisten in €
B. Betriebssteuern: 36.342,75	Mitarbeiterzahl pro Kostenstelle
C. Kalk. Abschreibungen: 151.500,00	Kalkulatorische Restbuchwerte in €
D. Kalk. Zinsen: 115.992,00	Anschaffungskosten der Investitionen €

GK	Kostenstellen								
	1	2	3	4	5	6	7	8	9
A.	34.100	24.900	54.800	34.800	52.200	76.100	89.900	93.200	101.000
B.	5	13	7	20	12	20	35	25	4
C.	238.500	58.500	46.500	33.000	511.500	654.000	499.500	198.000	33.000
D.	30.000	17.000	10.000	24.000	8.000	15.000	77.000	17.000	18.000

Nehmen Sie die Verteilung der Gemeinkostenarten auf die 9 Kostenstellen vor.

9. Bei der Abwicklung eines Insolvenzverfahrens gegenüber einem Kunden der Industrie AG wird vom Insolvenzverwalter festgestellt, dass 477.230,00 € Verbindlichkeiten vorhanden sind, denen Vermögenswerte in Höhe von 198.308,00 € gegenüberstehen. Von den Forderungen sind Arbeitsentgelte von 85.600,00 € vorweg abzugsberechtigt. Zudem werden Verfahrenskosten von insgesamt 9.630,00 € veranschlagt, die ebenfalls bevorrechtigte Forderungen darstellen.

Wie viel € kann an die Gläubiger ausgezahlt werden, wenn folgende Forderungen gegenüber dem insolventen Schuldner bestehen: A 38.900,00 €, B 41.200,00 € und die Industrie AG 91.900,00 €?

10. An einer Personengesellschaft sind die Gesellschafter A, B, C mit insgesamt 615.000,00 € beteiligt. Die Kapitaleinlage des A ist um 1/3 höher als die des B, C hat 20.000,00 € weniger eingelegt als B.

Wie hoch ist der Gewinnanteil, wenn der Gesamtgewinn in diesem Quartal 123.000,00 € beträgt und nach Kapitaleinlagen zu verteilen ist?

Lösungen

D

1.

Zu verteilender Betrag: 3.000,00 €

Auszubildende	Verteilungsschlüssel	Teile	Berechnung	Anteile
A	2/8 = 1/4	5/20 = 5	5 · 150,00 €	**750,00 €**
B	3/15 = 1/5	4/20 = 4	4 · 150,00 €	**600,00 €**
C	3/30 =1/10	2/20 = 2	2 · 150,00 €	**300,00 €**
D	Rest	9/20 = 9	9 · 150,00 €	**1.350,00 €**
		∑ 20		3.000,00 €

20 Teile = 3.000,00 €

$$1 \text{ Teil} = \frac{3.000,00\ €}{20} = 150,00\ €$$

E

2.

Zu verteilender Betrag: 825.900,00 €

Gesellschafter	im Voraus	4 % der Einlage	Teile	Rest	Gewinnanteile
Müller	50.000,00	26.320,00	2	264.264,00	**340.584,00 €**
Schneider	50.000,00	28.920,00	2	264.264,00	**343.184,00 €**
Schmidt	0,00	10.000,00	1	132.132,00	**142.132,00 €**
	∑ 100.000,00	65.240,00	5	660.660,00	825.900,00 €

825.900,00 - 50.000,00 - 50.000,00 - 26.320,00 - 28.920,00 - 10.000,00 = 660.660,00 €

5 Teile = 660.660,00 €

$$1 \text{ Teil} = \frac{660.660,00\ €}{5} = 132.132,00\ €$$

A

3.

Zu verteilender Betrag: 8.608,00 €

Betrieb	Verteilungsschlüssel	Teile	Berechnung	Kostenanteil
A	21	3	3 x 538,00 €	**1.614,00 €**
B	35	5	5 x 538,00 €	**2.690,00 €**
C	56	8	8 x 538,00 €	**4.304,00 €**
		∑ 16		8.608,00 €

16 Teile = 8.608,00 €

$$1 \text{ Teil} = \frac{8.606,00\ €}{16} = 538,00\ €$$

4.

C

Zu verteilender Betrag: 2.538.750,00 €

Firma	Verteilungsschlüssel	Teile	Berechnung	Lohnkostenanteil
A	56.250 Stunden	1.125	1.125 · 896,7679265	**1.008.863,92 €**
B	44.800 Stunden	896	896 · 896,7679265	**803.504,06 €**
C	40.500 Stunden	810	810 · 896,7679265	**726.382,02 €**
		∑ 2.831		2.538.750,00 €

2.831 Teile = 2.538.750,00 €

$$1 \text{ Teil} = \frac{2.538.750{,}00\ €}{2.831} = 896{,}7679265\ €$$

5.

A

Zu verteilender Betrag: 21.835,00 €

Mietpartei	Verteilungsschlüssel	Teile	Berechnung	Kostenanteil
A	117	13	13 · 397,00 €	**5.161,00 €**
B	225	25	25 · 397,00 €	**9.925,00 €**
C	153	17	17 · 397,00 €	**6.749,00 €**
		∑ 55		21.835,00 €

55 Teile = 21.835,00 €

$$1 \text{ Teil} = \frac{21.835{,}00\ €}{55} = 397{,}00\ €$$

6. a)

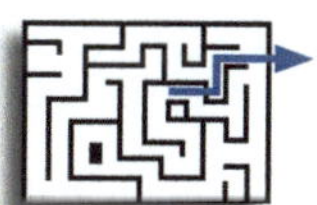

C

Zu verteilender Betrag: 62.680,00 €

Gesellschafter	Kapitaleinlage	Teile	Berechnung	Gewinnanteil
A	228.000,00 €	228	228 · 51,93040597	**11.840,13 €**
B	375.000,00 €	375	375 · 51,93040597	**19.473,90 €**
C	604.000,00 €	604	604 · 51,93040597	**31.365,97 €**
		∑ 1.207		62.680,00 €

1.207 Teile = 62.680,00 €

$$1 \text{ Teil} = \frac{62.680{,}00\ €}{1207} = 51{,}93040597\ €$$

6. b)

A

Zu verteilender Betrag: 62.680,00 €

Gesellschafter	Kapitaleinlage	4 % der Einlage	Rest nach Köpfen	Gewinnanteil
A	228.000,00 €	9.120,00 €	4.800,00 €	**13.920,00 €**
B	375.000,00 €	15.000,00 €	4.800,00 €	**19.800,00 €**
C	604.000,00 €	24.160,00 €	4.800,00 €	**28.960,00 €**
		∑ 48.280,00 €	14.400,00 €	62.680,00 €

62.680,00 € - 9.120,00 € -15.000,00 € - 24.160,00 € = 14.400,00 €

E

6. c)

Zu verteilender Betrag: 62.680,00 €

Gesellschafter	im Voraus	4 % der Einlage	Rest	Gewinnanteil
A	2.400,00 €	9.120,00 €	4.000,00 €	**15.520,00 €**
B	0,00 €	15.000,00 €	4.000,00 €	**19.000,00 €**
C	0,00 €	24.160,00 €	4.000,00 €	**28.160,00 €**
∑	2.400,00 €	48.280,00 €	12.000,00 €	62.680,00 €

Gesellschafter	Anfangskapital	Privatentnahmen	Endkapital
A	228.000,00 €	6.200,00 €	**237.320,00 €**
B	375.000,00 €	6.800,00 €	**387.200,00 €**
C	604.000,00 €	7.500,00 €	**624.660,00 €**
∑	1.207.000,00 €	20.500,00 €	1.249.180,00 €

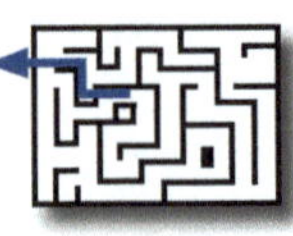

A

6. d)

Zu verteilender Betrag: 62.680,00 €

Gesellschafter	Kapitaleinlage	4 % der Einlage	Teile	Rest nach Einlage	Gewinnanteil
A	228.000,00 €	9.120,00 €	228	2.720,13 €	**11.840,13 €**
B	375.000,00 €	15.000,00 €	375	4.473,90 €	**19.473,90 €**
C	604.000,00 €	24.160,00 €	604	7.205,97 €	**31.365,97 €**
	∑	48.280,00 €	1.207	14.400,00 €	62.680,00 €

62.680,00 € - 9.120,00 € - 15.000,00 € - 24.260,00 € = 14.400,00 €

1.207 Teile = 14.400,00 €

$$1 \text{ Teil} = \frac{14.400,00\ €}{1.207} = 11,93040597\ €$$

E

7.

Zu verteilender Betrag: 8.207,20 €

Mitarbeiter	Entgelt	Teile	Berechnung	Prämienanteil
Leiter	3.850,00	154 + 1.000,00	154 · 12,80 + 1.000,00	**2.971,20 €**
Stellvertreter	2.900,00	116 + 500,00	116 · 12,80 + 500,00	**1.984,80 €**
X	2.250,00	90	90 · 12,80	**1.152,00 €**
Y	2.175,00	87	87 · 12,80	**1.113,60 €**
Z	1.925,00	77	77 · 12,80	**985,60 €**
	∑	524		8.207,20 €

8.207,20 - 1.000,00 - 500,00 = 6.707,20 €

524 Teile = 6.707,20 €

$$1 \text{ Teil} = \frac{6.707,20\ €}{524} = 12,80\ €$$

8.

GK	Kostenstellen									
	1	2	3	4	5	6	7	8	9	∑
A.	34.100	24.900	54.800	34.800	52.200	76.100	89.900	93.200	101.000	561.000
B.	1.288,75	3.350,75	1.804,25	5.155,00	3.093,00	5.155,00	9.021,25	6.433,75	1.031,00	36.342,75
C.	15.900	3.900	3.100	2.200	34.100	43.600	33.300	13.200	2.200	151.500
D.	16.110	9.129	5.370	12.888	4.296	8.055	41.349	9.129	9.666	115.992

A

9.

	Vermögenswerte:	198.308,00 €
-	Masseschulden:	9.630,00 €
-	bevorrechtigte Forderungen:	85.600,00 €
=	Masse	**103.078,00 €**

C

Gläubiger	Forderungen	Teile	Berechnung	Auszahlungsbetrag
A	38.900,00 €	389	389 · 59,92906977	**23.312,41 €**
B	41.200,00 €	412	412 · 59,92906977	**24.690,78 €**
Industrie AG	91.900,00 €	919	919 · 59,82906977	**55.074,81 €**
		∑ 1.720		103.078,00 €

1.720 Teile = 103.078,00 €

$$1 \text{ Teil} = \frac{103.078,00\ €}{1.720} = 59,92906977\ €$$

10.

Zu verteilender Betrag: 123.000,00 €

E

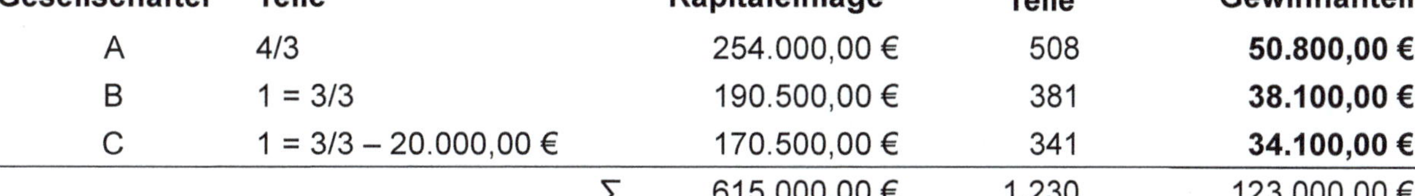

Gesellschafter	Teile		Kapitaleinlage	Teile	Gewinnanteil
A	4/3		254.000,00 €	508	**50.800,00 €**
B	1 = 3/3		190.500,00 €	381	**38.100,00 €**
C	1 = 3/3 – 20.000,00 €		170.500,00 €	341	**34.100,00 €**
		∑	615.000,00 €	1.230	123.000,00 €

10/3 Teile – 20.000,00 € = 615.000,00 €

$$1 \text{ Teil} = \frac{635.000,00\ € \cdot 3}{10} = 190.500,00\ €$$

1.230 Teile = 123.000,00 €

$$1 \text{ Teil} = \frac{123.000,00\ €}{1.230} = 100,00\ €$$

3. Durchschnittsrechnen

Was muss ich für die Prüfung wissen?

Es sind zwei Arten der Durchschnittsbildung zu unterscheiden. Der **einfache Durchschnitt** als arithmetisches Mittel und der **gewogene** (= gewichtete) **Durchschnitt**.

Beim einfachen Durchschnitt werden alle Elemente, für die der Durchschnitt gebildet werden soll, aufsummiert und durch die Anzahl der Elemente geteilt.

Beim gewogenen Durchschnitt dagegen werden die Elemente zunächst mit anderen Werten gewichtet (d.h. nichts anderes als multiplizieren), um zunächst den Gesamtwert zu berechnen. Anschließend wird dieser Gesamtwert durch die Anzahl der Elemente geteilt.

Was erwartet mich in der Prüfung?

Eine Vielzahl von kaufmännischen Aufgabenstellungen erfordern die Anwendung des Durchschnittsrechens. In der Prüfung müssen Sie beispielsweise im Bereich „Kaufmännische Steuerung und Kontrolle" im Rahmen der Kostenrechnung mit Verrechnungspreisen beim Einkauf von Fertigungsmaterial arbeiten. Dies ist sinnvoll, um Preisschwankungen auszugleichen und somit konstante Kalkulationsgrundlagen zu haben.

Auch im Rahmen der Geschäftsprozesse müssen Sie unter anderem bei verschiedenen Lagerkennziffern (z.B. durchschnittlicher Lagerbestand) die Durchschnittsrechnung anwenden.

Im Bereich „Wirtschafts- und Sozialkunde" könnte bei der Interpretation von bestimmen Statistiken (z.B. durchschnittliche Inflationsrate in einem Jahr) das Durchschnittsrechnen in der Prüfung auf Sie zukommen.

Selbst, wenn Sie in der Berufsschule den Klassenschnitt einer Klausur berechnen, wenden Sie bereits die gewogene Durchschnittsrechnung an.

Aus dem Thema „Durchschnittsrechnen" lassen sich drei Lernschritte als Lernkreis ableiten, wobei die Labyrinthfragen A und B wiederum gleichgewichtet nebeneinanderstehen.

1. Das Lernlabyrinth

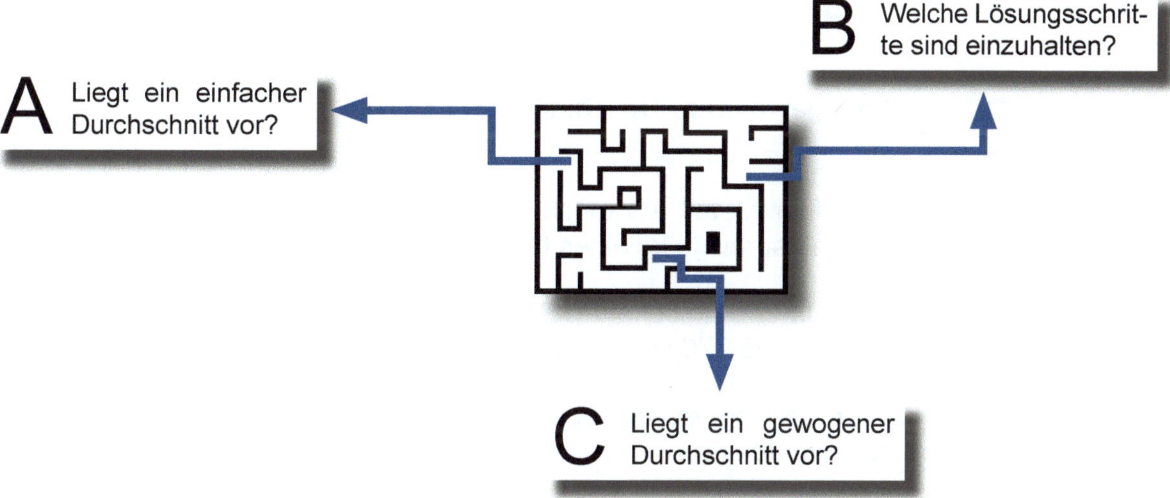

2. Wege aus dem Labyrinth

A Liegt ein einfacher Durchschnitt vor?

Beispiel 1:
Beim Werksverkauf der Sportartikel AG besuchten unterschiedlich viele Kunden in der vergangen Woche das Outlet in Herzogenaurach:

Montag: 678	Dienstag: 910	Mittwoch: 1.366
Donnerstag: 854	Freitag: 1.500	Samstag: 2.798

Wie viele Kunden shoppten im Duchschnitt in der vergangenen Woche im Outlet?

Es liegt ein klassischer einfacher Durchschnitt vor, da alle Kunden, egal an welchem Tag sie das „Outlet“ besucht haben, gleich viel zählen.

$$\text{Durchschnittliche Kundenanzahl/Tag} = \frac{678 + 910 + 1.366 + 854 + 1.500 + 2.798}{6} = 1.351 \text{ Kunden/Tag}$$

$$\text{einfacher Durchschnitt} = \frac{\text{Summe aller Werte}}{\text{Anzahl aller Werte}}$$

B Welche Lösungsschritte sind einzuhalten?

(1) Addieren Sie zunächst die einzelnen Werte
(2) Dividieren Sie anschließend die Summe der Werte durch die Anzahl der Werte
(3) Kontrollieren Sie im Kopf „überschlagsmäßig“, ob der errechnete Wert stimmen kann

Überprüfen Sie Ihr Endergebnis immer auf Plausibilität.

Die durchschnittliche Zahl von 1.351 Kunden ist aufgrund der vorliegenden Zahlen realistisch.

C Liegt ein gewogener Durchschnitt vor?

Beispiel 2:
Die Hamelner Metall AG möchte für Kalkulationszwecke den durchschnittlichen Einkaufspreis je kg eines bestimmten Fertigungsmaterials ermitteln.

Folgende Daten sind bekannt: 800 kg zu 3,65 €/kg, 550 kg zu 3,72 €/kg, 730 kg zu 3,61 €/kg und 270 kg zu 3,91 €/kg.

In diesem Fall liegt ein gewogener (= gewichteter) Durchschnitt vor, denn das Fertigungsmaterial wurde zu unterschiedlichen Preisen eingekauft.

Mann muss zunächst die verschiedenen Mengen mit den Preisen „gewichten“, also multiplizieren.

Einzelmenge in kg	Einzelpreis in €/kg	Gesamtwert/Gesamtpreis in €
800	3,65	2.920,00
550	3,72	2.046,00
730	3,61	2.635,30
270	3,91	1.055,70
∑ 2.350		8.657,00

$$\text{Durchschnittlicher Preis} = \frac{800 \cdot 3{,}65 + 550 \cdot 3{,}72 + 730 \cdot 3{,}61 + 270 \cdot 3{,}91}{800 + 550 + 730 + 270} = 3{,}68 \text{ €/kg}$$

$$\text{gewogener Durchschnitt} = \frac{\text{Summe der Gesamtwerte (hier: Gesamtpreise)}}{\text{Anzahl der Anteile (hier: Gesamtmenge)}}$$

Gehen Sie bei der Lösung wie folgt vor:

(1) Ermitteln Sie den Gesamtwert, indem Sie die beiden gegebenen Werte multiplizieren
(2) Bilden Sie die Summe der Gesamtwerte
(3) Bilden Sie die Anzahl der Anteile
(4) Dividieren Sie die Summe der Gesamtwerte durch die Anzahl der Anteile
(5) Überprüfen Sie Ihr Ergebnis immer auf Plausibilität

Überprüfen Sie Ihr Endergebnis immer auf Plausibilität. Der durchschnittliche Preis in Höhe von 3,68 €/kg liegt zwischen dem niedrigsten (3,61 €/kg) und dem höchsten (3,92 €/kg) Einkaufspreis. Da nur eine relativ geringe Menge (270 kg) zm höchsten Preis eingekauft wurde, muss der Durchschnittspreis relativ „weit davon weg liegen".

Mit 3,68 €/kg erscheint der ermittelte Wert somit realistisch.

So trainiere ich für die Prüfung

Aufgaben

1. Die Arbeitszeit eines 19-jährigen Auszubildenden der Industrie AG betrug an den Tagen der vergangenen Woche:

Tag	Montag	Dienstag	Mittwoch	Donnerstag	Freitag
Stunden	8 3/4	9 1/3	4 1/2	8 1/4	6 2/3

Berechnen Sie die durchschnittliche tägliche Arbeitszeit (in Stunden und Minuten). Hinweis: Versuchen Sie, beim Lösungsansatz die Bruchrechnung anzuwenden.

2. Der Klassenspiegel der letzten Klausur aus den Bereichen „Kaufmännische Steuerung und Kontrolle (KSK)“ und „Geschäftsprozesse (GP)“ sah wie folgt aus:

Note	1	2	3	4	5	6
KSK	2	8	10	4	2	0
GP	1	5	12	6	1	1

Ihr Berufschullehrer gibt Ihnen den Arbeitsauftrag, den jeweiligen Klassendurchschnitt zu berechnen.

3. Die Rattenfänger AG kalkulierte in den vergangenen sechs Monaten mit folgenden Vertriebsgemeinkosten-Zuschlagssätzen:8 1/3 %, 12 1/2 %, 11 2/5 %, 14,1 %, 10 2/3 % sowie 9,2 %.

Mit welchem durchschnittlichen Vertriebsgemeinkosten-Zuschlagssatz hat die Rattenfänger AG in den letzten sechs Monaten kalkuliert?

Hinweis: Versuchen Sie beim Lösungsansatz, die Bruchrechnung anzuwenden.

4. Im Rahmen des Lagercontrollings liegen Ihnen am Ende des Geschäftsjahres für ein bestimmtes A-Teil folgende Inventurdaten vor:

Datum	02. 01.	31. 01.	28. 02.	31. 03.	30. 04.	31. 05.	30. 06.	31. 07.	31. 08.	30. 09.	31. 10.	30. 11.	31. 12.
Stück	50	14	12	27	26	17	21	69	29	6	30	5	19

a) Berechnen Sie den durchschnittlichen Lagerbestand.

b) Wie hoch wäre der durchschnittliche Lagebestand, wenn der Betrieb nur einmal im Jahr eine Inventur durchführen würde?

5. Im letzten Jahr beschaffte die Eurometall GmbH einen bestimmten Rohstoff zu verschiedenen Preisen in unterschiedlichen Mengen:

Gesamtmenge in kg	2.000	2.500	1.500	2.700
Preis in €/kg	4,00	4,20	3,70	4,50

a) Wie hoch ist der durchschnittliche Einkaufspreis je kg?

b) Unter welcher Voraussetzung führen die einfache und die gewogene Durchschnittsrechnung bei unveränderten Preisen zum gleichen Ergebnis?

6. Die Formula GmbH stellt aus 4 Sorten Rohstoff ein Kunststoffgranulat her. Der Preis je kg der einzelnen Sorten beträgt:

Sorte I	= 18,50 €
Sorte II	= 24,30 €

Sorte III	= 16,90 €
Sorte IV	= 26,40 €

Berechnen Sie den Durchschnittspreis je 500 g bei folgendem Mischungsverhältnis:

a) gleiche Mengen

b) Sorten I : II : III : IV im Verhältnis 2 : 1 : 3 : 5

7. Bei der Kalkulation von Minutenverrechnungssätzen müssen Sie unter anderem die Kosten für drei Leiharbeiter berücksichtigen. Die jährlichen Personalkosten für die Arbeiter betragen:

A: 25.028,46 € B: 28.876,57 €C: 16.997,98 €

Die Arbeitstage pro Jahr betragen für alle drei Arbeitnehmer durchschnittlich 225 Tage. Jedem Arbeiter stehen laut Tarifvertrag 30 Tage Urlaub zu.

a) Wie viel € betragen im Jahresdurchschnitt die Personalkosten für einen Arbeiter pro Arbeitstag?

b) Wie hoch sind die monatlichen Personalkosten für Leiharbeiter C?

8. Ihnen liegen folgende zwei Bilanzen (siehe Seite 146) der Hamelner Industrie AG zum 02.01. und 31.12. dieses Geschäftsjahres vor:

a) Wie viel Eigenkapital war in diesem Geschäftsjahr durchschnittlich im Unternehmen gebunden?

b) Die Eigenkapitalsrentabilität ist ein Maßstab für die Ertragskraft der Hamelner Industrie AG und gibt Auskunft darüber, wie hoch der erwirtschaftete Gewinn im Verhältnis zum eingesetzten Eigenkapital ausfiel.

$$\text{Eigenkapitalsrentabilität in \%} = \frac{\text{Jahresüberschuss} \cdot 100\,\%}{\text{durchschnittlich gebundenes Eigenkapital}}$$

c) Berechnen Sie die Eigenkapitalrendite.

Warum ist es sinnvoll, in die Berechnung für das Eigenkapital einen Durchschnittswert einzubeziehen und nicht nur einen Wert, z.B. das Eigenkapital zu Beginn des Jahres?

AKTIVA — BILANZ der Hamelner Industrie AG zum 02.01.20.. — PASSIVA

Beträge in Tausend €

AKTIVA		PASSIVA	
A. Anlagevermögen		**A. Eigenkapital**	
I. Immaterielle Vermögensgegenstände		I. Gezeichnetes Kapital	5.000
1. Gewerbliche Schutzrechte	350	II. Kapitalrücklage	1.500
II. Sachanlagen		III. Gewinnrücklage	50
1. Grundstücke und Bauten	4.500	IV. Jahresüberschuss	1.600
2. Maschinen	3.500	**B. Rückstellungen**	
3. Geschäftsausstattung	285	1. Pensionsrückstellungen	1.300
4. Geleistete Anzahlungen	50	2. Steuerrückstellungen	440
B. Umlaufvermögen		**C. Verbindlichkeiten**	
I. Vorräte		1. Anleihen	0
1. Roh-, Hilfs- u. Betriebsstoffe	1.600	2. Langfr. Verbindlichkeiten geg. Banken	3.400
2. Unfertige Erzeugnisse	1.000	3. Erhaltene Anzahlungen	320
3. Waren	715	4. Verbindlichkeiten a. LL.	2.460
4. Geleistete Anzahlungen	100	**D. Rechnungsabgrenzungsposten**	**0**
II. Forderungen und sonstige Vermögensgegenstände			
1. Forderungen a. LL.	3.500		
III. Wertpapiere	50		
IV. Schecks, Kassenbestand usw.	420		
C. Rechnungsabgrenzungsposten	**0**		
	16.070		**16.070**

Hameln, 02.01.20.. Christiane Pöch
(Vorstandsvorsitzende)

AKTIVA — BILANZ der Hamelner Industrie AG zum 31.12.20.. — PASSIVA

Beträge in Tausend €

AKTIVA		PASSIVA	
A. Anlagevermögen		**A. Eigenkapital**	
I. Immaterielle Vermögensgegenstände		I. Gezeichnetes Kapital	5.000
1. Gewerbliche Schutzrechte	230	II. Kapitalrücklage	1.500
II. Sachanlagen		III. Gewinnrücklage	80
1. Grundstücke und Bauten	4.500	IV. Jahresüberschuss	1.740
2. Maschinen	3.600	**B. Rückstellungen**	
3. Geschäftsausstattung	235	1. Pensionsrückstellungen	1.260
4. Geleistete Anzahlungen	50	2. Steuerrückstellungen	440
B. Umlaufvermögen		**C. Verbindlichkeiten**	
I. Vorräte		1. Anleihen	0
1. Roh-, Hilfs- u. Betriebsstoffe	1.650	2. Langfr. Verbindlichkeiten geg. Banken	1.400
2. Unfertige Erzeugnisse	1.000	3. Erhaltene Anzahlungen	320
3. Waren	715	4. Verbindlichkeiten a. LL.	2.600
4. Geleistete Anzahlungen	200	**D. Rechnungsabgrenzungsposten**	**0**
II. Forderungen und sonstige Vermögensgegenstände			
1. Forderungen a. LL.	2.580		
III. Wertpapiere	70		
IV. Schecks, Kassenbestand usw.	120		
C. Rechnungsabgrenzungsposten	0		
	15.340		**15.340**

Hameln, 31.12.20.. Christiane Pöch
(Vorstandsvorsitzende)

9. Ihnen liegen folgende Daten aus der Lagerdatei der Hamelner Maschinenwerke AG für das Fremdbauteil ABC-007-123 vor:

Fremdbauteil ABC-007-123		**Inventurbestand 01.01.20..: 1.505 Stück**	
Monat	Einstandspreis in €/Stück	Abgang in Stück	Zugang in Stück
Januar	24,30	650	520
Februar	23,98	867	730
März	23,98	589	500
April	25,70	425	680
Mai	24,21	785	920
Juni	24,11	826	620
Juli	23,56	399	290
August	23,66	475	610
September	25,89	620	520
Oktober	26,07	423	370
November	23,56	261	280
Dezember	24,38	495	530

a) Ermitteln Sie den durchschnittlichen Jahresbestand nach der Jahresinventur.

b) Ermitteln Sie den durchschnittlichen Jahresbestand nach der Monatsinventur.

c) Wie hoch ist der durchschnittliche Einstandspreis bezogen auf das ganze Geschäftsjahr?

10. Die Rattenfänger AG gleicht Preisschwankungen bei der Beschaffung von Rohstoffen dadurch aus, indem in der Vorkalkulation (= Angebotskalkulation) Verrechnungspreise (Normal-Kosten) einbezogen werden. Die Verrechnungspreise sind die durchschnittlichen Einstandspreise der letzten sechs Monate.

Folgende Daten liegen Ihnen vor:

Monat	1	2	3	4	5	6
Menge in kg	2.800	3.200	3.000	2.500	1.800	1.700
Preis €/kg	7,20	6,85	6,70	7,00	7,50	8,10

Im Rahmen der Nachkalkulation sollen Sie nun überprüfen, ob der verwendete Verrechnungspreis beizubehalten ist. Der aktuelle Einstandspreis (Ist-Kosten) für die Rohstoffe beträgt 7,08 €/kg.

Analysieren Sie kurz die Situation aus kostenrechnerischen Gesichtspunkten.

Lösungen

A

1.

Der kleinste gemeinsame Nenner der Brüche beträgt 12

105/12 + 112/12 + 54/12 + 99/12 + 80/12 = 450/12

$$\frac{450/12}{5} = \frac{450}{12 \cdot 5} = 7{,}5 \text{ Stunden} = \textbf{7 Stunden und 30 Minuten}$$

C

2.

KSK $$\frac{2 \cdot 1 + 8 \cdot 2 + 10 \cdot 3 + 4 \cdot 4 + 2 \cdot 5}{26} = \mathbf{2{,}85}$$

GP $$\frac{1 \cdot 1 + 5 \cdot 2 + 12 \cdot 3 + 6 \cdot 4 + 1 \cdot 5 + 1 \cdot 6}{26} = \mathbf{3{,}15}$$

A

3.

Der kleinste gemeinsame Nenner der Brüche beträgt 30

250/30 + 375/30 + 342/30 + 423/30 + 320/30 + 276/30 = 1.986/30

$$\frac{1.986/30}{6} = \frac{1.986}{30 \cdot 6} = \mathbf{11{,}03\ \%}$$

A

4 a)

$$\text{Durchschnittlicher Lagerbestand} = \frac{\text{Jahresanfangsbestand + 12 Monatsendbestände}}{13}$$

$$= \frac{50 + 14 + 12 + 27 + 26 + 17 + 21 + 69 + 29 + 6 + 30 + 5 + 19}{13} = \frac{325}{13} = \textbf{25 Stück}$$

A

4 b)

$$\text{Durchschnittlicher Lagerbestand} = \frac{\text{Jahresanfangsbestand + Jahresendbestand}}{2}$$

$$= \frac{50 + 19}{2} = \mathbf{34{,}5}$$

5 a)

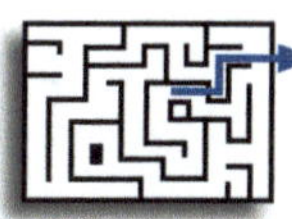

$$= \frac{(2.000 \cdot 4{,}00 + 2.500 \cdot 4{,}20 + 1.500 \cdot 3{,}70 + 2.700 \cdot 4{,}50)}{(2.000 + 2.500 + 1.500 + 2.700)} = \mathbf{4{,}16\ €/kg}$$

C

5 b)

Wenn immer die gleiche Menge (z.B. 2.000 kg) bei unterschiedlichen Preisen beschafft wird, führen beide Berechnungsmethoden zum gleichen Ergebnis.

C

Gesamtmenge in kg	2.000	2.000	2.000	2.000
Preis in €/kg	4,00	4,20	3,70	4,50

$$= \frac{(2.000 \cdot 4{,}00 + 2.000 \cdot 4{,}20 + 2.000 \cdot 3{,}70 + 2.000 \cdot 4{,}50)}{(2.000 + 2.000 + 2.000 + 2.000)} = \mathbf{4{,}10\ €/kg}$$

oder

$$= \frac{(4{,}00 + 4{,}20 + 3{,}70 + 4{,}50)}{(4)} = \mathbf{4{,}10\ €/kg}$$

6 a)

$$= \frac{(18.50 + 16{,}90 + 24{,}30 + 16{,}40)}{4} = 21{,}53\ €/kg = \mathbf{10{,}76\ €/500g}$$

A

6 b)

2 kg = 37,00 €
1 kg = 24,30 €
3 kg = 50,70 €
5 kg = 132,00 €
11 kg = 244,00 € : 11 = 22,18 €/kg = **11,09 €/500g**

C

7 a)

$$= \frac{25.028{,}46 + 28.876{,}57\ € + 16.997{,}98}{3} = 23.634{,}34\ €$$

A

$$= \frac{23.634{,}34\ €}{225\ \text{Tage}} = \mathbf{105{,}04\ €/Arbeitstag}$$

7 b)

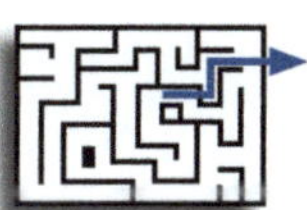

$$= \frac{16.997{,}98\ €}{12\ \text{Tage}} = \mathbf{1.416{,}50\ €/Monat}$$

A

A

8 a)

Eigenkapital zum 02.01.20.. = 5.000 + 1.500 + 50 + 1.600 = 8.150 Tausend €

Eigenkapital zum 31.12.20.. = 5.000 + 1.500 + 80 + 1.740 = 8.320 Tausend €

$$= \frac{\text{Anfangsbestand EK + Schlussbestand EK}}{2} = \frac{8.150 + 8.320}{2} = \mathbf{8.235\ Tausend\ €}$$

A

8 b)

Mithilfe der Kennzahl „Eigenkapitalsrentabilität“ wollen die Eigenkapitalgeber (= Aktionäre) der Hamelner Industrie AG analysieren, mit welcher „Rendite“ ihr eingebrachtes Eigenkapital „verzinst“ wird. Da sich das Eigenkapital aber im Laufe des Geschäftsjahres ständig verändert, ist es sinnvoll, mit Durchschnittswerten zu rechnen. Somit erhält man die „Verzinsung“ des durchschnittlich im Unternehmen gebundenen Eigenkapitals.

A

8 c)

$$= \frac{1.740 \cdot 100\ \%}{8.235} = 21{,}13\ \%$$

A

9 a)

Fremdbauteil ABC-007-123		**Inventurbestand 01.01.20..: 1.505 Stück**	
Monat	Monatsanfangsbestand	Abgang in Stück	Zugang in Stück
Januar	1.505	650	520
Februar	1.375	867	730
März	1.238	589	500
April	1.149	425	680
Mai	1.404	785	920
Juni	1.539	826	620
Juli	1.333	399	290
August	1.224	475	610
September	1.359	620	520
Oktober	1.259	423	370
November	1.206	261	280
Dezember	1.225	495	530
Endbestand	1.260		

$$\text{Durchschnittlicher Lagerbestand} = \frac{\text{Jahresanfangsbestand + Jahresendbestand}}{2}$$

$$= \frac{1.505 + 1.260}{2} = 1.382{,}5 = \mathbf{1.383\ Stück}$$

9 b)

A

$$\text{Durchschnittlicher Lagerbestand} = \frac{\text{Jahresanfangsbestand + 12 Monatsendbestände}}{13}$$

$$= \frac{(1.505 + 1.375 + 1.238 + 1.149 + 1.404 + 1.539 + 1.333 + 1.224 + 1.359 + 1.259 + 1.206 + 1.225 + 1.260)}{13}$$

= 1.313,53 = **1.314 Stück**

9 c)

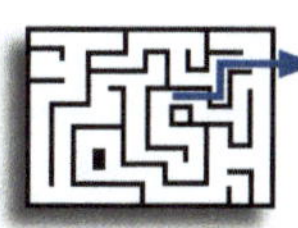

C

24,30 € ·	520	=	12.636,00 €
23,98 € ·	730	=	17.595,40 €
23,98 € ·	500	=	11.990,00 €
25,70 € ·	680	=	17.476,00 €
24,21 € ·	920	=	22.273,20 €
24,11 € ·	620	=	14.948,20 €
23,56 € ·	290	=	6.832,40 €
23,66 € ·	610	=	14.432,60 €
25,89 € ·	520	=	13.462,80 €
26,07 € ·	370	=	9.645,90 €
23,56 € ·	280	=	6.596,80 €
24,38 € ·	530	=	12.921,40 €
	6.570		160.810,70 €

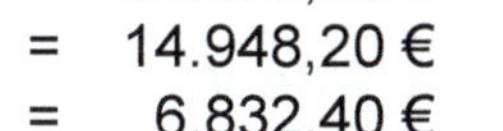

$$= \frac{160.810,70\ €}{6.570} = \textbf{24,48 €/Stück}$$

10

C

$$= \frac{(7,20 \cdot 2800 + 6,85 \cdot 3.200 + 6,70 \cdot 3.000 + 7,00 \cdot 2.500 + 7,50 \cdot 1.800 + 8,10 \cdot 1.700)}{(2.800 + 3.200 + 3.000 + 2.500 + 1.800 + 1.700)} = \textbf{7,13 €/Stück}$$

In der Vorkalkulation wurde mit einem durchschnittlichen Rohstoffpreis von 7,13 €/Stück kalkuliert, d.h., diese Kosten fließen über die Umsatzerlöse ins Unternehmen zurück.

Die tatsächlichen Kosten für die Rohstoffe betragen zurzeit 7,08 €/Stück. Somit liegt eine Kostenüberdeckung von 0,05 €/Stück vor.

4. Währungsrechnen

Was muss ich für die Prüfung wissen?

Europa wächst ständig mehr zusammen, die Europäische Union wird immer größer. Trotzdem gibt es

- Staaten innerhalb Europas, die der Europäischen Union nicht angehören und
- EU-Mitgliedsstaaten, die den Euro als Währung nicht eingeführt haben,
  - weil sie noch abwarten wollen oder
  - von der EU noch keine Genehmigung zur Einführung erhalten haben.

Sämtliche Staaten[1] außerhalb der Europäischen Union haben eigene Währungen. Aus diesem Grunde wird das „Währungsrechnen" immer ein Thema bleiben.

▶ Der **Wechselkurs** ist der Preis für ausländische Währungseinheiten.

- Er wird im sog. Freiverkehr unter den Banken des In- und Auslandes festgelegt
- er ist daher nicht verbindlich und nicht einheitlich.

▶ In der Europäischen Währungsunion (EWU) werden die Kurse in der sog. **Mengennotierung** angegeben. Diese drückt aus:

„Welchen Wert 1 Euro in der jeweiligen ausländischen Währungseinheit hat".[2]

▶ Für die Umrechnung bargeldloser Zahlungen und die Umrechnung von Bargeld werden unterschiedliche Kurse verwendet:

- Für **bargeldlose Zahlungen** (z.B. Schecks, Wechsel, Überweisungen, Kreditkarten) wird der **Devisen**-Kurs verwendet.
- Für die **Umrechnung von Bargeld** wird der **Sorten**-Kurs verwendet.
- Devisen- und Sortenkurse sind unterschiedlich hoch.

▶ Die **„Preise" sind immer aus der Sicht der Banken zu sehen**.
Es gibt immer **zwei unterschiedliche Kurse**:

- An- und Verkaufskurse
- Geld- und Briefkurse.

Die zentrale Frage bei der Lösung von Währungsumrechnungen lautet deshalb:

- Nimmt die Bank ausländische Währungseinheiten an oder
- gibt die Bank ausländische Währungseinheiten ab?

---

[1] Einige Staaten, die der EU nicht angehören, haben den Euro trotzdem als Währung eingeführt. Sie bilden jedoch eine Ausnahme.

[2] Die Darstellung der Umrechnungen erfolgt nur auf der Grundlage dieses Zusammenhanges, auf die Darstellung von Formeln wird am Ende des Kapitels eingegangen.

Was erwartet mich in der Prüfung?

Viele deutsche Unternehmen stehen mit ausländischen Partnern in Geschäftsbeziehung. Ist eine Ausgangsrechnung (Export) bzw. eine Eingangsrechnung (Import) in ausländischer Währungseinheit fakturiert worden, müssen Sie beispielsweise das Währungsrechnen anwenden. In der Prüfung ist die Währungsrechnung im Bereich „Auslandsgeschäft" sowohl im Bereich „Kaufmännische Steuerung" als auch im Bereich „Geschäftsprozesse" somit ein relevantes Thema.

Auch im privaten Bereich findet das Währungsrechnen Anwendung. Planen Sie Ihren Urlaub in einem „Nicht-EUR-Land" (z.B. Schweiz) müssen Sie inländische Währung (EUR) in ausländische Währung (CHF) umtauschen.

Aus dem Thema „Währungsrechnen" lassen sich drei Lernschritte ableiten, wobei alle drei Lernlabyrinth-Lernschritte gleichgewichtet nebeneinander stehen.

1. Das Lernlabyrinth

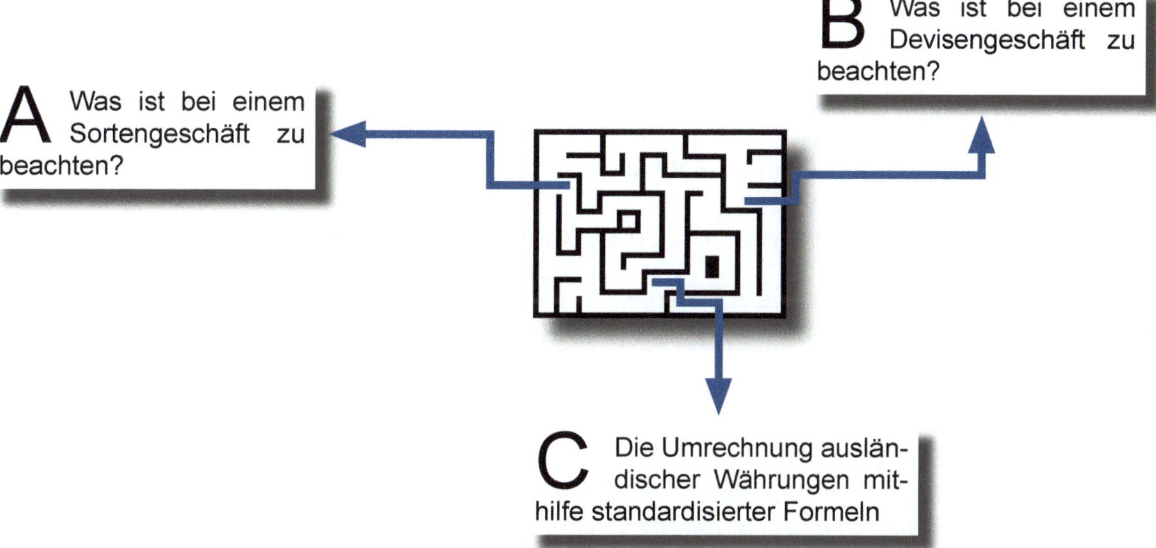

2. Wege aus dem Labyrinth

A Was ist bei einem Sortengeschäft zu beachten?

Bei Sorten gibt es

1. den **Ankaufskurs** und
2. den **Verkaufskurs**.

Die **Kurstabellen in den Medien** (z.B. Presse, Internet) **sind** jedoch **nicht einheitlich**.

Sie gehen entweder aus:
⇒ vom An- oder Verkauf der Währung (siehe Kurstabelle 1, S. 154) oder
⇒ vom An- oder Verkauf von Euro (siehe Kurstabelle 2, S. 154).

Beispiel für ein Sortengeschäft mit US-Dollar (USD)

Kurstabelle 1[3]		Kurstabelle 2	
Ankauf (USD)	Verkauf (USD)	Ankauf (EUR)	Verkauf (EUR)
1,2080	1,0920	1,0920	1,2080

Benötigt man z.B. US-Dollar, muss man dafür Euro bezahlen.

Die Bank gibt US-Dollar ab und nimmt dafür Euro an.

▶ Es wird mit einem Kurs von 1,0920 abgerechnet, da 1 EUR = 1,0920 USD für den Verkauf von USD (bzw. Ankauf von EUR).

Will man z.B. US-Dollar in Euro zurücktauschen, muss man dafür US-Dollar hingeben.

Die Bank nimmt US-Dollar an und gibt dafür Euro ab.

▶ Es wird mit einem Kurs von 1,2080 abgerechnet, da 1 EUR = 1,2080 USD für den Ankauf von USD (bzw. Verkauf von EUR).

Beispiel:
Ein Geschäftsreisender der Maschinenfabrik Rattenfänger AG möchte für eine Reise in die USA eine kleine Menge Bargeld mitnehmen. Er tauscht 150,00 EUR in US-Dollar.

Die Bank verwendet den Verkaufs-Kurs: 1 EUR = 1,0920 USD

Umrechnung am Beispiel: 1,00 € = 1,0920 USD
150,00 € = x USD

$$150{,}00 \cdot 1{,}0920 = 163{,}80 \text{ US-Dollar}$$

Beispiel:
Angenommen der Geschäftsreisende hat die US-Dollar nicht benötigt und tauscht sie in Deutschland wieder komplett zurück.

Die Bank verwendet den Ankaufs-Kurs: 1 EUR = 1,2080 USD

Umrechnung am Beispiel: 1,2080 USD = 1,00 €
163,80 USD = x €

$$\frac{163{,}80}{1{,}2080} = 135{,}60\ €$$

Die **Differenz** aus beiden Kursen ist die **Gewinnspanne des Kreditinstituts** aus dem Sortengeschäft[4]. Am Beispiel des Geschäftsreisenden erkennt man, dass er 14,40 € (150,00 - 135,60) weniger zurückerhält.

[3] Die Angaben in der Tabelle 1 entsprechen der im Euroraum üblichen Angabe von Devisenkursen.

[4] Bei Sorten verwenden die Banken nicht immer An- und Verkaufskurse, sondern Einheitskurse und verlangen für die Abgabe oder Zurücknahme von Sorten eine Gebühr.

B Was ist bei einem Devisengeschäft zu beachten?

Bei Devisen gibt es

1. den **Brief-Kurs** für den Ankauf einer Währung. Das Kreditinstitut nimmt in diesem Fall eine Währung an und gibt dafür Euro ab.
2. den **Geld-Kurs** für den Verkauf einer Währung. Das Kreditinstitut gibt in diesem Fall eine Währung ab und nimmt dafür Euro an.

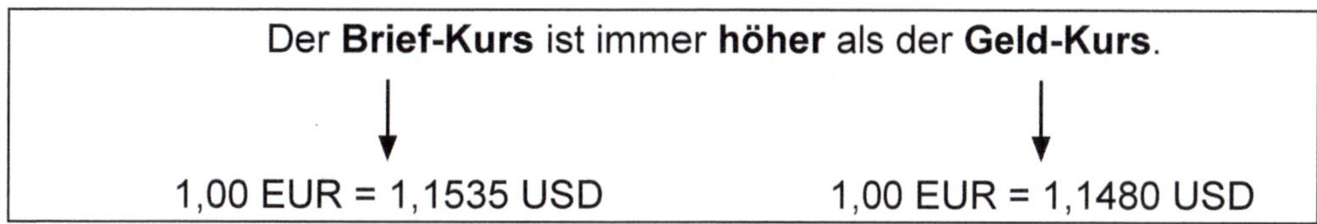

Der **Brief-Kurs** ist immer **höher** als der **Geld-Kurs**.

↓	↓
1,00 EUR = 1,1535 USD	1,00 EUR = 1,1480 USD

Beispiel:
Die Maschinenfabrik Rattenfänger AG erhält im Rahmen eines Exportgeschäftes von einer amerikanischen Versicherungsgesellschaft einen Scheck über 12.560,00 USD als Ausgleich für einen Transportschaden. Sie reicht den Scheck bei der Nordbank zur Gutschrift auf ihr Kontokorrentkonto ein.

Die Bank „kauft" US-Dollar an. Die Bank rechnet zum Brief-Kurs um:

$$1{,}1535 \text{ USD} = 1 \text{ EUR}$$
$$12.560{,}00 \text{ USD} = x\ €$$

$$\frac{12.560{,}00}{1{,}1535} = 10.888{,}60\ €$$

Beispiel:
Die Maschinenfabrik Rattenfänger AG beauftragt ihre Bank, eine Eingangsrechnung eines amerikanischen Lieferanten über 28.277,00 USD in US-Dollar zu überweisen. Die Bank „verkauft" US-Dollar und belastet den Betrag in Euro auf dem Kontokorrentkonto des deutschen Firmenkunden.

Die Bank „verkauft" US-Dollar. Die Bank rechnet zum Geld-Kurs um:

$$1{,}1480 \text{ USD} = 1{,}00\ €$$
$$28.277{,}00 \text{ USD} = x\ €$$

$$\frac{28.277{,}00}{1{,}1480} = 24.631{,}53\ €$$

C Die Umrechnung ausländischer Währungen mithilfe standardisierter Formeln

Mithilfe folgender Formeln können Sie ausländische Währungen leicht umrechnen:

$$\text{Inlandswährung in €} = \frac{\text{Auslandswährung}}{\text{Wechselkurs}}$$

$$\text{Auslandswährung} = \text{Inlandswährung in €} \cdot \text{Wechselkurs}$$

So trainiere ich für die Prüfung

Aufgaben

1. Die Maschinenfabrik RATTENFÄNGER AG in Hameln bezieht für die Montage von speziellen Fertigungsmaschinen Teile aus England, Japan und Polen.

Aus England: 70 Stück Kugellager	Rechnungsbetrag: 2.061,30 Pfund
Aus Japan: 10 Stück Getriebewellen	Rechnungsbetrag: 278.600,00 Yen
Aus Polen: 300 Kunststoffbüchsen	Rechnungsbetrag: 1.734,75 Zloty

Was kosten diese Teile in €, wenn bei Rechnungsausgleich folgende Devisenkurse notiert wurden?

Währung	**Geldkurs**	**Briefkurs**
EUR/USD	1,1480	1,1535
EUR/GBP	0,9042	0,9085
EUR/JPY	124,7000	124,7480
EUR/CZK	25,6260	27,5000
EUR/PLN	4,2959	4,4260

2. Ein Außendienstmitarbeiter möchte bei der Hausbank (Nordbank) der RATTENFÄNGER AG für eine Geschäftsreise in die USA 1.000,00 € in Fremdwährung wechseln, um bestimmte Zahlungen in bar abwickeln zu können.

Wie viel USD kann der Mitarbeiter auf seine Geschäftsreise in die USA mitnehmen?

		Ankauf (USD)	**Verkauf (USD)**
Sortenkurs	EUR/USD	1,2070	1,0100
		Geldkurs	**Briefkurs**
Devisenkurs	EUR/USD	1,1480	1,1535

3. Am Ende ihres Winterurlaubs in einem Hotel in der Schweiz rechnen Anne und Klaus, zwei Auszubildende der RATTENFÄNGER AG, ab. Die Rechnung lautet über 1.250,00 CHF, die Anzahlung betrug 250,00 CHF. Die beiden Azubis zahlen 400,00 CHF und den Rest in €. Das Hotel legt bei der Abrechnung folgende Kurse zugrunde:

		Ankauf (CHF)	**Verkauf (CHF)**
Sortenkurs	EUR/CHF	1,1810	1,0680
		Geldkurs	**Briefkurs**
Devisenkurs	EUR/CHF	1,1276	1,1301

Wie viel € müssen Anne und Klaus zusätzlich noch zahlen?

4. Einem Geschäftsreisenden der Maschinenfabrik RATTENFÄNGER AG werden für einen längeren Aufenthalt in England 4.000,00 € zur Verfügung gestellt, die er bei der Deutschen Bank, Hameln, in englische Pfund umwechselt.

		Ankauf (GBP)	**Verkauf (GBP)**
Sortenkurs	EUR/GBP	0,9450	0,9400
		Geldkurs	**Briefkurs**
Devisenkurs	EUR/GBP	0,9042	0,9085

a) Wie viel Tage kann er mit diesem Betrag auskommen, wenn an Tagesspesen 95,00 GBP veranschlagt werden?

b) Angenommen, der Geschäftsreisende hat die GBP nicht benötigt, da er sämtliche Zahlungen mit der Kreditkarte abgewickelt hat. Berechnen Sie die Gewinnspanne in € der Deutschen Bank in Hameln, wenn die englischen Pfund zu gleichen Konditionen komplett wieder zurückgetauscht werden!

5. Ein Geschäftspartner der Maschinenfabrik RATTENFÄNGER AG aus Norwegen interessiert sich für ein Fertighaus der ROKAL BAU GmbH, das in Deutschland hergestellt und zu 219.000,00 € angeboten wird.

Wie viel Norwegische Kronen müsste er aufbringen, wenn in dem garantierten Festpreis Transportkosten, Montagekosten und Übernachtungskosten der Monteure enthalten sind und folgende Devisenkurse notiert werden?

Währung	**Geldkurs**	**Briefkurs**
EUR/USD	1,1480	1,1535
EUR/GBP	0,9042	0,9085
EUR/JPY	124,7000	124,7480
EUR/DKK	7,4655	7,5100
EUR/NOK	9,7493	9,9100
EUR/CZK	25,6260	27,5000
EUR/PLN	4,2959	4,4260

6. Die Maschinenfabrik RATTENFÄNGER AG berechnet die Seefracht für 2 Kisten Maschinenteile, die nach Montreal versandt werden sollen. Die Kisten haben folgende Maße:

128 cm x 164 cm x 156 cm und 3420 mm x 2940 mm x 1320 mm

Der Frachtsatz beträgt 40,00 Kanadische Dollar für 1 m³. Wie hoch sind die Frachtkosten in €, wenn folgende Umrechnungskurse ausländischer Währungen bekannt sind?

Währung	**Kurs**
EUR/AUD	1,6031
EUR/JPY	124,7000
EUR/DKK	7,4655
EUR/NOK	9,7493
EUR/SEK	10,2500
EUR/HUF	321,1500
EUR/CAD	1,5260

Lösungen

B

1.

Die Banken kaufen von ihren Kunden (z.B. Exporteure) Devisen zum Briefkurs an, lassen sich die fremden Währungsbeträge von ihren ausländischen Korrespondenzbanken gutschreiben und verkaufen umgekehrt aufgrund ihrer Guthaben wieder Devisen zum Geldkurs in der jeweils gewünschten Währung an ihre Kunden (z.B. Importeure).

Die Maschinenfabrik RATTENFÄNGER AG benötigt als Importeur zum Rechnungsausgleich Devisen, sodass jeweils der Geldkurs zugrunde gelegt werden muss.

England	0,9042 GBP	=	1,00 €	
	2.061,30 GBP	=	X	X = **2.279,69 €**
Japan	124,7000 JPY	=	1,00 €	
	278.600,00 JPY	=	X	X = **2.234,16 €**
Polen	4,2959 PLN	=	1,00 €	
	1.734,75 PLN	=	X	X = **403,82 €**

Die Maschinenteile kosten insgesamt 4.917,67 €.

A

2.

Für das Bargeld muss der Sorten-Verkaufskurs zugrunde gelegt werden.

1.000,00 € • 1,0100 = **1.010 USD**

Der Außendienstmitarbeiter nimmt 1.010 USD auf seine Geschäftsreise mit.

Hinweis: Deutsche Kreditinstitute geben nur ausländische Noten und keine ausländischen Münzen aus!

A

3.

Es muss der Sorten-Verkaufskurs zugrunde gelegt werden.

1.250,00 CHF - 250,00 CHF - 400,00 CHF = 600,00 CHF

1,0680 CHF	=	1,00 €	
600,00 CHF	=	X	X = **561,80 €**

4 a)

Es muss der Sorten-Verkaufskurs zugrunde gelegt werden.

A

1,00 € = 0,9400 GBP
4.000,00 € = X X = 3.760,00 GBP

95,00 GBP = 1 Tag
3.760,00 GBP = X X = **40 Tage (gerundet auf volle Tage)**

4 b)

Es muss der Sorten-Ankaufskurs zugrunde gelegt werden.

A

0,9450 GBP = 1,00 €
3.760,00 GBP = X X = 3.978,84 €

4.000,00 € - 3.978,84 € = **21,16 €**

5.

Es muss der Briefkurs zugrunde gelegt werden, weil die deutsche Bank des Exporteurs (ROKAL BAU GmbH) südafrikanische Rand ankauft und dafür EUR abgibt.

B

1,00 EUR = 9,9100 NOK
219.000,00 EUR = X X = **2.170.290,00 NOK**

6.

Montreal liegt in Kanada, sodass Kanadische Dollar (CAD) in EUR umgerechnet werden müssen.

B

1,28 x 1,64 x 1,56 = 3,274752
3,42 x 2,94 x 1,32 = 13,272336
16,547088 m^3 zum Frachtsatz 40,00 CAD pro 1 m^3

1,5260 CAD = 1,00 €
661,81 CAD = X X = **433,74 €**

5. Prozentrechnen

Was muss ich für die Prüfung wissen?

Die Prozentrechnung findet im Wirtschaftsleben vielfältige Anwendung. Sie ermöglicht den Vergleich von rechnerischen Größen, indem sie diese auf die gemeinsame Maßstabzahl 100 bezieht.

Die Prozentrechnung ist grundsätzlich nichts anderes als eine angewandte Dreisatzrechnung (siehe Kapitel 2.1).

Sie müssen unterscheiden:

- **Grundwert**. Dieser entspricht 100 % und stellt den Ausgangswert dar (z.B. Angebotspreis netto).
- **Prozentsatz** (z.B. 19 % Umsatzsteuer) zeigt an, wie viele Teile einer Zahl vergleichsweise auf 100 entfallen.
- Der **Prozentwert** entspricht dem wertmäßigen Betrag (z.B. der Umsatzsteuerbetrag in €) des Prozentsatzes.

In den verschiedenen Prüfungsaufgaben sind immer zwei der drei Größen Grundwert, Prozentsatz oder Prozentwert gegeben, um die jeweilige dritte unbekannte Größe zu ermitteln.

Für die **Promillerechnung** müssen Sie nur statt Prozent mit Promille (‰) rechnen und anstelle der 100 die Maßstabzahl 1.000 in die Berechnungen einsetzen!

Was erwartet mich in der Prüfung?

Eine Vielzahl von kaufmännischen Problemstellungen erfordert die Anwendung des Prozentrechnens. In der Prüfung müssen Sie beispielsweise im Bereich „Kaufmännische Steuerung und Kontrolle“ bei Durchführung der klassischen Zuschlagskalkulation im Prozentrechnen fit sein. Hier treten immer wieder „Leichtsinnsfehler“ auf, weil z.B. nicht vom vermehrten oder verminderten Grundwert ausgegangen wird.

Im Rahmen von Belegbuchungen sind unter anderem Brutto- und Nettoberträge bei der buchhalterischen Erfassung von Ein- und Ausgangsrechnungen zu berechnen; aber auch Skonto, Rabatt, Provision, Nachlässe, Tara (Verpackung), Abschreibung, Handelsspanne oder Sozialversicherungsbeträge werden in Prozent ausgedrückt, d.h. zur Zahl 100 in Beziehung gesetzt.

Auch im Rahmen der Geschäftsprozesse müssen Sie unter anderem beispielsweise beim Angebotsvergleich oder bei der Bezugspreisermittlung die Prozentrechnung anwenden. Im Bereich „Wirtschafts- und Sozialkunde“ könnte bei der Interpretation von bestimmen Statistiken (z.B. prozentuale Veränderung des Bruttoinlandsproduktes) das Prozentrechnen in der Prüfung auf Sie zukommen.

Aus dem Thema „Prozentrechnen“ lassen sich nun wiederum vier Lernschritte ableiten, wobei die Labyrinth-Lernschritte A, B, C gleichgewichtet nebeneinander stehen.

1. Das Lernlabyrinth

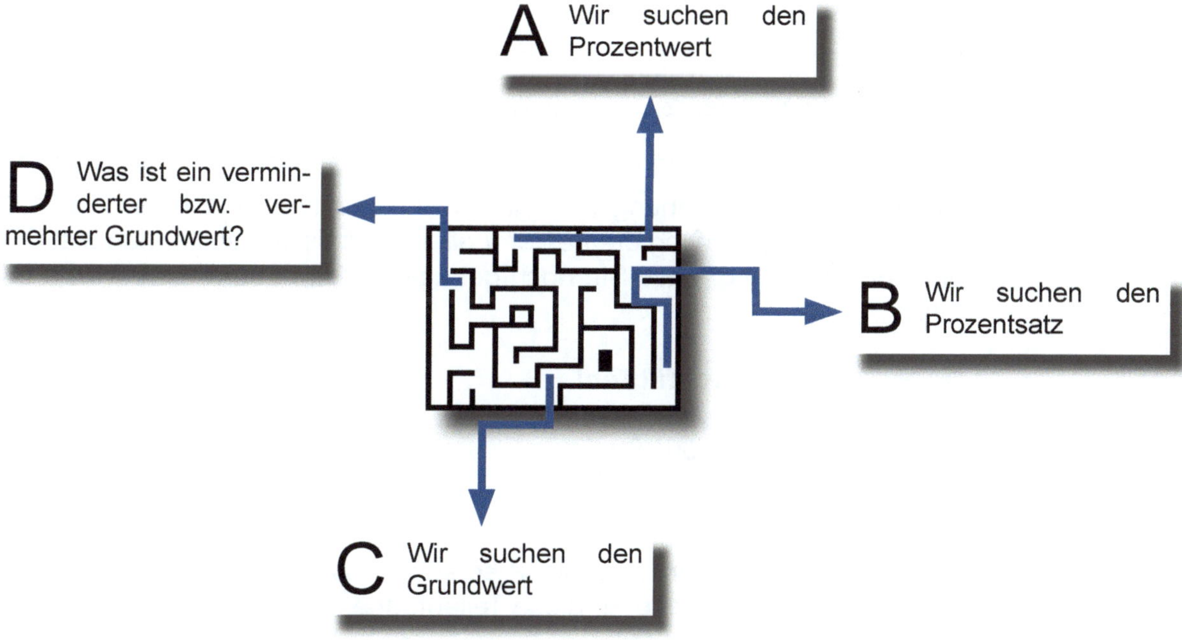

2. Wege aus dem Labyrinth

A Wir suchen den Prozentwert

Beispiel 1:
Ein Kunde der Nürnberger Lebkuchenfabrik kauft Waren zu einem Wert von netto 22.880,00 € ein. Wie hoch ist der Umsatzsteuerbetrag in € bei Anwendung des ermäßigten Umsatzsteuersatzes von 7 %?

Wenn Sie den Prozentwert errechnen sollen, müssen der Grundwert und der Prozentwert gegeben sein. Der Grundwert beträgt 100 %.

Mithilfe des bereits bekannten Schemas der Dreisatzrechnung lösen Sie nun die Aufgabe:

1. Satz = Bedingungssatz: 100 % = 22.880,00 €

1 % des Grundwertes entspricht einem 100-mal geringeren Wert, deshalb steht die 100 unter dem Bruchstrich, da man vom Ausgangswert 22.880,00 € nur den 100. Teil benötigt:

2. Satz = Umrechnungssatz: $1\,\% = \frac{22.880{,}00\,€}{100}$

Da wir aber nicht nur 1 % vom Grundwert berechnen wollen, sondern 7 % Umsatzsteuer, muss der Wert 7-mal höher sein. Deshalb steht die 7 über dem Bruchstrich, also der Wert für 1 % $\frac{(22.880{,}00\,€)}{100}$ wird mit 7 multipliziert:

3. Satz = Lösungssatz: $7\,\% = \frac{22.880\,€ \cdot 7}{100} = 1.601{,}60\,€$

Nach unserer Berechnung beträgt der Umsatzsteueranteil also 1.601,60 €. Damit wir in der Prüfung die Fehlerquellen minimieren, sollte man stets (unter der Voraussetzung, dass Sie noch genügend Zeit haben!) eine Probe durchführen.

Probe durchführen!

7 % = 1.601,60 €
100 % = X

$$X = \frac{1.601{,}60 \cdot 100}{7} = 22.880{,}00\,€$$

Die Probe bestätigt Ihr Ergebnis. Also können Sie in der Prüfung ganz sicher sein, dass Sie die Punkte für diese Teilaufgabe „schon eingefahren“ haben.

Wenn Sie sich für die Prüfung lieber eine **allgemeingültige Formel** für die Berechnung des Prozentwertes merken möchten:

$$\text{Prozentwert} = \frac{\text{Grundwert} \cdot \text{Prozentsatz}}{100}$$

B Wir suchen den Prozentsatz

Beispiel 2:
Von den Gesamtkosten in Höhe von 756.740,00 € der Kostenstelle „Vertrieb" der Rattenfänger AG entfallen 65.836,38 € auf verschiedene Werbemaßnahmen. Wie hoch ist der prozentuale Anteil der Werbungskosten an den kompletten Kosten der Vertriebskostenstelle?

Wenn Sie den Prozentsatz ermitteln, müssen Grundwert und Prozentwert gegeben sein.

Mithilfe des bereits bekannten Schemas der Dreisatzrechnung lösen Sie nun die Aufgabe:

Der Grundwert (756.740,00 €) entspricht wiederum 100 %.

Die gesuchte Größe (%-Satz) steht bei Aufstellung der Dreisätze immer rechts!

1. Satz = Bedingungssatz: 756.740,00 € = 100 %

Würden in der Kostenstelle „Vertrieb" nur 1,00 € Werbungskosten anfallen, wäre dies der 756.740te Teil des Grundwertes in Prozent, deshalb steht die 756.740,00 € unter dem Bruchstrich.

2. Satz = Umrechnungssatz: $1{,}00\ € = \frac{100\ \%}{756.740{,}00\ €}$

Da in der Kostenstelle aber nicht nur 1,00 € Werbungskosten anfallen, sondern 65.836,38 €, muss der Wert um 65.836,38-mal höher sein. Deshalb stehen die 65.836,38 € über dem Bruchstrich, also der Wert für $\frac{1{,}00\ €\ (100\ \%)}{756.740{,}00\ €}$ wird mit 65.836,38 multipliziert.

3. Satz = Lösungssatz: $65.836{,}38\ € = \frac{100\ \% \cdot 65.836{,}38\ €}{756.740{,}00\ €} = 8{,}70\ \%$

Nach unserer Berechnung beträgt der Umsatzsteueranteil also 1.601,60 €. Damit wir in der Prüfung die Fehlerquellen minimieren, sollte man stets (unter der Voraussetzung, dass Sie noch genügend Zeit haben!) eine Probe durchführen.

Probe durchführen!

8,7 % = 65.836,38 €
100 % = X

$$X = \frac{65.836{,}38\ € \cdot 100}{8{,}7} = 756.740{,}00\ €$$

Die Probe bestätigt unser Ergebnis. Also können Sie in der Prüfung ganz sicher sein, dass Sie auch diese Punkte bekommen werden.

Wenn Sie die Prozentrechenaufgabe nicht mit einem Dreisatz lösen wollen, verwenden Sie die **allgemeingültige** Formel für die Berechnung des Prozentsatzes:

$$\text{Prozentsatz} = \frac{\text{Prozentwert} \cdot 100}{\text{Grundwert}}$$

C Wir suchen den Grundwert

Beispiel 3:
Ein Handelsvertreter der Industrie AG erhält für das letzte Quartal eine Umsatzprovision in Höhe von 4.822,16 €. Wie hoch war der Umsatz, wenn der Vertreter laut Vertrag 11,20 % Provision erhält?

Wenn Sie den Grundwert berechnen sollen, müssen Prozentsatz und Prozentwert gegeben sein.

Zunächst streben wir wiederum die „logische" Lösung durch Anwendung der Dreisatzrechnung an:

11,20 % Provision entspricht einem Betrag von 4.822,16 €.

1. Satz = Bedingungssatz:	11,20 % = 4.822,16 €

Würde der Handelsvertreter nur 1 % Umsatzprovision vom Grundwert (100 %) beziehen, würde er nur den 11,20ten Teil vom ursprünglichen Provisionsbetrag erhalten; deshalb steht die 11,20 unter dem Bruchstrich, da man vom Ausgangswert 4.822,16 € € nur den 11,20ten Teil benötigt:

2. Satz = Umrechnungssatz:	$1\ \% = \dfrac{4.822{,}16\ €}{11{,}20}$

Da wir aber nicht nur 1 % vom Grundwert berechnet wollen, sondern den Grundwert in Höhe von 100 %, muss der Wert 100-mal höher sein. Deshalb steht die100 über dem Bruchstrich, also der Wert für 1 % $\left(\dfrac{4.822{,}16}{11{,}20}\right)$ wird mit 100 multipliziert:

3. Satz = Lösungssatz:	$100\ \% = \dfrac{4.822{,}16 \cdot 100}{11{,}20} = 43.055{,}00\ €$

Probe durchführen!

100,00 % = 43.055,00 €
11,20 % = X

$$X = \frac{43.055{,}00\ € \cdot 11{,}20}{100} = 4.822{,}16\ €$$

Die Probe bestätigt unser Ergebnis. Also können Sie in der Prüfung ganz sicher sein, dass Sie auch diese Punkte „einbuchen" können.

Die **allgemeingültige Formel** für die Berechnung des Grundwertes lautet:

$$\text{Grundwert} = \frac{\text{Prozentwert} \cdot 100}{\text{Prozentsatz}}$$

D

1. Was ist ein vermehrter Grundwert?

Beispiel 4:
In diesem Geschäftsjahr erzielte die Hamelner Maschinenwerke GmbH einen Umsatz von 279.314.813,20 €. Im Vergleich zum Vorjahr kam dies einer Umsatzsteigerung von 8 % gleich. Wie hoch war der Umsatz im Vorjahr?

Immer, wenn der Grundwert über 100 % liegt, sprechen wir vom sog. **vermehrten** Grundwert. Liegt Ihnen beispielsweise der Bruttobetrag (119 %) einer Eingangsrechnung vor, können Sie ohne Schwierigkeiten den Nettobetrag (100 %) bzw. den Umsatzsteuerbetrag (19 %) mithilfe der Prozentrechnung bestimmen.

Durch den klassischen Dreischritt der Dreisatzrechnung lösen wir das „kleine Problem“:

$$108\ \% = 279.314.813{,}20\ €$$

$$1\ \% = \frac{279.314.813{,}20\ €}{108}$$

$$100\ \% = \frac{279.314.813{,}20\ € \cdot 100}{108} = 258.624.827{,}00\ €$$

Um zu kontrollieren, ob unser Ergebnis stimmt, führen wir natürlich unsere obligatorische Probe durch.

Ergebnis kontrollieren!

$$100\ \% = 258.624.827{,}00\ €$$
$$108\ \% = X$$

$$X = \frac{258.624.827{,}00\ € \cdot 108}{100} = 279.314.813{,}20\ €$$

Die Kontrolle bestätigt Ihr Ergebnis. Also können Sie in der Prüfung ganz sicher sein, dass Sie die Punkte für diese Teilaufgabe bekommen.

2. Was ist ein verminderter Grundwert?

Beispiel 5:
Als kaufmännischer Mitarbeiter der Hamelner Maschinenwerke GmbH sollen Sie für einen Auftrag den Angebotspreis netto ermitteln.

Folgende Kalkulationsdaten sind Ihnen dazu bekannt:

Selbstkosten:	47.880,00 €
Gewinnzuschlag:	11,0 %
Kundenskonto:	2,0 %
Kundenrabatt:	8,0 %

Immer, wenn der Grundwert unter 100 % liegt, sprechen wir vom sog. **verminderten Grundwert**. Dies ist beispielsweise dann der Fall, wenn man im Rahmen der Angebotskalkulation Kundenskonto oder/und -rabatte berücksichtigen muss. Ausgangspunkt der Rechnung ist das Ihnen bekannte Schema der Angebotskalkulation:

  Selbstkosten
+ 11 % Gewinn

= Barverkaufspreis
+ 2 % Kundenskonto

= Zielverkaufspreis
+ 8 % Kundenrabatt

= **Listenverkaufspreis/Angebotspreis netto**

Mithilfe des Dreischrittes der Dreisatzrechnung ermitteln Sie zunächst den Barverkaufspreis:

$$100\ \% = 47.880{,}00\ €$$

$$1{,}00\ \% = \frac{47.880{,}00\ €}{108}$$

$$100\ \% = \frac{47.880{,}00\ € \cdot 111}{100} = 53.146{,}80\ €$$

In einen zweiten Rechenschritt berücksichtigen Sie den Skonto von 2 %; setzen nun den Barverkaufspreis 98 % (100 % - 2 %) und rechnen somit den Zielverkaufspreis (100 %) aus.

$$98\ \% = 53.146{,}80\ €$$

$$1{,}00\ \% = \frac{53.146{,}80\ €}{98}$$

$$100{,}00\ \% = \frac{53.146{,}80\ € \cdot 100}{98} = 54.231{,}43\ €$$

Im dritten und letzten Schritt wird der Rabatt in Höhe von 8,0 % einkalkuliert, indem Sie den Zielverkaufspreis nun 92 % setzen und anschließend den Angebotspreis (100 %) berechnen.

$$92{,}00\ \% = 54.231{,}43\ €$$

$$1{,}00\ \% = \frac{54.231{,}43\ €}{92}$$

$$100{,}00\ \% = \frac{54.231{,}43\ € \cdot 100}{92} = 58.947{,}21\ €$$

Selbstkosten	47.880,00		
+ 11 % Gewinn	5.266,80		
= Barverkaufspreis	53.146,80	= 98 %	
+ 2 % Kundenskonto	1.084,63	= 2 %	
= Zielverkaufspreis	54.231,43	= 100 %	= 92 %
+ 8 % Kundenrabatt	4.715,78	=	8 %
= **Listenverkaufspreis/Angebotspreis netto**	**58.947,21**	=	**100 %**

Um zu kontrollieren, ob der Angebotspreis netto in Höhe von 58.947,21 € korrekt ist, überprüfen Sie wieder Ihr Ergebnis.

100 % = 58.947,21 €
92 % = X

$$X = \frac{58.947,21\ € \cdot 92}{100} = 54.231,43\ €$$

100 % = 54.231,43 €
98 % = X

$$X = \frac{54.231,43\ € \cdot 98}{100} = 53.146,80\ €$$

111 % = 53.146,80 €
100 % = X

$$X = \frac{53.146,80\ € \cdot 100}{100} = 47.880,00\ €$$

Die Probe bestätigt Ihr Ergebnis.

So trainiere ich für die Prüfung

Aufgaben

1. Der Angebotspreis eines Artikels wird im Oktober um 3,5 % und im November noch einmal um 5,20 % herabgesetzt. Nach beiden Preissenkungen liegt der Angebotspreis bei 457,41 €.

   Wie hoch war der ursprüngliche Angebotspreis des Artikels vor der ersten Preissenkung?

2. Die Erlanger Technik GmbH bietet einen Artikel zum Listenverkaufspreis von 61,98 € an. Zudem wurden folgende Zuschläge einkalkuliert:

   10 % Kundenrabatt; 2,75 % Kundenskonto und 8,5 % Gewinn.

   Berechnen Sie die Selbstkosten pro Stück für diesen Artikel.

   Hinweis: Runden Sie Ihre Zwischenergebnisse sowie Ihr Endergebnis kaufmännisch auf zwei Kommastellen genau.

3. Bisher bezog der Leiter des Bereiches „Controlling" ein monatliches Bruttoentgelt in Höhe von Höhe 5.800,00 €.

   Wie viel € beträgt sein monatliches Entgelt nach einer Gehaltserhöhung von 3,8 %?

4. Ein Kunde der Hamelner Maschinenwerke AG begleicht die Ausgangsrechnung 12345 unter Abzug von 3 % Skonto (= 1.859,40 €) vom Zielverkaufspreis (= Rechnungsbetrag netto). Der Überweisungsbetrag laut Kontoauszug der Nordbank AG beträgt 71.543,51 €.

   Berechnen Sie den Barverkaufspreis der Ausgangsrechnung 12345.

   Hinweis: Runden Sie Ihre Zwischenergebnisse und Ihr Endergebnis kaufmännisch auf zwei Kommastellen genau.

5. Die Personalkosten der Metall OHG sind nach dem Abschluss der Tarifverhandlungen um 4 % = 9.623,00 € gestiegen.

   a) Wie hoch waren die Personalkosten vor der Steigerung?

   b) Wie hoch sind sie aktuell?

6. Die Industrie AG nimmt zur Finanzierung einer neuen Lagerhalle ein Darlehen in Höhe von 2,8 Millionen € bei der Südbank AG auf. Die Bank stellt unter anderem eine Bearbeitungsgebühr in Höhe von 12 ‰ auf die Darlehenssumme in Rechnung.

   Berechnen Sie die Höhe der Bearbeitungsgebühr in €.

7. Der Umsatz im IV. Quartal des Geschäftsjahres beträgt 5.944.443,85 €. Im III. Quartal wurde ein Umsatz in Höhe von 5.555.555,00 € erzielt.

Wie viel % betrug die Umsatzsteigerung?

8. Ein Handelsvertreter erhält für seine Vertriebstätigkeit eine umsatzabhängige Provision für Warengruppe I in Höhe von 3 ½ % , für Warengruppe II 2 ¼ % und für Warengruppe III 6 $^2/_5$ %.

Folgende Umsatzzahlen sind bekannt:

Warengruppe I:	15.126,00 €
Warengruppe II:	8.713,00 €
Warengruppe III:	12.631,00 €

Wie hoch ist in diesem Monat sein Einkommen, wenn er zudem ein Fixum in Höhe von 1.200,00 € pro Monat erhält?

9. Nach einer Pressemitteilung der Bundesagentur für Arbeit (BA) in Nürnberg betrug die Arbeitslosenzahl in Deutschland im August dieses Jahres 3,705 Millionen. Im August des vergangenen Jahres sind es noch 666.000 Menschen mehr gewesen. Die Arbeitslosenquote sank gegenüber Juli dieses Jahres um 0,1 % auf bundesweit 8,8 %.

a) Wie hoch war die Arbeitslosenquote im August des letzten Jahres?

b) Wie viele Menschen waren im Juli diesen Jahres als arbeitslos gemeldet?

10. Die Personalkosten der Inovativa GmbH sanken im 2. Jahr nach der Unternehmensgründung um 8 $^1/_3$ %, im 3. Jahr stiegen sie um 10 % gegenüber dem 2. Jahr und im 4. Jahr stiegen sie wiederum um 15 % gegenüber dem 3. Jahr. Zuletzt betrugen sie 1.658.000,00 €.

Wie hoch waren die Personalkosten im 1. Jahr nach der Geschäftsgründung?

11. An der Bayern OHG sind 4 Gesellschafter beteiligt. Teilhaber A mit 45 %, das entspricht einer Einlage von 975.600,00 €, Gesellschafter B mit 23 %, C mit 15 % und D mit dem Rest des Kapitals.

a) Der Gewinn in Höhe von 1.272.000,00 € soll gemäß Gesellschaftsvertrag nach den Einlagen verteilt werden. Wie viel erhält jeder Gesellschafter?

b) Der Gewinn ist nach den Bestimmungen des HGB (§120 und § 121) zu verteilen.

§ 120 HGB

(1) Am Schluss jedes Geschäftsjahrs wird aufgrund der Bilanz der Gewinn oder der Verlust des Jahres ermittelt und für jeden Gesellschafter sein Anteil daran berechnet.

(2) Der einem Gesellschafter zukommende Gewinn wird dem Kapitalanteil des Gesellschafters zugeschrieben; der auf einen Gesellschafter entfallende Verlust sowie das während des Geschäftsjahrs auf den Kapitalanteil entnommene Geld wird davon abgeschrieben.

§ 121 HGB

(1) Von dem Jahresgewinn gebührt jedem Gesellschafter zunächst ein Anteil in Höhe von vier vom Hundert seines Kapitalanteils. Reicht der Jahresgewinn hierzu nicht aus, so bestimmen sich die Anteile nach einem entsprechend niedrigeren Satz.

(2) Bei der Berechnung des nach Absatz 1 einem Gesellschafter zukommenden Gewinnanteils werden Leistungen, die der Gesellschafter im Laufe des Geschäftsjahrs als Einlage gemacht hat, nach dem Verhältnis der seit der Leistung abgelaufenen Zeit berücksichtigt. Hat der Gesellschafter im Laufe des Geschäftsjahrs Geld auf seinen Kapitalanteil entnommen, so werden die entnommenen Beträge nach dem Verhältnis der bis zur Entnahme abgelaufenen Zeit berücksichtigt.

(3) Derjenige Teil des Jahresgewinns, welcher die nach den Absätzen 1 und 2 zu berechnenden Gewinnanteile übersteigt, sowie der Verlust eines Geschäftsjahrs wird unter die Gesellschafter nach Köpfen verteilt.

12. Der Rattenfänger AG liegt ein Angebot der Büromöbel KG für die Beschaffung von Bürostühlen vor:

Modell	Angebotspreis brutto	Sonderpreis brutto
1	129,00 €/Stück	99,00 €/Stück
2	225,00 €/Stück	175,50 €/Stück
3	59,00 €/Stück	44,84 €/Stück

Bei welchem Modell erhalten wir durch die Sonderpreisaktion den höchsten prozentualen Preisnachlass?

13. Aus einer Pressemitteilung vom 16.06.2009:

„Ende Februar 2009 waren in den Betrieben des Bergbaus und verarbeitenden Gewerbes von Unternehmen mit 20 und mehr Beschäftigten knapp 5,9 Millionen Beschäftigte tätig. Wie das Statistische Bundesamt mitteilt, sind dies 1,3% weniger als im Februar 2008. Die Zahl der im Februar 2009 geleisteten Arbeitsstunden nahm im Vergleich zum entsprechenden Vorjahresmonat um 0,5% auf 755,4 Millionen zu. Die Lohn- und Gehaltsumme lag bei knapp 17,5 Milliarden Euro; das waren 1,0% mehr als im Vorjahresmonat."

a) Wie viele Menschen waren im Februar 2008 in Betrieben des Bergbaus und des verarbeitenden Gewerbes tätig?

b) Wie viele Tausend Arbeitsstunden wurden im Februar 2008 geleistet?

c) Berechnen Sie die Lohn- und Gehaltssumme in Mio. € im Februar 2008.

14. Eine Maschine mit einer Nutzungsdauer von 8 Jahren, die linear abgeschrieben wurde, steht am Ende des 3. Nutzungsjahres noch mit einem Restbuchwert (fortgeführte Anschaffungskosten) von 46.875,00 € in der Bilanz der Metall AG.

Berechnen Sie die ursprünglichen Anschaffungskosten der Maschine.

Hinweis: Keine monatsgenaue Abschreibung notwendig, da die Maschine im Januar des entsprechenden Jahres beschafft wurde!

15. Im Rahmen einer Zwangsversteigerung bei der Abwicklung eines Insolvenzverfahrens gegenüber der Bremer Bau KG beschaffte sich die Nürnberger Maschinenwerke AG einen Lkw mit einem Preisnachlass gegenüber dem Listenverkaufspreis von 21 % zu 226.730,00 €.

a) Wie hoch war der Preisnachlass in €?

b) Berechnen Sie den Listenverkaufspreis des Lkws.

16. Sie sind kaufmännischer Mitarbeiter der Euro-Glas GmbH. Am 13.03.20.. diesen Jahres begleichen Sie die Eingangsrechnung 4372 durch Online-Banking.

Welchen Betrag überweisen Sie an die Henning Feldersen OHG?

ER 4372

Henning Feldersen GmbH

Ihr Spezialist für Klebstoffe und Dichtungsmaterialien

Postfach 22 17 34 28259 Bremen Telefon (0421) 477841 Fax (0421) 478842

Henning Feldersen OHG, PF 22 17 34, 28259 Bremen

Euro-Glas GmbH
Luitpoldstraße 12
91054 Erlangen

Bankverbindung:
Deutsche Hansebank
IBAN DE96 2004 1133 0732 4197 00

Rechnung

Kunden-Nr.	**Rechnungs-Nr.**	**Datum**
890100	2007456-8	05.03.20..

Sie erhielten gemäß Ihrer Bestellung vom 28.02.20.. und unserer Lieferungsbedingungen folgende Ware:

Artikel-Nr.	**Artikel**	**Menge**	**Einzelpreis**	**Gesamtpreis**
10002	Flüssigkleber	100 kg	15,20 € je kg	1.520,00 €
10044	Montageschaum	200 Dosen	6,80 € je Dose	1.360,00 €
		- 8 % Rabatt		108,80 €
				2.771,20 €
		+ Transportkostenpauschale		50,00 €
				2.821,20 €
		+ 19 % USt		536,03 €
	Rechnungsbetrag			3.357,23 €

Die Leistung wurde am 05.03.20.. erbracht.
Die Rechnung ist innerhalb von 8 Tagen mit 3 % Skonto vom Warenwert oder spätestens nach 30 Tagen rein netto zahlbar.

Die Ware bleibt bis zur vollständigen Bezahlung unser Eigentum. Gerichtsstand ist Bremen.

Unsere Steuer-Nummer: 5690786756

17. Sie sind kaufmännischer Mitarbeiter der Hamelner Industrie AG. Berechnen Sie anhand der Bilanz zum 31.12.20.. im Rahmen der Analyse des Jahresabschlusses die prozentualen Anteile folgender Posten:

a) Den Anteil in % des Anlagevermögens zum Gesamtvermögen.

b) Den Anteil in % der Vorräte zum Gesamtvermögen (= Vorratsquote).

c) Die Eigenkapitalsquote in %. Hinweis: Der Jahresüberschuss verbleibt im Unternehmen und wird nicht ausgeschüttet.

d) Die Fremdkapitalsquote in %.

e) Den Anteil in % des langfristigen Fremdkapitals zum Gesamtkapital.

AKTIVA	**Bilanz der Hamelner Industrie AG zum**	**31.12.20..**	**PASSIVA**
A. Anlagevermögen		**A. Eigenkapital**	
I. Immaterielle Vermögensgegenstände		I. Gezeichnetes Kapital	5.000
1. Gewerbliche Schutzrechte	350	II. Kapitalrücklage	1.500
II. Sachanlagen		III. Gewinnrücklage	50
1. Grundstücke und Bauten	4.500	IV. Jahresüberschuss	1.600
2. Maschinen	3.500		
3. Geschäftsausstattung	285	**B. Rückstellungen**	
4. Geleistete Anzahlungen	50	1. Pensionsrückstellungen	1.300
		2. Steuerrückstellungen	440
B. Umlaufvermögen			
I. Vorräte		**C. Verbindlichkeiten**	
1. Roh-, Hilfs- u. Betriebsstoffe	1.600	1. Anleihen	0
2. Unfertige Erzeugnisse	1.000	2. Langfr. Verbindlichkeiten	
3. Waren	715	geg. Banken	3.400
4. Geleistete Anzahlungen	100	3. Erhaltene Anzahlungen	320
II. Forderungen und sonstige Vermögensgegenstände		4. Verbindlichkeiten a. LL.	2.460
1. Forderungen a. LL.	3.500	**D. Rechnungsabgrenzungsposten**	0
III. Wertpapiere	50		
IV. Schecks, Kassenbestand usw.	420		
C. Rechnungsabgrenzungsposten	0		
	16.070		**16.070**

Hameln, 31.12.20.. Alexander Strasser (Vorstandsvorsitzender)

18. Pressemittelung

Wie das Statistische Bundesamt anhand vorläufiger Ergebnisse mitteilt, wurden im Jahr 02 von Deutschland Waren im Wert von 893,6 Milliarden Euro ausgeführt und Waren im Wert von 731,7 Milliarden Euro eingeführt. Die deutschen Ausfuhren waren damit im Jahr 02 um 13,7% und die Einfuhren um 16,5% höher als im Jahr 01.

Die Außenhandelsbilanz schloss im Jahr 02 mit einem Überschuss von 161,9 Milliarden Euro ab. Im Jahr 01 hat der Saldo in der Außenhandelsbilanz + 158,2 Milliarden Euro betragen.

a) Berechnen Sie den Wert der Importe in Mio. € für das Jahr 01.

b) Wie hoch war der Anstieg der Exporte in Mio. € im Jahr 02 im Vergleich zum Jahr 01?

c) Wie hoch ist die prozentuale Steigerung des Außenbeitrages (= Saldo der Handelsbilanz) im Jahr 02 in Bezug zum Jahr 01?

19. Aus einer Pressemitteilung:

WIESBADEN – Nach Mitteilung des Statistischen Bundesamtes meldeten die deutschen Amtsgerichte 8.410 Unternehmensinsolvenzen für das erste Quartal des Jahres 02. Das sind 8,4 % weniger als im ersten Quartal des Jahres 01. Damit setzte sich der seit Jahresbeginn 01 zu beobachtende Trend rückläufiger Unternehmensinsolvenzen auch im ersten Quartal des Jahres 02 fort. Dagegen haben die Verbraucherinsolvenzen im ersten Quartal des Jahres 02 im Vergleich zum Vorjahreszeitraum um 50,2 % auf 21.729 Fälle und somit erneut stark zugenommen.

a) Wie viele Unternehmen meldeten im ersten Quartal des Jahres 01 Insolvenz an?

b) Wie hoch war die Zahl der Verbraucherinsolvenzen im ersten Quartal des Jahres 01?

20. Bund, Länder und Gemeinden haben im Jahr 2017 fast 735 Milliarden € Steuern „eingenommen".

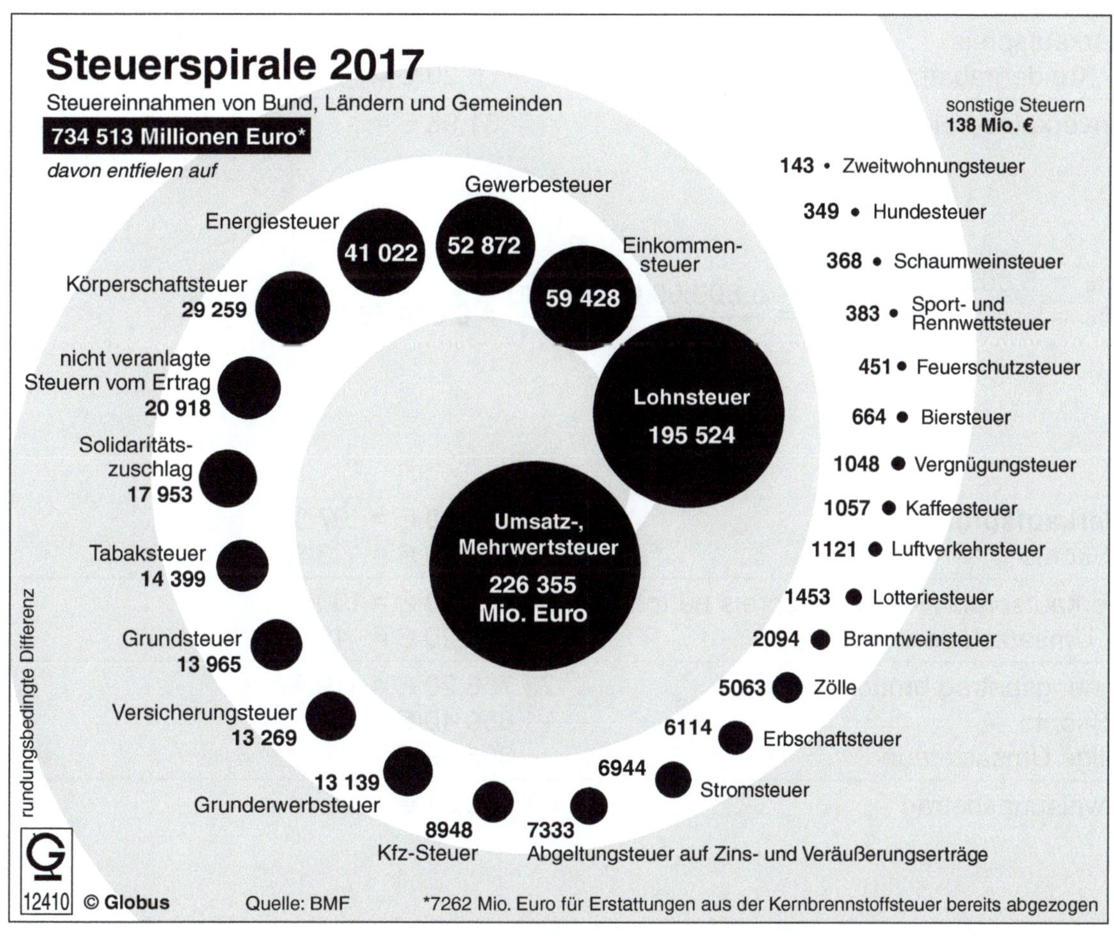

a) Berechnen Sie den prozentualen Anteil der Lohnsteuer, der Umsatzsteuer, der Körperschaftssteuer sowie der Gewerbesteuer am gesamten Steueraufkommen 2017. Gehen Sie dabei vom gesamten Einkommen i.H.v. 735 Milliarden € aus.

b) Wie hoch ist die prozentuale Steigerung des Steueraufkommens gegenüber dem Jahr 2016 mit 712 Milliarden Steuereinnahmen?

Lösungen

1.

C

94,80 % = 457,41 €
100,00 % = X

$$X = \frac{457{,}41\ € \cdot 100}{94{,}80} = 482{,}50\ €$$

96,50 % = 482,50 €
100,00 % = X

$$X = \frac{482{,}50\ € \cdot 100}{96{,}50} = \mathbf{500{,}00\ €}$$

2.

D

	Selbstkosten	**50,00** € =	100,00 %		
+	8,5 % Gewinn	4,25 € =	8,50 %		
=	Barverkaufspreis	54,25 € =	108,50 %	97,25 %	
+	2,75 % Kundenskonto	1,53 € =		2,75 %	
=	Zielverkaufspreis	55,78 € =		100,00 %	90 %
+	10 % Kundenrabatt	6,20 € =			10 %
=	Listenverkaufspreis	61,98 € =			100 %

3.

D

100,00 % = 5.800,00 €
103,80 % = X

$$X = \frac{5.800{,}00\ € \cdot 103{,}80}{100} = \mathbf{6.020{,}40\ €}$$

4.

D

	Barverkaufspreis	**60.120,60** € =	97 %
+	3 % Skonto	1.859,40 € =	3 %
=	Zielverkaufspreis (Rechnungspreis netto)	61.980,00 € =	100 %
+	19 % Umsatzsteuer	11.776,20 € =	19 %
=	Rechnungsbetrag brutto	73.756,20 € =	119 %
-	3 % Skonto	1.859,40 €	
-	anteilige Umsatzsteuer	353,29 €	
=	Überweisungsbetrag	71.543,51 €	

5 a)

C

4 % = 9.623,00 €
100 % = X

$$X = \frac{9.623{,}00\ € \cdot 100}{4} = \mathbf{240.575{,}00\ €}$$

5 b)

A

100 % = 240.575,00 €
104 % = X

$$X = \frac{240.575,00 \text{ €} \cdot 104}{100} = \mathbf{250.198,00 \text{ €}}$$

6.

A

12 ‰ = 1,2 %

100,00 % = 2.800.000,00 €
1,20 % = X

$$X = \frac{2.800.000,00 \text{ €} \cdot 1,20}{100} = \mathbf{33.600,00 \text{ €}}$$

7.

B

5.555.555,00 € = 100 %
5.944.443,85 € = X

$$\frac{100 \% \cdot 5.944.443,85}{5.555.555,00} = \mathbf{107 \%}$$

Umsatzsteigerung = 7 %

8.

A

100,00 % = 15.126,00 €
3,50 % = X

$$X = \frac{15.126,00 \text{ €} \cdot 3,5}{100} = 529,41 \text{ €}$$

100,00 % = 8.713,00 €
2,25 % = X

$$X = \frac{8.713,00 \text{ €} \cdot 2,25}{100} = 196,04 \text{ €}$$

100,00 % = 12.631,00 €
6,40 % = X

$$X = \frac{12.631,00 \text{ €} \cdot 6,40}{100} = 808,38 \text{ €}$$

529,41 € + 196,04 € + 808,38 € + 1.200,00 € = **2.733,83 €**

9 a)

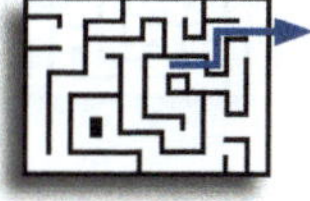

A

3.705.000 Arbeitslose = 8,8 %
4.371.000 Arbeitslose = X

$$\frac{8,8 \% \cdot 4,371}{3,705} = \mathbf{10,38 \%}$$

9 b)

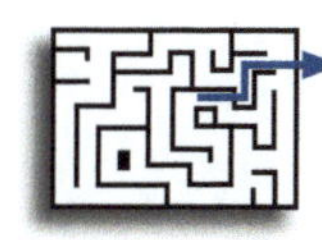

A

8,8 % = 3.705.000 Arbeitslose
8,9 % = X

$$X = \frac{3.705.000 \cdot 8,9}{8,8} = \mathbf{3.747.103 \text{ Arbeitslose}}$$

10.

4. Jahr = 1.658.000,00 €

A

3. Jahr
115 % = 1.658.000,00 €
100 % = X

$$X = \frac{1.658.000{,}00\ € \cdot 100}{} = 1.441.739{,}13\ €$$

2. Jahr
110 % = 1.441.739,13 €
100 % = X

$$X = \frac{1.441.739{,}13\ € \cdot 100}{110} = 1.310.671{,}94\ €$$

1. Jahr
91 ²/₃ % = 1.310.671,94 €
100 % = X

$$X = \frac{1.310.671{,}94\ € \cdot 100}{91\ ^2/_3} = \mathbf{1.429.823{,}94\ €}$$

11 a)

A

A =	45 %	=	**572.400,00 €**
B =	23 %	=	**292.560,00 €**
C =	15 %	=	**190.800,00 €**
D =	17 %	=	**216.240,00 €**
	∑ 100 %	=	1.272.000,00 €

11 b)

A

Gesellschafter	Einlage	4 %	Rest	Gewinnanteil
A	975.600,00	39.024,00	296.320,00	**335.344,00 €**
B	498.640,00	19.945,60	296.320,00	**316.265,60 €**
C	325.200,00	13.008,00	296.320,00	**309.328,00 €**
D	368.560,00	14.742,40	296.320,00	**311.062,40 €**
∑	2.168.000,00	86.720,00	1.185.280,00	1.272.000,00 €

12.

B

Modell 1
129,00 € = 100 %
30,00 € = X

$$X = \frac{100\ \% \cdot 30{,}00}{129{,}00} = 23{,}26\ \%$$

Modell 2
225,00 € = 100 %
49,50 € = X

$$X = \frac{100\ \% \cdot 49{,}50}{225{,}00} = 22{,}00\ \%$$

Modell 3
59,00 € = 100 %
14,16 € = X

$$X = \frac{100\ \% \cdot 14{,}16}{59{,}00} = \mathbf{24{,}00\ \%}$$

13 a)

98,70 % = 5.900.000
100,00 % = X

$$X = \frac{5.900.000 \cdot 100}{98,7} = \mathbf{5.977.710\ Beschäftigte}$$

C

13 b)

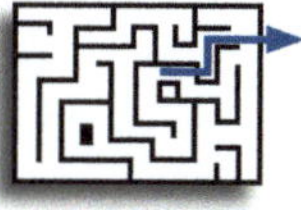

100,50 % = 755.400 Tsd. Stunden
100,00 % = X

$$X = \frac{755.400 \cdot 100}{100,5} = \mathbf{751.641,79\ Tsd.\ Stunden}$$

C

13 c)

101,00 % = 17.500 Mio. €
100,00 % = X

$$X = \frac{17.500 \cdot 100}{101} = \mathbf{17.326,73\ Mio.\ €}$$

C

14.

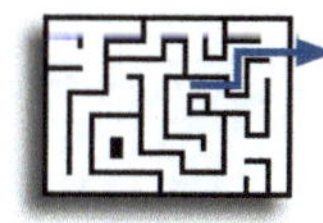

$$\text{Lineare AfA \%-Satz} = \frac{100\ \%}{\text{Nutzungsjahre}} = \frac{100\ \%}{8} = 12,5\ \%$$

B, C

3 Jahre x 12,5 % = 37,5 %

62,50 % = 46.875,00 €
100,00 % = X

$$X = \frac{46.875,00\ € \cdot 100}{62,50} = \mathbf{75.000,00\ €}$$

15 a)

79,00 % = 226.730,00 €
21,00 % = X

$$X = \frac{226.730,00\ € \cdot 21}{79} = \mathbf{60.270,00\ €}$$

A

15 b)

79,00 % = 226.730,00 €
100,00 % = X

$$X = \frac{226.730,00\ € \cdot 100}{79} = \mathbf{287.000,00\ €}$$

A

16.

3 % Skonto vom Warenwert:

100 % = 2.771,20 €
3 % = X

$$X = \frac{2.771,20\ € \cdot 3}{100} = \mathbf{83,14\ €}$$

A

Zu viel in Rechnung gestellte Umsatzsteuer:

100 % = 83,14 €
19 % = X

$$X = \frac{83{,}14 \cdot 19}{100} = 15{,}80\ €$$

	Rechnungsbetrag brutto	3.357,23 €
-	Skonto vom Warenwert	83,14 €
-	anteilige Umsatzsteuer	15,80 €
=	**Überweisungsbetrag**	**3.258,29 €**

17 a)

Anlagevermögen: 350 + 4.500 + 3.500 + 285 + 50 = 8.685

B

16.070 = 100 %
8.685 = X

$$X = \frac{100 \cdot 8.685}{16.070} = \mathbf{54{,}04\ \%}$$

17 b)

Vorräte: 1.600 + 1.000 + 715 + 100 = 3.415

B

16.070 = 100 %
3.415 = X

$$X = \frac{100 \cdot 3.415}{16.070} = \mathbf{21{,}25\ \%}$$

17 c)

B

Hinweis: Da der Jahresüberschuss im Unternehmen verbleibt, ist dieser eindeutig zum Eigenkapital zu zählen. Steht am Bilanzstichtag dagegen bereits fest, dass ein Teil des Jahresüberschusses im nächsten Geschäftsjahr in Form einer Dividende an die Aktionäre ausgeschüttet wird, wäre dieser Anteil des Gewinns als kurzfristige Verbindlichkeit gegenüber den Aktionären zu betrachten.

Eigenkapital: 5.000 + 1.500 + 50 + 1.600 = 8.150

16.070 = 100 %
8.150 = X

$$X = \frac{100 \cdot 8.150}{16.070} = \mathbf{50{,}72\ \%}$$

17 d)

Fremdkapital: 1.300 + 440 + 3.400 + 320 + 2.460 = 7.920

B

16.070 = 100 %
7.920 = X

$$X = \frac{100 \cdot 7.920}{16.070} = \mathbf{49{,}28\ \%}$$

17 e)

Langfristiges Fremdkapital: 1.300 + 3.400 = 4.700

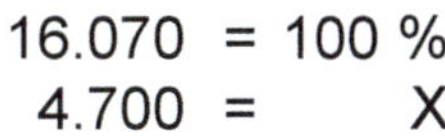

16.070 = 100 %
4.700 = X

$$X = \frac{100 \cdot 4.700}{16.070} = \mathbf{29{,}25\ \%}$$

B

18 a)

116,5 % = 731.700 Mio. €
100,0 % = X

$$X = \frac{731.700 \text{ Mio. €} \cdot 100}{116{,}5} = \mathbf{628.068{,}67\ Mio.€}$$

C

18 b)

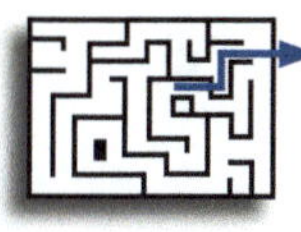

113,7 % = 893.600 Mio. €
13,7 % = X

$$X = \frac{893.600 \text{ Mio. €} \cdot 13{,}7}{113{,}7} = \mathbf{107.672{,}12\ Mio.€}$$

A

18 c)

158,2 Milliarden € = 100 %
3,7 Milliarden € = X

$$X = \frac{100 \cdot 3{,}7}{158{,}2} = \mathbf{2{,}34\ \%}$$

B

19 a)

91,6 % = 8.410
100,0 % = X

$$X = \frac{8.410 \cdot 100}{91{,}6} = \mathbf{9.181\ Unternehmensinsolvenzen}$$

C

19 b)

150,20 % = 21.729
100,00 % = X

$$X = \frac{21.729 \cdot 100}{150{,}2} = \mathbf{14.467\ Verbraucherinsolvenzen}$$

C

20 a)

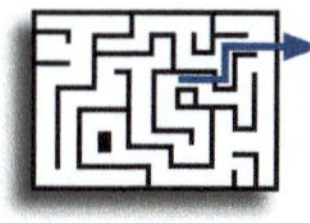

Lohnsteuer
735.000 Mio. € = 100 %
195.524 Mio. € = X

$$X = \frac{100\ \% \cdot 195.524}{735.000} = \mathbf{26{,}60\ \%}$$

B

Umsatzsteuer
735.000 Mio. € = 100 %
226.355 Mio. € = X

$$X = \frac{100\ \% \cdot 226.355}{735.000} = \mathbf{30{,}80\ \%}$$

Körperschaftssteuer
735.000 Mio. € = 100 %
29.259 Mio. € = X

$$X = \frac{100\ \% \cdot 29.259}{735.000} = \mathbf{3{,}98\ \%}$$

Gewerbesteuer
735.000 Mio. € = 100 %
52.872 Mio. € = X

$$X = \frac{100\ \% \cdot 52.872}{735.000} = \mathbf{7{,}19\ \%}$$

20 b)

B

712 Milliarden € = 100 %
23 Milliarden € = X = $\frac{100 \cdot 23}{712}$ = **3,23 %**

6. Zinsrechnen

Was muss ich für die Prüfung wissen?

Seit Unternehmen Fremdkapital in Form von Darlehen[5] benötigen oder gerade nicht benötigtes Kapital in Kapitalanlagen investieren, braucht man die Zinsrechnung.

Im Laufe der Zeit haben sich unterschiedliche Berechnungsmethoden herausgebildet, die alle dasselbe Ziel haben – die Ermittlung der Zinsen.

Die Zinsen ergeben sich aus 3 variablen Größen:

K = Anlagekapital oder Darlehensbetrag

P = Zinssatz, wobei P für Prozent steht
Der Zinssatz bezieht sich immer auf ein Zinsjahr, sofern keine anderen Angaben vorhanden sind. In manchen Fällen finden Sie den Zusatz „p.a.". Dies ist die Abkürzung der lateinischen Bezeichnung „per anno", was auf deutsch „pro Jahr" bedeutet.

T = Anlagedauer eines Kapitals oder Laufzeit eines Darlehens, wobei T für Tage steht.

Daraus leitet sich die allgemeine Zinsformel ab:

$$Z\text{ (Zinsen)} = \frac{K}{100} \cdot P \cdot \frac{T}{\text{Tage des Jahres}}$$

Das Ganze auf einen gemeinsamen Bruchstrich gebracht, ergibt die allgemeine Zinsformel:

$$Z\text{ (Zinsen)} = \frac{K\text{ (Kapital)} \cdot P\text{ (Zinssatz)} \cdot T\text{ (Laufzeit)}}{100 \cdot \text{Tage des Jahres}}$$

[5] Darlehen ist der rechtliche Überbegriff lt. HGB. In der Fachsprache wird weiter das Wort Kredit neben dem Begriff Darlehen verwendet.

Was erwartet mich in der Prüfung?

Die Zinsrechnung kommt in der Abschlussprüfung im Bereich „Geschäftsprozesse“, vor allem bei der Berechnung von Verzugszinsen vor. Im Bereich „Kaufmännische Steuerung und Kontrolle“ muss man z.B. bei der Berechnung von Zinsen für ein Darlehen oder für eine Geldanlage die Zinsrechnung anwenden.

Zudem kommt es vor, dass Sie in der Abschlussprüfung die „Verzinsung“ für einen nicht in Anspruch genommenen Skonto bei der Begleichung einer Eingangsrechnung ermitteln müssen.

Aus dem Thema „Zinsrechnen“ lassen sich nun wiederum vier Labyrinth-Lernschritte ableiten, wobei die Lernschritte B, C, D gleichgewichtet nebeneinander stehen.

1. Das Lernlabyrinth

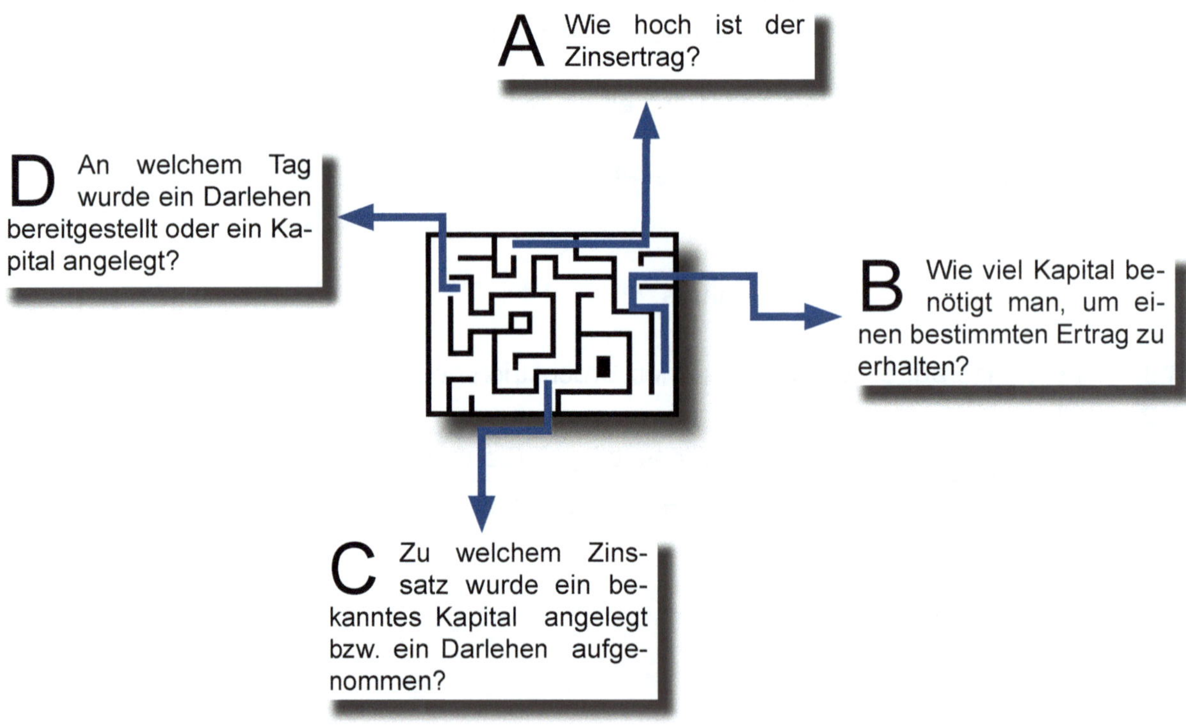

2. Wege aus dem Labyrinth

A **Wie hoch ist der Zinsertrag?**

Wie viel Tage hat ein Jahr?

Diese Frage ist sehr schnell beantwortet, nämlich genau so viele, wie sie uns der Kalender des aktuellen Jahres vorgibt. Kein Problem also, hätte man nicht irgendwann festgelegt, dass ein **Zinsjahr** ausgerechnet nur **360 Tage** haben soll.

Wie viel Tage hat ein Monat?

Diese Frage ist auch sehr schnell beantwortet, nämlich genau so viele, wie sie uns der Kalender vorgibt – und bis auf ein Schaltjahr hat auch der Februar immer 28 Tage.
Kein Problem also, hätte man nicht irgendwann festgelegt, dass ein **Zinsmonat** ausgerechnet nur **30 Tage** haben soll.
Sogar der Februar mit seinen nur 28 bzw. 29 Tagen, es sei denn, er ist der letzte Monat bei der Tageermittlung, dann hat er 28 oder 29 Tage. Und alle Monate mit 31 Tagen haben auch nur 30 Tage, der 31. ist eben kein Zinstag im Sinne dieser Vereinbarung.

„Andere Länder, andere Sitten"

Obwohl Deutschland unzweifelhaft einer der bedeutendsten Finanzplätze der Welt war und immer noch ist, hat man sich in manchen anderen Staaten von jeher auf eine andere, ganz genaue „Zählweise" festgelegt. Man nahm einfach die Monate, wie sie eben sind und das Jahr, wie es eben ist. Ein Januar hat eben 31 Tage, ein „normales" Jahr 365 Tage und ein Schaltjahr hat 366 Tage. Einige Länder hatten noch eine andere Idee, sie zählten die Monatstage genau und das Jahr mit 360 Tagen.

Zinsen sind nicht gleich Zinsen

Wenn man nun die Zinsen nach deutscher Methode mit dieser genauen Methode vergleicht, können Differenzen auftreten.

Beispiel:
Ein Kapital von 350.000,00 € wird in einem Schaltjahr (der Februar wird also mit 29 Tagen gerechnet) vom 20.01.20.. bis zum 27.09.20.. angelegt. Der Zinssatz, den das Kreditinstitut vergütet, beträgt 3,75 %.

Tage nach deutscher Methode:	247	
Tage nach genauer Methode:	247	(Monate mit 30 Tagen gerechnet)
	+ 5	(Monate mit 31 Tagen: 01, 03, 05 07, 08)
	- 1	(Monat 02 hat nur 29 Tage)
	= 251 Tage	

Zinsen nach deutscher Methode: $\frac{350.000,00 \cdot 3,75 \cdot 247}{100 \cdot 360} = 9.005,21$ €

Zinsen nach genauer Methode: $\frac{350.000,00 \cdot 3,75 \cdot 251}{100 \cdot 366} = 9.001,02$ €

Wenn ein Kapitalanleger seine Zinsen nach genauer Methode erhält, büßt er also gegenüber einem, der nach deutscher Methode seine Zinsen erhält, 4,19 € ein.

Ein Kompromiss für Europa

Man nahm einfach die dritte Variante der bestehenden Methoden und ernannte sie zur sog. „Eurozinsrechnung". Damit wurde man jedem etwas gerecht, da die Monatstage so gezählt werden, wie sie eben sind, das Jahr aber standardisiert mit 360 Tagen angesetzt wird.

Die Anwendung ist leider nicht einheitlich

Es wäre natürlich schön, wenn es nun nur noch eine Methode in der täglichen Anwendung gäbe. Dem ist aber nicht so. Zurzeit werden alle drei Varianten für bestimmte Anwendungen verwendet.

Übersicht über die Methoden der Zinsberechnung

	deutsche Methode (30/360)	taggenaue Methode (act/act)	Euromethode (act/360)
Zins-monat	30 Tage Ausnahme: Februar = Kalendertage, wenn Monat 02 das Ende der Laufzeit ist	Kalendertage (act)	Kalendertage (act)
Zinsjahr	360 Tage	Kalendertage (act)	360 Tage
Zins-formel	$Z = \frac{K \cdot P \cdot T\,(30/28/29)}{100 \cdot 360}$	$Z = \frac{K \cdot P \cdot T\,(act)}{100 \cdot 365/366}$	$Z = \frac{K \cdot P \cdot T\,(act)}{100 \cdot 360}$
Anwen-dung	langfristige Darlehen Ratenkredite Festgelder Kontokorrentkonten	festverzinsliche Anleihen Bundesobligationen Finanzierungsschätze Bundesschatzanweisungen	Anleihen mit variablem Zins (sog. Floating Rate Notes „Floater") Geldanlagen bei der Europäischen Zentral-Bank (EZB)

Formeln sind flexibel. Da es sich um eine Formel handelt, kann man mit ihr selbstverständlich auch andere Fragen beantworten, nämlich:

B Wie viel Kapital benötigt man, um einen bestimmten Ertrag zu erhalten?

Beispiel:
Die Fränkische Sportartikel GmbH erhält für ein 90-tägiges Festgeld bei einem Zinssatz von 4,8 % pro Jahr 900,00 € Zinsen. Wie hoch war der Anlagebetrag, wenn Sie das Jahr mit 360 Tagen ansetzen?

Sie lösen die allgemeine Zinsformel nach der Größe „Kapital" auf und erhalten:

$$K\ (\text{Kapital}) = \frac{Z\ (\text{Zinsen}) \cdot 100 \cdot \text{Tage des Jahres}}{P\ (\text{Zinssatz}) \cdot T\ (\text{Laufzeit})}$$

$$K\ (\text{Kapital}) = \frac{900{,}00\ € \cdot 100 \cdot 360\ \text{Tage}}{4{,}8\ \% \cdot 90\ \text{Tage}} = 75.000{,}00\ €$$

Um zu kontrollieren, ob Ihr Ergebnis stimmt, führen Sie natürlich unsere „obligatorische" Kontrolle durch.

Ergebnis kontrollieren!

$$Z\ (\text{Zinsen}) = \frac{K\ (\text{Kapital}) \cdot P\ (\text{Zinssatz}) \cdot T\ (\text{Laufzeit})}{100 \cdot \text{Tage des Jahres}}$$

$$Z\ (\text{Zinsen}) = \frac{75.000{,}00\ € \cdot 4{,}8\ \% \cdot 90\ \text{Tage}}{100\ \% \cdot 360\ \text{Tage}} = 900{,}00\ €$$

Die Kontrolle bestätigt Ihr Ergebnis.

C Zu welchem Zinssatz wurde ein bekanntes Kapital angelegt bzw. ein Darlehen aufgenommen?

Beispiel:
Die Fränkische Sportartikel GmbH zahlt für ein bei der Südbank AG aufgenommenes Investitionsdarlehen 78.750,00 € Halbjahres-Zinsen.

Die Laufzeit des Darlehens beträgt 8 Jahre und die Darlehenssumme 1,8 Mio. €. Das Jahr wird mit 360 Tagen gerechnet.

Zu welchem Zinssatz hat die Südbank AG das Darlehen an die Fränkische Sportartikel GmbH vergeben?

Sie lösen die allgemeine Zinsformel nach der Größe „Zinssatz" auf und erhalten:

$$P\ (\text{Zinssatz}) = \frac{Z\ (\text{Zinsen}) \cdot 100 \cdot \text{Tage des Jahres}}{K\ (\text{Kapital/Darlehen}) \cdot T\ (\text{Anlagedauer})}$$

$$P\ (\text{Zinssatz}) = \frac{78.750{,}00\ € \cdot 100 \cdot 360\ \text{Tage}}{1.800.000{,}00\ € \cdot 180\ \text{Tage}} = 8{,}75\ \%$$

Um zu kontrollieren, ob Ihr Ergebnis stimmt, führen Sie natürlich unsere „obligatorische" Kontrolle durch.

Ergebnis kontrollieren!

$$Z\ (\text{Zinsen}) = \frac{K\ (\text{Kapital}) \cdot P\ (\text{Zinssatz}) \cdot T\ (\text{Laufzeit})}{100 \cdot \text{Tage des Jahres}}$$

$$Z\ (\text{Zinsen}) = \frac{1.800.000{,}00\ € \cdot 8{,}75\ \% \cdot 180\ \text{Tage}}{100 \cdot 360\ \text{Tage}} = 78.750{,}00\ €$$

Die Kontrolle bestätigt Ihr Ergebnis. Sie können die Punkte in der Abschlussprüfung also fest einplanen.

D An welchem Tag wurde ein Darlehen bereitgestellt oder ein Kapital angelegt?

Beispiel:
Die Fränkische Sportartikel GmbH erhält von der Südbank AG 1.891,00 € Zinsen auf ihr Tagesgeldkonto. Zinssatz 3,66 % p. a.; Anlagebetrag 200.000,00 €; Zinsmethode 30/360.

Wie viele Tage wurde das Kapital angelegt?

Sie lösen die allgemeine Zinsformel nach der Größe „Tage" auf und erhalten:

$$\text{T (Laufzeit)} = \frac{\text{Z (Zinsen)} \cdot 100 \cdot \text{Tage des Jahres}}{\text{K (Kapital/Darlehen)} \cdot \text{P (Zinssatz)}}$$

$$\text{T (Laufzeit)} = \frac{1.891{,}00\ € \cdot 100\ \% \cdot 360\ \text{Tage}}{200.000{,}00\ € \cdot 3{,}66\ \%} = 93\ \text{Tage}$$

Um zu kontrollieren, ob Ihr Ergebnis stimmt, führen Sie natürlich unsere „obligatorische" Kontrolle durch.

Probe durchführen!

$$\text{Z (Zinsen)} = \frac{\text{K (Kapital)} \cdot \text{P (Zinssatz)} \cdot \text{T (Laufzeit)}}{100 \cdot \text{Tage des Jahres}}$$

$$\text{Z (Zinsen)} = \frac{200.000{,}00\ € \cdot 3{,}66\ \% \cdot 93\ \text{Tage}}{100\ \% \cdot 360\ \text{Tage}} = 1.891{,}00\ €$$

Die Kontrolle bestätigt Ihr Ergebnis.

So trainiere ich für die Prüfung

Aufgaben

1. Ein Unternehmen benötigt für eine Investition im Bereich der Gebäude ein Darlehen. Die Höhe des Darlehens beträgt 250.000,00 €, Laufzeit 10 Jahre, Nominalzinssatz 4,25 %. Das Darlehen wird in der Form eines Annuitätendarlehens am 01.07. gewährt, d. h. es wird ein fester Betrag ermittelt, der sich aus den Zinsen und der Tilgungsleistung (= Rückzahlungsbetrag) zusammensetzt.

   Ermitteln Sie die Zinsbelastung am 01.08.

2. Auf dem Kontokorrentkonto des Unternehmens wurde vom 15.01. bis Ende 02 (kein Schaltjahr) der genehmigte Kredit von 25.000,00 € in einer Höhe von 14.600,00 € beansprucht. Der Zinssatz beträgt 10,25 %.

   Ermitteln Sie die Zinsbelastung Ende 02.

3. Ein momentaner Überschuss an Liquidität in Höhe von 120.000,00 € soll kurzfristig, vom 15.05. bis 20.09. auf einem Festgeldkonto angelegt werden. Das Kreditinstitut gewährt im Rahmen einer Sonderkondition einen Zinssatz von 4 %.

   Ermitteln Sie die Zinsen, die das Unternehmen aus dieser Geldanlage erhält.

4. Ermitteln Sie für die Aufgabenstellung 3 zum Vergleich die Zinsen nach der Methode act/act und der Eurozinsmethode.

5. Zur mittelfristigen Kapitalanlage investiert man am 20.03. diesen Jahres 120.000,00 € in eine Anleihe der Deutschen Telekom AG, Nominalzins 5,20 %. Die Anleihe ist am 30.04. des nächsten Jahres (Schaltjahr) fällig.

   Ermitteln Sie den gesamten Zinsertrag, den das Unternehmen aus dieser Anlage erzielt. (Auf banktechnische Besonderheiten hinsichtlich der Zinsermittlung soll verzichtet werden).

6. Eine kurzfristige Überliquidität soll vom 10.01. bis 15.03. möglichst günstig angelegt werden. Es liegt ein Angebot mit einem Zinssatz von 4,30 % vor. Man erwartet im Vergleich zu einer alternativen Anlage einen Zinsertrag von 4.000,00 €. Die Anlage erfolgt auf einem Geldmarktkonto (täglich fällige Geldanlage), das hinsichtlich der Zinsrechnung wie ein Festgeldkonto behandelt wird.

   Ermitteln Sie das Kapital, das erforderlich ist, um diesen Zinsertrag in dieser Zeit bei diesem Zinssatz zu erzielen.

7. Die verantwortliche Mitarbeiterin für die Finanzdisposition hat ein telefonisches Angebot ihres Kreditinstituts für eine kurzfristige Geldanlage für 90 Tage, in Höhe von 70.000,00 € auf einem

Festgeldkonto erhalten. Der Zinsertrag wurde mit 551,25 € angegeben. Der Zinssatz wurde mit 3,25 % angegeben.

Prüfen Sie, ob die Angabe des Zinssatzes stimmt.

8. Man hat zur Zwischenfinanzierung eines Einkaufs von Handelswaren den Kontokorrentkredit in Höhe von 27.000,00 € beansprucht. Der Zinssatz beträgt 10,25 %. Das Konto war am 25.03. wieder ausgeglichen. Damit war der Kredit wieder zurückbezahlt. Das Kreditinstitut belastete das Konto mit 153,75 € Zinsen.

An welchem Tag wurde der Kredit beansprucht?

9. Ein Unternehmen hat 50.000,00 € vom 05.03. bis zum 17.09. des selben Jahres in einer Anleihe mit variablem Zins angelegt. Der Zinssatz betrug 2,95 %.

Ermitteln Sie die Zinsen.

10. Welches Kapital wäre, bezogen auf die Aufgabe 9, notwendig gewesen, wenn man einen Ertrag von 1.000,00 € bei einer Laufzeit bis Ende Monat 09 erwartet hätte?

11. Die Industrie AG bezieht gemäß Eingangsrechnung 102030 Rohstoffe im Wert von 83.300,00 € brutto.

Die Rechnung ist innerhalb von 8 Tagen mit 2,5 % Skonto vom Rechnungsbetrag oder spätestens nach 30 Tagen rein netto zahlbar.

a) Wie hoch ist der „Zinssatz" des Lieferantenkredites p.a., wenn wir das Zahlungsziel von 30 Tagen in Anspruch nehmen?

Hinweis: Wenden Sie die 30/360 Methode an und ziehen Sie in Ihre Berechnungen vereinfacht den Bruttoskonto ein.

b) Berechnen Sie den Finanzierungsvorteil in €, wenn wir die Rechnung unter Abzug von Skonto am 8. Tag nach Eingang begleichen, auch wenn wir dafür die Kreditlinie unseres Geschäftskontos (Zinssatz: 12,75 %) bis zum Zahlungsziel in Anspruch nehmen müssen.

Hinweis: Wenden Sie die 30/360 Methode an und ziehen Sie in Ihre Berechnungen vereinfacht den Bruttoskonto ein.

Lösungen

A

1.

$$Z = \frac{250.000{,}00 \cdot 4{,}25 \cdot 30}{100 \cdot 360} = \mathbf{885{,}42\ €}$$

Die Zinsermittlung erfolgt nach der deutschen Methode.

2.

A

Ermittlung der Zinstage: 15.01. - 28.02., da Februar das Enddatum der Zinslaufzeit ist und daher genau berechnet wird. Da es sich um kein Schaltjahr handelt, hat der Februar 28 Tage. Vom 15.01. bis zum 28.02. sind es genau 43 Tage.

$$Z = \frac{14.600,00 \cdot 10,25 \cdot 43}{100 \cdot 360} = \mathbf{178,75\ €}$$

Die Zinsermittlung erfolgt nach der deutschen Methode.

3.

A

Ermittlung der Zinstage: 15.05. - 20.09. = 125 Tage

$$Z = \frac{120.000,00 \cdot 4 \cdot 125}{100 \cdot 360} = \mathbf{1.666,67\ €}$$

4.

A

Ermittlung der Zinstage:	15.05. - 20.09.	= 125 Tage	(ohne Monate mit 31 Tagen)
	Monat 05	+ 1 Tag	(Monat mit 31 Tagen)
	Monat 07	+ 1 Tag	(Monat mit 31 Tagen)
	Monat 08	+ 1 Tag	(Monat mit 31 Tagen)
		128 Tage	

Berechnung nach der tagegenauen Methode (act/act):

$$Z = \frac{120.000,00 \cdot 4 \cdot 128}{100 \cdot 365} = \mathbf{1.683,29\ €}$$

Berechnung nach der Euromethode (act/360):

$$Z = \frac{120.000,00 \cdot 4 \cdot 128}{100 \cdot 360} = \mathbf{1.706,67\ €}$$

Ergebnisse im Vergleich:

Berechnungsmethode	deutsche Methode	tagegenaue Methode	Euromethode
Zinsen	1.666,67 €	1.683,29 €	1.706,67 €

5.

Ermittlung der Zinstage nach der tagegenauen Methode (act/act):

20.03. d.J. - 30.04. n.J.	=	400	Tage (mit 30 Tagen berechnet)
8 Monate mit 31 Tagen	+	8	Tage
Mt. 02 mit 29 Tagen	-	1	Tag
		407	Tage

$$Z = \frac{120.000,00 \cdot 5,2 \cdot 407}{100 \cdot 366} = \mathbf{6.939,02\ €}$$

6.

B

Ermittlung der Zinstage nach deutscher Methode: 10.01. - 15.03. = 65 Tage

$$K = \frac{4.000,00 \cdot 100 \cdot 360}{4,30 \cdot 65} = \mathbf{515.205,72\ €}$$

7.

C

Die Kontrolle erfolgt über die Ermittlung des Zinssatzes mit der Formel für P.

$$P = \frac{551,25 \cdot 100 \cdot 360}{70.000,00 \cdot 90} = \mathbf{3,15\ \%}$$

Der Zinssatz beträgt nicht 3,25 %, sondern 3,15 %.

8.

Ermittlung der Laufzeit (T) nach der deutschen Methode.

$$T = \frac{153,75 \cdot 100 \cdot 360}{27.000,00 \cdot 10,25} = 19,9999, \text{ gerundet } 20 \text{ Tage}$$

Der Kredit wurde ab dem 05.03. (bis 25.03. = 20 Tage) beansprucht.

9.

A

Ermittlung der Zinstage nach der Euromethode: 05.03. - 17:09. =

05.03. - 17.09. (Monate mit 30 Tagen gerechnet)	=	192 Tage
+ Monate 03, 05, 07, 08 mit 31 Tagen	= +	4 Tage
Gesamttage	=	196 Tage

$$Z = \frac{50.000,00 \cdot 2,95 \cdot 196}{100 \cdot 360} = \mathbf{803,06\ €}$$

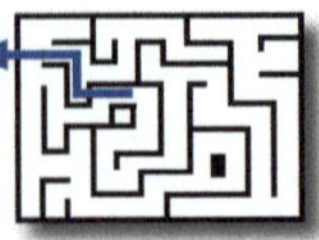

10.

A

Die Laufzeit erhöht sich um 13 Tage, da der September 30 Tage hat. Die Laufzeit beträgt deshalb 209 Tage.

$$K = \frac{1.000,00 \cdot 100 \cdot 360}{2,95 \cdot 209} = \mathbf{58.389,42\ €}$$

11 a)

C

Kapital:	83.300,00 € - 2.082,50 € = 81.217,50 €
Tage:	30 Tage - 8 Tage = 22 Tage
Zinsen (Skonto):	2.082,50 €

genaue Berechnung:

$$P\text{ (Zinssatz)} = \frac{Z\text{ (Zinsen)} \cdot 100 \cdot \text{Tage des Jahres}}{K\text{ (Kapital/Darlehen)} \cdot T\text{ (Anlagedauer)}}$$

$$P\text{ (Zinssatz)} = \frac{2.082{,}50\text{ €} \cdot 100 \cdot 360\text{ Tage}}{81.217{,}50\text{ €} \cdot 22\text{ Tage}} = \mathbf{41{,}96\ \%}$$

vereinfachte Berechnung:

22 Tage = 2,5 %
360 Tage = X

$$X = \frac{2{,}5\ \% \cdot 360}{22} = \mathbf{40{,}91\ \%}$$

11 b)

A

$$Z\text{ (Zinsen)} = \frac{K\text{ (Kapital)} \cdot P\text{ (Zinssatz)} \cdot T\text{ (Laufzeit)}}{100 \cdot \text{Tage des Jahres}}$$

$$Z\text{ (Zinsen)} = \frac{81.217{,}50\text{ €} \cdot 12{,}75\ \% \cdot 22\text{ Tage}}{100\ \% \cdot 360\text{ Tage}} = 632{,}82\text{ €}$$

	Bruttoskonto:	2.082,50 €
-	Zinsen für die Inanspruchnahme der Kreditlinie:	632,83 €
=	**Finanzierungsvorteil:**	**1.449,67 €**